保证担保

法律制度和司法实践

任谷龙 著

中国民主法制出版社

图书在版编目（CIP）数据

保证担保：法律制度和司法实践/任谷龙著．
北京：中国民主法制出版社，2025.6.— ISBN 978-7
-5162-3957-5

Ⅰ. D913.304

中国国家版本馆 CIP 数据核字第 2025822KP5 号

图书出品人： 刘海涛
责 任 编 辑： 李　郎

书名/保证担保：法律制度和司法实践
作者/任谷龙　著

出版・发行/中国民主法制出版社
地址/北京市丰台区右安门外玉林里 7 号（100069）
电话/（010）63055259（总编室）　63058068　63057714（营销中心）
传真/（010）63055259
http：// www. npcpub. com
E-mail：mzfz@ npcpub. com
经销/新华书店
开本/16 开　710 毫米×1000 毫米
印张/21　**字数**/329 千字
版本/2025 年 7 月第 1 版　2025 年 7 月第 1 次印刷
印刷/北京新华印刷有限公司

书号/ISBN 978-7-5162-3957-5
定价/80.00 元
出版声明/版权所有，侵权必究。

（如有缺页或倒装，本社负责退换）

前　言

保证是一项重要的担保方式，在商业交易中广为应用。保证担保帮助债务人提升信用水平，促进交易，但也经常发生纠纷。保证担保的法律规则看似简单，但应用到具体实践中却纷繁复杂。在成熟的法律市场，基于历史上的各类纠纷情况形成了条款非常完备的保证合同，即使如此，仍不能完全应对实践中可能发生的所有纠纷。普通法系基于案例的保证担保制度，已经有一些法律学者和从业者作了相对完善的总结，并且仍在不断发展过程中。国内尚未发现专门介绍保证担保制度的图书，基本上都是介绍担保制度的书籍中有个别章节介绍保证担保。

本书旨在弥补国内法律图书的空白，全面系统介绍保证担保的法律制度和司法实践。本书分为上下两编，共十二章。上编六章为保证担保的一般规则，主要包括：保证概述、保证范围、保证期间、保证人的抗辩权、保证人的内部授权、保证人的追偿；下编六章为不同应用场景下的保证担保，主要包括：最高额保证、共同保证、政府保证、独立保函、跨境保证、类保证文件。

本书借鉴英美案例教学法，从司法案例的角度出发，基于案例解读法律制度的具体内涵，并从中梳理出这些法律制度的适用规则。本书引用了大量的案例，但并不是案例汇编。引用法院判决的目的在于介绍法律规则在具体案件中的运用。因此，主要引用的是法院判决的说理部分。在很多案例中，为了更容易理解法院的判决说理，需要对事实做简要介绍。很多案件事实情况非常复杂，本书尽量对其进行简化，聚焦与法律规则运用有关的事实部分。在案例选择方面，本书优先选择最高人民法院和省级高级人民法院的判决，在前两者没有类似案例的情况下选择中级人民法院和基层人民法院的案例。

本书的撰写始于2018 年。2020 年颁布的《民法典》调整了保证担保的一些规则。因此，在《民法典》实施后对很多章节内容进行了更新。为了方便理解法律规则的变化，本书引用并介绍了一些《民法典》实施前的法律法规。

这些法律法规在《民法典》实施后已经失效，请读者注意。本书历经六年多终于定稿，得益于很多人的帮助。笔者万分感谢这些年帮助过本书出版的同事和朋友们，特别感谢前同事杨安舒、文湘来、张佳琦，他们协助搜集了部分资料并起草了部分章节的初稿。本书由笔者统一修改、更新和定稿，因此所有责任由笔者个人承担。

希望本书的出版对理论研究和实务操作都有一定的指导意义。本书中如有任何疏漏、不足或者错误，恳请读者批评指正。

任谷龙

2024 年 10 月 8 日

本书引用的法律法规

本书主要引用的法律法规、司法解释、部门规章以及国际惯例如下：

法律

1.《中华人民共和国民法典》，第十三届全国人民代表大会第三次会议于2020年5月28日通过，自2021年1月1日起施行（简称**《民法典》**）

2.《中华人民共和国公司法》，1993年12月29日第八届全国人民代表大会常务委员会第五次会议通过，1999年12月25日、2004年8月28日、2005年10月27日、2013年12月28日、2018年10月26日、2023年12月29日修正/修订（简称**《公司法》**）

3.《中华人民共和国企业破产法》，第十届全国人民代表大会常务委员会第二十三次会议于2006年8月27日通过，自2007年6月1日起施行（简称**《破产法》**）

4.《中华人民共和国证券法》，1998年12月29日第九届全国人民代表大会常务委员会第六次会议通过，2004年8月28日、2005年10月27日、2013年6月29日、2014年8月31日、2019年12月28日修正/修订(简称**《证券法》**)

5.《中华人民共和国涉外民事关系法律适用法》，第十一届全国人民代表大会常务委员会第十七次会议于2010年10月28日通过，自2011年4月1日起施行（简称**《涉外法律适用法》**）

6.《中华人民共和国担保法》，自1995年10月1日起施行，现已失效（简称**《担保法》**）

7.《中华人民共和国物权法》，2007年3月16日第十届全国人民代表大会第五次会议通过，现已失效（简称**《物权法》**）

8.《中华人民共和国合同法》，第九届全国人民代表大会第二次会议于1999年3月15日通过，现已失效（简称**《合同法》**）

9.《中华人民共和国民法总则》，第十二届全国人民代表大会第五次会议于2017年3月15日通过，现已失效（简称**《民法总则》**）

行政法规

10.《中华人民共和国外汇管理条例》，1996 年 1 月 29 日中华人民共和国国务院令第 193 号发布，1997 年 1 月 14 日、2008 年 8 月 1 日修订（简称**《外汇管理条例》**）

司法解释

11.《最高人民法院关于适用〈中华人民共和国民法典〉有关担保制度的解释》，2020 年 12 月 25 日由最高人民法院审判委员会第 1824 次会议通过，自 2021 年 1 月 1 日起施行（简称**《民法典担保司法解释》**）

12.《最高人民法院关于审理民间借贷案件适用法律若干问题的规定》，2015 年 6 月 23 日最高人民法院审判委员会第 1655 次会议通过，2020 年 8 月 18 日、2020 年 12 月 23 日修正（简称**《民间借贷司法解释》**）

13. 最高人民法院印发《关于进一步加强金融审判工作的若干意见》的通知（法发〔2017〕22 号）

14.《最高人民法院关于审理民事案件适用诉讼时效制度若干问题的规定》，2008 年 8 月 11 日由最高人民法院审判委员会第 1450 次会议通过，2020 年 12 月 23 日修正（简称**《诉讼时效司法解释》**）

15.《最高人民法院关于适用〈中华人民共和国涉外民事关系法律适用法〉若干问题的解释（一）》（2020 修正），2012 年 12 月 10 日最高人民法院审判委员会第 1563 次会议通过，2020 年 12 月 23 日修正［简称**《涉外法律适用司法解释（一）》**］

16. 最高人民法院关于印发《全国法院民商事审判工作会议纪要》的通知（法〔2019〕254 号），2019 年 9 月 11 日经最高人民法院审判委员会民事行政专业委员会第 319 次会议原则通过（简称**《九民纪要》**）

17.《最高人民法院关于审理独立保函纠纷案件若干问题的规定》（法释〔2020〕18 号），2016 年 7 月 11 日最高人民法院审判委员会第 1688 次会议通过，2020 年 12 月 23 日修正（简称**《独立保函司法解释》**）

18. 最高人民法院印发《全国法院破产审判工作会议纪要》的通知（法〔2018〕53 号），最高人民法院 2018 年 3 月 4 日发布

19. 最高人民法院于 2001 年发布的《关于保证合同约定的保证期间超过两年诉讼时效是否有效的答复》（〔2001〕民二他字第 27 号）

20.《最高人民法院关于人民法院应当如何认定保证人在保证期间届满后

又在催款通知书上签字问题的批复》（法释〔2004〕4号），现已失效

21.《最高人民法院关于已承担保证责任的保证人向其他保证人行使追偿权问题的批复》（法释〔2002〕37号），现已失效

22.《最高人民法院关于适用〈中华人民共和国担保法〉若干问题的解释》（法释〔2000〕44号），2000年9月29日由最高人民法院审判委员会第1133次会议通过，现已失效（简称**《担保法司法解释》**）

23.《最高人民法院关于适用〈中华人民共和国合同法〉若干问题的解释（二）》，2009年2月9日最高人民法院审判委员会第1462次会议通过，2021年1月1日失效［简称**《合同法司法解释（二）》**］

部门规章和规范性文件

24.《外债管理暂行办法》，2003年1月8日国家计委、财政部、国家外汇局令第28号公布，自2003年3月1日起施行，根据2022年7月26日国家发展改革委令第51号修订

25.《个人外汇管理办法》（中国人民银行令〔2006〕第3号），2006年11月30日经第27次行长办公会审议通过，自2007年2月1日起施行

26. 国家外汇管理局关于发布《跨境担保外汇管理规定》的通知（汇发〔2014〕29号），2014年6月1日生效

27. 中国证券监督管理委员会、中国银行业监督管理委员会《关于规范上市公司对外担保行为的通知》（证监发〔2005〕120号），2022年失效，替代的规定为：《上市公司监管指引第8号——上市公司资金往来、对外担保的监管要求》（证监会公告〔2022〕26号）（简称**《上市公司对外担保监管要求》**）

28. 中国人民银行《关于人民币贷款利率有关问题的通知》（银发〔2003〕251号），2003年12月10日发布，2004年1月1日实施

29. 中国人民银行、中国银行保险监督管理委员会、中国证券监督管理委员会、国家外汇管理局《关于规范金融机构资产管理业务的指导意见》（银发〔2018〕106号）（简称**《资管新规》**）

30. 中国人民银行、中国银行业监督管理委员会、中国证券监督管理委员会、中国保险监督管理委员会、国家外汇管理局《关于规范金融机构同业业务的通知》（银发〔2014〕127号）（简称**《关于规范金融机构同业业务的通知》**）

31.《上市公司信息披露管理办法》（中国证券监督管理委员会令第 226 号）中国证券监督管理委员会 2025 年第 2 次委务会议审议通过，自 2025 年 7 月 1 日起施行

32.《国家外汇管理局关于进一步推进外汇管理改革完善真实合规性审核的通知》（汇发〔2017〕3 号），2017 年 1 月 26 日发布实施

33.《境内机构提供外汇担保的暂行管理办法》，中国人民银行 1987 年 2 月 5 发布，现已失效

34.《境内机构对外提供外汇担保管理办法》，国家外汇管理局 1991 年 9 月 26 日发布，现已失效

35.《境内机构对外担保管理办法》（中国人民银行令 1996 年 3 号），现已失效

36.《境内机构对外担保管理办法实施细则》，国家外汇管理局 1997 年 12 月 11 日发布，现已失效

国际公约和惯例

37.《联合国独立担保和备用信用证公约》，1995 年 12 月 11 日经联合国大会通过，供各国签字批准或参加

38.《见索即付保函统一规则》（Uniform Rules for Demand Guarantees，简称“URDG”），国际商会第 758 号出版物（简称“**URDG758**”）

39.《国际备用信用证惯例》（International Standby Practices），国际商会第 590 号出版物（简称**《备用证惯例》**或“**ISP98**”）

40.《跟单信用证统一惯例》（Uniform Customs and Practice for Documentary Credits），国际商会第 600 号出版物（简称“**UCP600**”）

本书简目

目　　录

上编　保证的一般规则

下编 不同场景下的保证

上编　保证的一般规则

第一章　保证概述

第一节　保证的概念和特征

“保证”一词的定义见现已失效的《担保法》。《担保法》第六条规定：“本法所称保证，是指保证人和债权人约定，当债务人不履行债务时，保证人按照约定履行债务或者承担责任的行为。”从该定义可见，保证是一种担保履约的行为。《民法典》和最高法的《民法典担保司法解释》对“保证”一词未作出定义，但定义了保证合同。《民法典》第六百八十一条规定：“保证合同是为保障债权的实现，保证人和债权人约定，当债务人不履行到期债务或者发生当事人约定的情形时，保证人履行债务或者承担责任的合同。”从这两个定义可见，《民法典》对保证的界定更准确、更严谨，也更宽泛。首先，《民法典》将保证的法律性质界定为合同。其次，《民法典》对保证的履行做了更准确的约定，一方面明确债务必须为到期债务（排除未到期债务），同时还明确除债务人到期不履行债务外，当事人还可以约定其他需要履行保证义务的情形。

表1－1是《民法典》和《担保法》关于保证的比较。

表1－1　《民法典》和《担保法》关于保证的比较

	《担保法》	《民法典》第三编（合同）第二分编（典型合同）第十三章（保证合同）
保证的定义	**第六条**　本法所称保证，是指保证人和债权人约定，当债务人不履行债务时，保证人按照约定履行债务或者承担责任的行为。	**第六百八十一条**　保证合同是为保障债权的实现，保证人和债权人约定，当债务人不履行到期债务或者发生当事人约定的情形时，保证人履行债务或者承担责任的合同。
保证的方式	**第十六条**　保证的方式有： （一）一般保证； （二）连带责任保证。 **第十九条**　当事人对保证方式没有约定或者约定不明确的，按照连带责任保证承担保证责任。	**第六百八十六条**　保证的方式包括一般保证和连带责任保证。 当事人在保证合同中对保证方式没有约定或者约定不明确的，按照一般保证承担保证责任。

续表

	《担保法》	《民法典》第三编（合同）第二分编（典型合同）第十三章（保证合同）
一般保证	**第十七条** 当事人在保证合同中约定，债务人不能履行债务时，由保证人承担保证责任的，为一般保证。 一般保证的保证人在主合同纠纷未经审判或者仲裁，并就债务人财产依法强制执行仍不能履行债务前，对债权人可以拒绝承担保证责任。 有下列情形之一的，保证人不得行使前款规定的权利： （一）债务人住所变更，致使债权人要求其履行债务发生重大困难的； （二）人民法院受理债务人破产案件，中止执行程序的； （三）保证人以书面形式放弃前款规定的权利的。	**第六百八十七条** 当事人在保证合同中约定，债务人不能履行债务时，由保证人承担保证责任的，为一般保证。 一般保证的保证人在主合同纠纷未经审判或者仲裁，并就债务人财产依法强制执行仍不能履行债务前，有权拒绝向债权人承担保证责任，但是有下列情形之一的除外： （一）债务人下落不明，且无财产可供执行； （二）人民法院已经受理债务人破产案件； （三）债权人有证据证明债务人的财产不足以履行全部债务或者丧失履行债务能力； （四）保证人书面表示放弃本款规定的权利。
连带责任保证	**第十八条** 当事人在保证合同中约定保证人与债务人对债务承担连带责任的，为连带责任保证。 连带责任保证的债务人在主合同规定的债务履行期届满没有履行债务的，债权人可以要求债务人履行债务，也可以要求保证人在其保证范围内承担保证责任。	**第六百八十八条** 当事人在保证合同中约定保证人和债务人对债务承担连带责任的，为连带责任保证。 连带责任保证的债务人不履行到期债务或者发生当事人约定的情形时，债权人可以请求债务人履行债务，也可以请求保证人在其保证范围内承担保证责任。

《民法典》于2021年1月1日生效后《担保法》废止不再适用。《民法典》将保证作为合同的一种在合同编予以规定，与《担保法》将保证作为一种典型的担保方式进行规定有所不同。虽然如此，但这一调整并不影响保证的担保功能。就形式而言，保证是一项合约，从功能上说，保证是一项担保。因此，本书中提及“保证”，根据上下文的情况可以指保证合同，也可以指保证担保。

作为一项合约，保证合同创设的是一项从属的义务，为第三方（债务人）履行主债务提供支持。主债务可以是各种类型，包括支付义务、实际履行义务，实践中最为常见的是借贷合同项下借款人的还款义务。在借款合同的保证中，保证人担保借款人按时履行其义务，包括对贷款人的支付利息和偿还本金的义务。这种情况下，保证人的义务是从属于借款人的义务的，保证人的义务范围不会超越借款人的义务范围。

一、保证文件属于合同

保证文件属于合同，因此必须符合合同的基本要求，具体包括：要约和承诺。

担保文件中要约和承诺一般不是问题，因为担保文件中往往包括完整的条款，很容易识别要约和承诺。但是在某些情况下，一项担保的意思表示是要约还是要约邀请，受要约人的什么行为构成承诺，有可能发生争议。例如，在发债业务中，债券保证人和债券持有人之间不直接签署协议，他们之间的要约和承诺在什么情况下完成，就曾经发生争议。在《最高人民法院关于沈阳市信托投资公司是否应当承担保证责任问题的答复》（法民二〔2001〕50号）中，最高法指出："向社会公开发行债券时，债券发行人与代理发行人或第三人签订担保合同，该担保合同同样具有证明担保人之真实意思表示的作用。而认购人的认购行为即表明其已接受担保人作出的担保意思表示。你院请示中的第一种意见，即只要沈阳市信托投资公司的保证意思是自愿作出的，且其内容真实，该保证合同即应为有效，该公司应对其担保的兑付债券承担保证责任，是有道理的。"

在普通法中，合同的成立还需要有对价。这通常可以从担保文书中找到，例如，关于借贷的保证文件中：贷款人将贷款提供给借款人，借款人以获得融资为对价给贷款人作出各种承诺。但是，如果是第三方提供的担保，则不容易确定对价。在实务中，担保文书都通过契据（Deed）的方式来签署。所谓契据，就是通过特殊方式签署的法律文件，其在没有对价的情况下也是可以执行的。签署契据的特殊形式要求主要是：在文件中明确约定是通过契据方式签署，在某些普通法区域还要求签署人加盖封印（公司的钢印），并由见证人见证。

二、保证义务是从属义务

担保的从属性在我国立法过程中发生过变化。最早的《担保法》第五条第一款规定："担保合同是主合同的从合同，主合同无效，担保合同无效。担保合同另有约定的，按照约定。"根据这一规定，当事人可以约定担保不具有从属性。此后的《物权法》明确修改了《担保法》关于当事人可以约定担保独立性的原则。原《物权法》第一百七十二条第一款规定，"主债权债务合同无效，担保合同无效，但法律另有规定的除外"。根据这一规定，担保合同的独立性必须基于法律明确规定，而不能由当事人约定。虽然原《物权法》仅适用于物的担保，但对保证担保产生影响。《民法典》再次强调担保的从属性，并在第六百八十二条第一款明确规定："保证合同是主债权债务合同的从合同。主债权债务合同无效的，保证合同无效，但是法律另有规定的除外。"因此，除非法律明确规定，保证合同不能独立于主合同，当事人不能通过协议约定保证的独立性。

（一）从合同与主合同

担保合同从属于基础合同，基础合同也称为主合同。主合同无须以其他合同存在为前提即可独立存在。从合同，又称附属合同，是以主合同的存在为其存在前提的合同。从合同的存在是以主合同的存在为前提的，因此，主合同的成立与效力直接影响从合同的成立与效力。但是从合同的成立与效力不影响主合同的成立与效力。

保证合同是典型的从合同。担保合同以主合同的存在为前提。有了主合同才有担保合同的必要，没有主合同，就不需要担保合同。因此，担保合同与主合同的关系是主从关系。主合同无效，从合同也没有法律约束力。也就是说，当事人在主合同中约定的权利义务关系不存在时，担保失去了前提，因此担保合同也归于无效。

在（2021）最高法民申6783号建设工程施工合同纠纷案件中，最高人民法院认为：尽管各方在《诚意金担保书》中约定担保的效力独立于案涉《建设工程施工合同》，由于《诚意金担保书》的形式和内容与独立保函的特征并不完全相符，反而更接近有独立担保意思的保证合同，并且出具《诚意金担保书》的一方并非由国家金融监管部门批准设立并监管的金融机构，因此，案涉《诚意金担保书》不属于独立保函，根据《民法典》第三百八十八条规定，涉案建设工程施工合同因违反法律的强制性规定而无效，担保合同《诚意金担保书》亦无效。

（二）保证不同于补偿

在普通法中，和保证密切相关的一个法律概念是补偿（Indemnity），而且在绝大多数情况下，同一份保证文件中既包括保证又包括补偿。和保证一样，补偿也是一项对第三人损失进行赔偿的承诺。但是，保证不同于补偿，二者最大的区别是：保证义务是从属的义务，而补偿义务不是从属的义务，是独立的、直接的义务。如果基础交易由于任何原因无效或者有瑕疵，并不影响补偿义务的履行，提供补偿的债务人仍应当对债权人承担责任。

普通法下的保证文件之所以既包括保证又包括补偿，是因为保证和补偿各有优势。

保证人在履行了保证义务后有权向债务人进行追偿。在普通法下，这一权利被称为代位求偿权（right of subrogation），保证人在向债权人做出清偿后，取得债权人的地位，向债务人进行追偿。中国法下这一权利被称为追偿权。根据《担保法司法解释》第四十二条，法院判决保证人承担保证责任或者赔偿责任的，应当在判决书主文中明确保证人享有《担保法》第三十一条①规定的权利；判决书中未予明确追偿权的，保证人只能按照承担责任的事实，另行提起诉讼。

补偿义务不是从属义务，因此，债权人基于补偿义务而直接向补偿义务人追偿，不受基础合同的约束。基础合同项下的任何变更、修改，或者任何原因导致其无效，都不会影响补偿义务。从这个角度来说，补偿义务为债权人提供了更充分的保障。

（三）独立保证是一套单独的法律制度

独立保证是独立的、非从属的义务。这一点和普通的保证义务完全不同。因此，独立保证适用一套单独的法律制度，包括国际商会发布的《见索即付保函统一规则》，联合国国际贸易法委员会起草的《联合国独立担保和备用信用证公约》。除这些公约外，各个国家往往也有相应的法律单独规定独立担保。例如，我国最高人民法院的《独立保函司法解释》承认了金融机构可以出具独立于主合同的独立保函，当事人主张独立保函适用《担保法》关于一般保证或连带保证规定的，人民法院不予支持。《独立保函司法解释》可以作为“法律另有规定的除外”中的“另有规定”的内容②。有关独立保证的详细介绍，参见本书第十章独立保函。

---

① 《担保法》第三十一条：“保证人承担保证责任后，有权向债务人追偿。”

② 黄薇主编：《中华人民共和国民法典释义》，法律出版社 2020 年版，第 1301 页。

第二节 保证的基本要素

一份有效的保证担保必须具备一些基本要素。《担保法》曾对保证合同需要具备的内容作出明确要求。《担保法》第十五条规定："保证合同应当包括以下内容：（一）被保证的主债权种类、数额；（二）债务人履行债务的期限；（三）保证的方式；（四）保证担保的范围；（五）保证的期间；（六）双方认为需要约定的其他事项。保证合同不完全具备前款规定内容的，可以补正。"《民法典》对此作了更科学的规范，没有要求保证合同应当包括的内容，而是明确保证合同一般包括的内容。《民法典》第六百八十四条规定："保证合同的内容一般包括被保证的主债权的种类、数额，债务人履行债务的期限，保证的方式、范围和期间等条款。"

从我国的法律和实践来看，保证担保的基本要素包括：保证人、被保证的主债务和债务人、保证范围、保证期间以及保证方式。以下对这些基本要素作简要介绍，详细分析见本书后面的相关章节。

一、保证人

（一）保证人的范围

《担保法》曾明确规定哪些人可以担任保证人。《担保法》第七条规定："具有代为清偿债务能力的法人、其他组织或者公民，可以作保证人。"基于这一规定，保证人可以是法人、其他组织，也可以是自然人。《民法典》取消了关于保证人范围的正面限定，但是实践中保证人主要还是法人、非法人组织和自然人。

根据《民法典》的规定，法人是具有民事权利能力和民事行为能力，依法独立享有民事权利和承担民事义务的组织。法人包括营利法人和非营利法人。营利法人包括有限责任公司、股份有限公司和其他企业法人等。为公益目的或者其他非营利目的成立，不向出资人、设立人或者会员分配所取得利润的法人，为非营利法人。非营利法人包括事业单位、社会团体、基金会、社会服务机构等。

对于其他组织，《担保法司法解释》曾详细列举其范围。《担保法司法解释》第十五条规定："担保法第七条规定的其他组织主要包括：（一）依法登记领取营业执照的独资企业、合伙企业；（二）依法登记领取营业执照的联营企业；（三）依法登记领取营业执照的中外合作经营企业；（四）经民政部门核准登记的社会团体；（五）经核准登记领取营业执照的乡镇、街道、村办企业。”

（二）不得担任保证人的情形

并非所有法人和其他组织都可以担任保证人。《担保法》第八条至第十条规定，以下机构不得作为保证人：国家机关（经国务院批准为使用外国政府或者国际经济组织贷款进行转贷的除外），学校、幼儿园、医院等以公益为目的的事业单位、社会团体，企业法人的分支机构、职能部门（企业法人的分支机构有法人书面授权的，可以在授权范围内提供保证）。

《民法典》第六百八十三条规定了不得担任保证人的主体范围，包括：(1）机关法人不得为保证人，但是经国务院批准为使用外国政府或者国际经济组织贷款进行转贷的除外；（2）以公益为目的的非营利法人、非法人组织不得为保证人。机关法人的概念在《民法典》第九十七条有明确规定：“有独立经费的机关和承担行政职能的法定机构从成立之日起，具有机关法人资格，可以从事为履行职能所需要的民事活动。”

（三）保证人的资格要求

要使保证人出具的保证合法有效，无论什么类型的保证人都必须具备两项基本条件：首先，保证人必须具有民事行为能力；其次，保证人必须具有代为清偿主债务的能力。《民法典》虽然取消了第二点关于清偿能力的要求，但是实践中债权人在要求保证人提供保证担保时仍然会考察其清偿能力。

1. 民事行为能力

（1）我国法律①对自然人的民事行为能力认定的基本标准为：年满十八周岁的成年人，能完全辨认自己行为。例外的情形包括：十六周岁以上，以自己的劳动收入为主要生活来源的，视为完全民事行为能力人。

（2）对于非自然人保证人，其是否具备民事行为能力需要从依法设立和有效存续的角度进行审核。我国法律规定，法人应当依法成立，法人应当有自己的名称、组织机构、住所、财产或者经费。法人成立的具体条件和程序，依照法律、行政法规的规定。法人的民事行为能力，从法人成立时产生，到

① 参见《民法典》第十八条至第二十四条。

法人终止时消灭。

2. 清偿能力

如果担保人出现破产情形，新作出的担保在一定时限内可能根据《破产法》的规定被撤销。因此，在设立担保时，需要考察担保人的资信状况，确保其提供担保时没有处于资不抵债的状态。

我国《破产法》第三十一条规定："人民法院受理破产申请前一年内，涉及债务人财产的下列行为，管理人有权请求人民法院予以撤销：（一）无偿转让财产的；（二）以明显不合理的价格进行交易的；（三）对没有财产担保的债务提供财产担保的；（四）对未到期的债务提前清偿的；（五）放弃债权的。"

英国法中也有类似的规定。根据英国 1986 年的破产法第 238 条至第 240 条[①]，清算人和管理人根据不同的情况审查以下交易：低于市值的交易；对个别债权人优先清偿的交易；无效的浮动押记。如果存在前述情形，并且发生在担保人进入破产程序之日的前两年内，且当时担保人已经资不抵债或者因为该交易而导致资不抵债，则管理人或清算人可以申请法院撤销该等交易。

（四）多个保证人

如果保证人不止一个人，那么需要考虑各个保证人之间的关系。各保证人可以承担连带责任，也可以是按份责任。连带共同保证下，每一个保证人都承担 100% 的连带责任，债权人可以向任何一个保证人主张全部的保证责任。按份共同保证下，保证人只对一定份额的债务承担保证责任。

二、被保证的主债务和债务人

在设立保证的时候，要考虑担保将为什么样的债务设立，为谁的债务设立，这两个问题尤为重要。

（一）主债务

主债务也称为主债权。被保证的主债权的种类是指被保证的主合同产生的债权的种类。《担保法》采用列举的方式说明了可以担保的主债务类型，包括：借贷、买卖、货物运输、加工承揽等。《民法典》不再列举主债务的类

① 参见 https：//www. legislation. gov. uk/ukpga/1986/45/contents，访问日期：2024 年 9 月 4 日。

型。各类合法有效的合同债权均可以是主债权。当然，实践中常见的主债务还是买卖合同、借款合同、租赁合同、融资租赁合同等产生的债务。

对于主债权的数额，我国现行的法律有一定限制。这一限制主要体现在对于一段期间内的债权，可以设定一个最高额，在此最高额范围内担保。普通法中往往没有这一限制，所有当前和未来的金钱债权均可作为主债权，无论它们是实际发生的还是或然的债权（比如，在背对背担保中对债权人补偿的责任），债权无须确定最高额和到期日。

（二）债务人

债务人是指主合同项下的债务人，保证人为债务人履行其债务提供担保。在普通法保证文件中，债务人往往被称为被保证人（Guaranteed Party），对应的债权人则为受益人（Beneficiary）。被保证人这一表述在中国法下容易产生疑义，所以，我国现行法律中没有采用这一用语，而使用债务人和债权人的概念。

债务人可以是保证人的关联方，也可以是没有关联的当事方。如果是关联方，则需要特别关注《公司法》和《证券法》对关联方担保的限制，特别是公司为其股东债务提供保证担保的限制。如果债务人和保证人是非关联方，在普通法下需要考虑保证担保的对价问题，因为一方面如果没有对价会影响合同的效力，另一方面如果保证人提供保证没有对价，那么公司保证人的董事可能会面临董事责任问题。中国法中没有对价问题，所以，保证人和债务人之间没有任何关联并不会影响保证的效力。

三、保证范围

保证范围由当事方在保证合同中约定。我国法律对保证范围有明确规定，在当事人没有约定的情况下适用法律规定。《民法典》采纳了《担保法》关于保证范围的规定，在第六百九十一条规定："保证的范围包括主债权及其利息、违约金、损害赔偿金和实现债权的费用。当事人另有约定的，按照其约定。"

就债权人的角度而言，保证范围不应仅限于主债权及其利息，还应包括实现债权的各项费用。实践中，保证合同中往往把保证范围作为被担保债务（Guaranteed Obligations）进行定义。被担保债务范围要尽量详细，覆盖实践中可能发生的各项费用，通常包括：债务人在主合同项下应向受益人（债权人）偿还或支付的所有本金、利息（包括但不限于法定利息、约定利息、复利及罚息）、违约金、损害赔偿金、手续费、佣金和其他款项，以及为实现保证而发生的一切开支和费用（包括但不限于诉讼费用、律师费用、公证费用、执行费用等）。

四、保证期间

保证期间为债权人可以对保证人主张权利的期间，债权人未在保证期间内按照法定方式向保证人主张权利的，保证人免除保证责任。

《民法典》第六百九十二条第二款规定："债权人与保证人可以约定保证期间，但是约定的保证期间早于主债务履行期限或者与主债务履行期限同时届满的，视为没有约定；没有约定或者约定不明确的，保证期间为主债务履行期限届满之日起六个月。"《民法典》的规定延续了此前《担保法》的规定，但是调整了此前关于约定不明时保证期间的规定。此前《担保法司法解释》第三十二条第二款规定："保证合同约定保证人承担保证责任直至主债务本息还清时为止等类似内容的，视为约定不明，保证期间为主债务履行期届满之日起二年。"《民法典》不再区分此前《担保法》和《担保法司法解释》关于不同情形下保证期间不同的规定，而将合同没有约定保证期间或者约定不明的情形下的保证期间统一为六个月。

保证期间很容易和诉讼时效混淆。二者是不同的概念。保证期间是保证人等待债权人主张权利的期限，也是保证作为一种权利的存续期间，诉讼时效是保证债权受法律保护的时期，诉讼时效届满，债务人享有不履行债务的抗辩权。债权人在保证期间内主张权利，诉讼时效开始计算；债权人在保证期间内未主张权利，丧失保证债权。保证债权成立且可行使时，保证期间督促债权人向保证人主张权利，权利主张完毕，开始计算诉讼时效，诉讼时效督促债权人积极行使权利，否则丧失要求法律保护的权利。

普通法的保证合同中一般没有保证期间的概念。保证人在被担保债务完全清偿前都承担保证责任。

五、保证方式

（一）一般保证和连带责任保证

我国法律将保证担保分为两种：一般保证和连带责任保证。

当事人在保证合同中约定，债务人不能履行债务时，由保证人承担保证责任的，为一般保证。一般保证的保证人在主合同纠纷未经审判或者仲裁，并就债务人财产依法强制执行仍不能履行债务前，对债权人可以拒绝承担保证责任。一般保证也称补充保证，其最大特点是保证人享有先诉抗辩权。所谓先诉抗辩权，是指在债权人未就主债务人之财产申请强制执行并获得满足前，保证人可以拒绝承担保证责任。

连带责任保证的债务人在主合同规定的债务履行期届满没有履行债务的，债权人可以要求债务人履行债务，也可以要求保证人在其保证范围内承担保证责任。连带责任保证必须在保证合同中明确约定保证人与债务人对债务承担连带责任。在连带责任保证中，保证人不享有先诉抗辩权。

原《担保法》曾规定，当事人对保证方式没有约定或者约定不明确的，按照连带责任保证承担保证责任。《民法典》对此作了修改，在第六百八十六条第二款规定："当事人在保证合同中对保证方式没有约定或者约定不明确的，按照一般保证承担保证责任。"针对《民法典》的调整，《民法典担保司法解释》作了补充说明，以避免实务中容易出现争议。《民法典担保司法解释》第二十五条规定："当事人在保证合同中约定了保证人在债务人不能履行债务或者无力偿还债务时才承担保证责任等类似内容，具有债务人应当先承担责任的意思表示的，人民法院应当将其认定为一般保证。当事人在保证合同中约定了保证人在债务人不履行债务或者未偿还债务时即承担保证责任、无条件承担保证责任等类似内容，不具有债务人应当先承担责任的意思表示的，人民法院应当将其认定为连带责任保证。"也就是说，判断一份保证是连带责任保证还是一般保证，核心要看合同中是否有债务人应当先承担责任的意思表示。

（二）纯粹保证和附支付条件保证

普通法中保证方式可以分为纯粹保证（Pure Guarantee）和附支付条件保证（Conditional Payment Guarantee）。

在纯粹保证方式下，保证人向债权人保证债务人将按时履行其义务。贷款交易中的纯粹保证条款通常的约定如下：保证人向受益人保证借款人按时履行其在融资文件项下的义务（The Guarantor guarantees to the Beneficiary punctual performance by the Borrower of its obligations under the Finance Agreement.）。这一保证方式为保证人创设了第一顺位的义务，即只要借款人没有按时履行义务，保证人即违约。债权人因此就保证人的违约寻求救济。根据普通法的原则，针对违约的损害赔偿救济，债权人需要承担减损义务。

在附支付条件保证方式下，保证人保证在债务人违约时有义务履行支付义务，也就是说，保证人只有在债务人违约的情况下才有支付义务，债务人的违约不会直接导致保证人违约。贷款交易中的附支付条件保证条款通常的约定如下：保证人向受益人承诺，一旦借款人未能支付融资文件项下的到期应付款项，保证人应当立即向受益人进行支付（The Guarantor undertakes with the Beneficiary that，whenever the Borrower does not pay an amount when it is due under or in connection with the Finance Agreement，the Guarantor will immediately pay that amount.）。

在附支付条件保证方式下，保证人的义务并非第一顺位，而是从属于借款人的义务。但是在实践中，这一保证方式的保证合同中往往会增加一个条款，明确保证人的义务是第一顺位，不仅仅是作为从属的担保人。因此，在普通法下的保证合同中，现在很难区分一份保证是纯粹保证还是附支付条件保证。

（三）直接保证和再保证

我国现行法律并没有直接保证和再保证的概念。但是，在实践中出现了很多再保证业务，类似保险业务中的直接保险和再保险。例如，我国一些省份成立了省级再担保公司，为担保公司的银行融资担保责任提供再担保。这类业务中，担保公司为银行向借款人发放的贷款提供保证担保，即直接保证；再担保公司再为担保公司的担保责任提供再担保。这类业务得到了司法实践的认可。再保证所担保的主债务仍然是基础交易中债务人的债务，而不是保证人的保证义务，因为该保证义务是或有的，存在不确定性。在司法实践中，法院往往会从合同的角度出发，基于再保证合同的约定来确定各方责任。以下案例很好地解释了再保证担保。

中国银行股份有限公司商丘分行、中原再担保集团股份有限公司保证合同纠纷案［（2022）豫14民终6556号］

自2010年起，中原再担保公司与中行河南省分行开始合作，并分别签订《再担保业务合作协议》《业务合作协议》。《再担保业务合作协议》第一条约定，再担保，是指乙方（中原再担保公司）为担保公司的银行融资担保责任提供连带责任保证和一般保证的行为。附时间和比例条件连带责任保证再担保：当担保公司的银行融资担保客户违约不履行或不能完全履行偿还义务时，担保公司承担连带责任保证先行代偿；担保公司在3个月内不履行或不能完全履行偿还义务时，乙方按照约定比例代偿。一般保证再担保，即当担保公司的银行融资担保业务发生风险，按程序履行代偿责任后仍有未结清债务，依法清算后，乙方承担剩余债务的代偿责任。第七条再担保责任的承担约定，当债务到期，债务人不履行或不能完全履行清偿全部到期债务时，担保公司承担连带责任保证先行代偿；若担保公司在债务履行期限届满之日起3个月内不履行或不能完全履行担保代偿责任，乙方承担最高不超过实际发放授信合同本金40%及欠息的连带责任保证再担保责任。对于上述约定比例外的担保代偿责任，乙方承担一般保证再担保责任。《业务合作协议》第三条约定，对于再担保项目，由“担保公司”、乙方（中原再担保公司）和甲方签订《保证合同（再担保合同）》。第七条约定，本协议是甲乙双方合作的框架协议，除本协议约定之外，双方其他的权利义务以办理每笔业务时所签订合同的约定为准。第十一条效力约定，本协议有效期自签订之日起至2018年7月16日。期满后，如双方均未提出书面异议，本协议有效期顺延3年。在本协议有效期内发生的担保业务，不因本协议有效期终止而影响担保合同的效力。同时，本协议相关约定适用于在本协议有效期内发生的全部担保业务。

中行商丘分行（甲方）、中原再担保公司（乙方）、诚信公司（丙方）三方分别于2015年、2016年、2017年、2018年签订《保证合同（再担保合同）》，《保证合同（再担保合同）》第一条约定，为了保证甲方与丙方在2015年8月26日至2016年8月26日（2016年9月1日至2017年9月1日、2017年9月5日至2018年9月5日、2018年9月30日至2019年9月30日）期间担保债权的履行，乙方愿意提供附时间和比例条件连带责任保证再担保，即债务人在履行期限届满不履行或不能完全履行偿债义务时，丙方承担连带责任保证先行代偿，丙方在债务人债务履行期限届满之日起3个月内不履行或不能完全履行代偿责任的部分，乙方按约定比例代偿。第二条约定，乙方提供再担保的最高债权额度为担保债权本金人民币40 000（35 000、32 000、26 500）万元，且单户授信金额原则上不超过500万元。第三条约定保证方式为连带责任保证再担保（附时间和比例条件）和一般保证再担保。第七条约定：“再担保责任的承担。债务人违约不履行或不能完全履行偿债义务时，丙方承担连带责任保证先行代偿。若丙方在债务履行期限届满之日起3个月内不履行或不能完全履行担保代偿责任时，乙方对最高不超过实际发放授信合同本金40%及欠息的债务承担连带责任保证再担保责任。对于约定比例外的担保代偿责任，乙方承担一般保证再担保责任。”第十条约定：“连带责任保证再担保（附时间和比例条件）和一般保证再担保保证期间为丙方担保主债权届满之日或宣布提前到期之日起2年。”

2015年12月7日，华明公司与中行商丘分行辖属虞城支行签订了借款合同一份，约定华明公司向中行借款300万元，用于购买原材料。诚信公司与中行虞城支行签订《最高额保证合同》，约定诚信公司对上述借款的本金及基于本金产生的利息、复利、罚息、实现债权的费用等提供连带责任保证。中行商丘分行按照约定发放了该笔借款，后三方签署协议将上述借款的还款期限延长至2018年12月6日；诚信公司承诺对延期（展期）后的借款本息继续承担连带保证责任并提供保证金质押担保。后由于华明公司等未按约定还款，2019年8月22日，中行虞城支行将借款人及保证人诉至法院。

上述协议中的再担保安排得到了法院的认可。法院认为：再担保合同中约定“中原再担保公司对最高不超过实际发放授信合同本金40%及欠息的债务承担连带责任保证再担保责任，对于约定比例外的，承担一般保证责任”，这对双方责任分担非常明确，中原再担保公司主张“按平均分担的方式承担风险”，不能成立。对于中原再担保公司主张“中行商丘分行在为华明公司办理延期时，未经中原再担保公司同意，中原再担保公司对加重的义务不应当承担责任”。二审法院审理认为：本案的案涉借款虽然存在签订延期协议的情形，但延期协议的期限并未超过中原再担保公司和中行商丘分行以及相关公司签订“再担保合同”的期限。因此，中原再担保公司应当承担担保责任。

第三节　保证合同的重要条款

适用中国法的合同中至少包括上述第二节所述的保证的基本要素所对应的条款。除这些基本要素条款之外，保证合同通常还包括如下重要条款。

一、陈述和保证

陈述和保证是普通法域合同中的基本条款，其基本内容是合同当事方就事实问题作出说明。陈述和保证条款在中国法的合同中越来越常见。保证合同中的陈述和保证条款主要包括：

1. 保证人是一家依据其注册地法律合法成立并有效存续的具有独立法人资格的企业，并享有充分的权力、授权及法定权利拥有其资产及进行业务活动。对于个人保证人，需要陈述其已经成年，具有完全民事行为能力，基于自己的意愿签署本合同，对于保证人在本合同项下的义务，保证人已经在签署本合同之前获得了充分理解。

2. 保证人签署保证合同并使其在保证合同项下的权利和履行其在保证合同项下的义务并不违反其章程以及适用于其的任何法律、法规、判决、裁定、限制。

3. 保证人已取得及履行完毕签署及履行保证合同所需的一切其内部的批准及授权或其他相关手续，并已取得及履行完毕签署及履行保证合同所需的一切必要的任何政府部门或其他权力机关的批准、登记、授权、同意、许可或其他相关手续。

4. 保证合同构成保证人合法、有效并具有约束力的义务，并可根据其条款执行。

5. 没有发生、也不存在未结的或可能发生的针对其或其财产的任何诉讼、仲裁或行政程序；未发生任何针对保证人的清算或歇业或其他类似程序。

6. 保证人提供的与主合同或与保证合同有关的所有财务和其他信息在各方面均是真实的、完整的和准确的。

二、承诺

保证合同中的承诺条款，是指保证人在保证合同有效期间内承诺必须履行相应的事项。通常承诺的事项包括：

1. 信息承诺：

（1）一经获得，且在受益人要求的期限内，提供受益人认可的会计师事务所出具的经审计、不加保留意见的财务报表（包括损益表和资产负债表）；

（2）提供受益人不时合理要求的有关保证人的财务信息或其他信息；

（3）一旦发生诉讼、仲裁或行政程序，保证人应立即通知受益人。

2. 保证人应维持其公司法人地位合法有效，应适当并有效地开展其业务，应遵守所有适用于其的法律、法规、授权、协议和义务，并应缴纳所有应缴税款。

3. 保证人应确保保证人的股权或所有权或控制权（直接或间接）不发生变化，受益人书面同意的除外。

4. 保证人应确保在保证合同提及的所有批准、登记、授权、同意及许可保持完全有效，及时采取措施获得并保持为维持保证合同之效力所需的任何其他批准、登记、授权、同意及许可。

5. 保证人不得与任何其他实体合并或兼并或采取任何措施进行分立、歇业、整顿、清算、破产或解散，受托管理人书面同意的除外。

6. 保证人不得出售、转移或以其他方式转让、处理或处置其业务、资产或收益的全部或任何部分（但正常业务过程中按公平原则转让、处理或处置的除外），受益人书面同意的除外。

7. 保证人不得签署或承担可能对其财务或其他状况有重大不利影响的任何协议或义务。

三、债权人保护条款

一份完善的保证合同中往往包含一个专门的债权人（普通法下也称为受益人）保护条款，保障保证合同可以得到有效遵守和执行。一些保证合同中也将这一条款称为保证的保全。债权人保护条款主要避免保证中常见的争议，对相关事项进行明确，并要求保证人放弃在合同没有约定的情况下其根据法律享有的一些抗辩权。债权人保护条款通常包括以下五个方面。

（一）持续性担保

保证合同项下的保证是对受益人就任何被担保债务现在或将来持有的任何其他担保或保证的补充，并且不以任何方式受到该等担保或保证的影响，也不会以任何方式影响该等担保或保证。

无论受益人是否享有其他担保且无论该等其他担保何时成立、受益人是否已向其他担保人提出请求、该等其他担保是否由保证人或其他人士提供，保证合同项下保证人的保证责任都不应受到影响。受益人可以根据保证合同项下的条款直接向保证人主张权利，保证人放弃任何其可能享有的要求受益人主张或执行任何其他担保或在执行保证合同项下的担保前先向任何其他人士主张赔偿的任何权利。

（二）补充担保

在有其他担保的情况下，法律可能规定如果当事人没有明确约定受益人需要先行使其他担保。因此，其他担保条款专门约定受益人无须先行使其他担保。无论债权人是否享有其他担保且无论该等其他担保何时成立、债权人是否已向其他担保人提出请求、该等其他担保是否由保证人或其他人士提供，均不影响本合同项下保证人的保证责任。保证人在此放弃任何其可能享有的要求债权人主张或执行任何其他担保或在执行本合同项下的担保前先向任何其他人士主张赔偿的任何权利，无论是债务人自己提供的还是其他人提供的物的担保或保证。保证人的保证责任不因债权人放弃其他物的担保或保证而予以任何减免。

（三）不与债权人竞争

在被担保债务不可撤销地全部清偿之前，保证人将不会行使其对债务人享有的任何权利或主张，而与受益人形成竞争。如果保证人因违反本条规定而行使任何该等权利或主张，导致从债务人处收到任何款项，保证人应在收到时立即将该等款项支付给受益人。

保证人未从债务人处获得任何担保，并且在被担保债务被不可撤销地全部清偿前不要求取得该等担保。如果保证人违反该规定从债务人处获得担保，保证人应将就该等担保收到的所有款项立即支付给受益人。

（四）放弃抗辩权

在适用法律允许的范围内，即使发生以下任何事项或事件，保证人仍应承担其在保证合同项下的所有义务（如果不作出本规定，该等事项或事件可能影响保证人对其在保证合同项下义务的承担）：

（1）对债务人、保证人或任何其他人给予的任何时间或其他方面的宽限；

（2）对主合同或其中提及的任何其他文件的条款的任何变更或修订；

（3）债务人、保证人或任何其他人的歇业、解散、整顿或重组，或其地位、功能、控制权或所有权的改变；

（4）受益人不行使对债务人或任何其他人的任何权利或该等权利存在任何瑕疵；

（5）主合同的全部或任何部分成为无效或可撤销；

（6）若无规定，可能损害或以其他方式影响保证人在保证合同项下的任何保证责任的任何其他情况或事件。

（五）有条件的解除

如果基于对任何支付、担保或其他处置的信赖而解除或清偿全部或部分被担保债务，或者作出任何安排，但该等支付、担保或其他处置却因破产、清算或其他类似程序而被宣布无效或必须偿还，则保证人在本合同项下的责任应继续有效，如同上述解除或安排未曾发生一样。

这一条款在普通法的保证文件中比较常见，其目的是保障受益人的权益。

第二章　保证范围

保证范围也称为保证的担保范围，其直接决定保证人所承担的担保责任的大小。因此，当我们讨论保证范围时，实际上是要确认保证人根据法律规定或合同约定，需要在何种范围、界限或者何种程度内承担保证责任。在当前市场的各类案例中，关于保证的担保范围的认定存在不同的理解和争论，在具体法律实务的实践中也有所不同。保证范围中最重要的一个概念是主债权，因此，本章将首先介绍主债权，再介绍保证范围，同时通过分析具有代表性的法院判决，研究关于保证范围的法律适用问题。

第一节　主债权的类型

在我国民法中，债权的产生原因有四种，即合同、无因管理、不当得利、侵权行为。保证合同所担保的主债权仅限于合同产生的债权，不包括无因管理之债、不当得利之债以及损害赔偿之债。因此，保证所担保的主债权即主合同项下所产生的债权。由于合同项下的债权和债务是根据不同当事方的角度来区分的，一方的债权往往是另一方的债务。在保证合同中提及主合同项下的债权和债务时经常将二者混用，所以，本章中除非另有明确说明，一般不区分主债权和主债务。

保证担保的主合同包括各类有名合同和无名合同。其中，最为典型的是借款合同。借款合同项下的债权是要求借款人支付利息和偿还本金的权利，对于借款人而言属于支付义务。除此之外，主债务也可以是其他合同项下的实际履行义务，例如，货物买卖合同项下的货物交付义务、建筑工程合同项下的施工义务。这些实际履行义务不是直接的支付义务，但是如果不履行需要承担支付违约金的义务，因此也可以通过保证进行担保。

一、借款合同项下的债权

金融机构作为贷款人向企业、机构等借款人发放贷款或提供融资业务时，除要求借款人按期偿还本金之外，会要求借款人支付利息，作为金融机构提供贷款的对价。偿还本金和支付利息是借款合同项下主债权的主要内容。

原《合同法》第二百零四条规定：“办理贷款业务的金融机构贷款的利率，应当按照中国人民银行规定的贷款利率的上下限确定。”《民法典》删除了该前述要求，而在第六百八十条第一款中规定：“禁止高利放贷，借款的利率不得违反国家有关规定。”此外，根据《中国人民银行关于进一步推进利率市场化改革的通知》（2013 年 7 月 19 日发布），全面放开金融机构**贷款利率**管制，由金融机构根据商业原则自主确定**贷款利率**水平。因此，各项贷款（不含个人住房贷款）的利率、计息和结息方式，由金融机构在评估债务人的资质、偿付能力和市场行情的前提下，与债务人协商约定。

对于民间借贷而言，《民法典》第六百八十条、《民间借贷司法解释》第二十四条具有类似规定，借贷当事人之间没有约定利息，出借人主张支付借期内利息的，人民法院不予支持。若对利息约定不明，则区分当事人的身份，自然人之间借贷对利息约定不明，出借人主张支付利息的，人民法院不予支持。除自然人之间借贷外，借贷双方对借贷利息约定不明，出借人主张利息的，人民法院应当结合民间借贷合同的内容，并根据当地或者当事人的交易方式、交易习惯、市场利率等因素确定利息。根据该等规定可知，若无明确约定，自然人之间的借贷默认是无偿的，当事人对支付利息没有约定或者约定不明确的，视为不支付利息；而非自然人之间的债务，则可能会根据具体的案情来判断。

由于借款合同项下的债权主要为债权人主张债务人支付本金和利息的权利，因此，在借款合同纠纷案件中，当事人往往会争取用对自身更为有利的情形和条件来确定借款本金及其利息、利率，最大化地维护或实现自身利益。以下最高法再审案件显示，法院将根据交易的背景综合判断利率的约定。

锦宸集团有限公司、李某民间借贷纠纷案［（2019）最高法民申 3174 号］

该案中，出借人李某与李某林、锦宸集团有限公司（简称锦宸公司）唐山分公司作为借款人、锦宸公司作为担保人签订了数份借款合同，但该等借款合同的原始内容中并未约定利息，锦宸公司认为该等借款合同中并未约定利息，因此二审判决其按中国人民银行同期同类贷款利率的四倍支付利息不符合法律规定。最高人民法院在再审裁定书中认定，当事人订立合同，有书面形式、口头形式和其他形式。该案所涉及的四份借款合同中虽未就借期内利息进行约定，但约定的借期均较短，最长仅为 3 个月。同时，四份借款合同均约定了较高的违约金，结合借贷双方关系、借款人的还款情况以及存在预先扣除利息等事实，二审判决认定双方就借款利息存在口头约定，符合案件的实际情况。

二、其他合同项下的债权

除借款合同外，保证担保较为常见的主合同还包括买卖合同、建设工程合同等有名合同以及一些无名合同。以下主要就买卖合同和建设工程合同两类合同项下的债权进行介绍。

（一）买卖合同项下的债权

买卖关系是市场交易中常见的交易关系，买卖合同也是典型的有偿合同。《民法典》第五百九十五条规定："买卖合同是出卖人转移标的物的所有权于买受人，买受人支付价款的合同。"买卖合同法律关系中，卖方最基本的权利是请求买方支付购买款项，买方的基本权利是请求卖方交付货物或服务。买方的权利对应于卖方的义务，反之亦然。

以买卖合同作为主合同的交易中，可以是保证人为买方向卖方提供的保证，该等情形下保证人为买方履行买卖合同的支付义务提供担保。同时，也存在保证人为卖方向买方提供保证的情形，该等情形下，保证人为卖方履行买卖合同约定的给付义务提供担保。

在保证人为卖方的货物交付义务提供保证时，实际上是对卖方未向买方履行交付义务时的赔偿费用或违约金进行保证。买卖合同的当事人在签署合同时，可以约定一方违约时应当根据违约情况向对方支付一定数额的违约金，也可以约定因违约产生的损失赔偿额的计算方法。如果当事人在合同中只对违约金作了原则性的简单规定，未约定具体的违约金比例或数额，可以按照相关法律法规的规定适用违约金，法院也会在具体的案件中基于公平原则根据具体的情形判断违约金的适用标准。

（二）建设工程合同项下的债权

《民法典》第七百八十八条对建设工程合同的定义是：承包人进行工程建设，发包人支付价款的合同。建设合同包括勘察、设计、施工合同。建设工程是一个系统性工程，由项目业主、承包商、分包商、设计单位、监理单位、材料设备供应商等多个主体参与。因此，在一个建设工程中，各个主体之间可能签订各类合同。

国际上较为常见的建设工程合同是工程总包合同（EPC 合同）。我国住建部、工商总局于 2017 年联合发布的《建设工程施工合同（示范文本）》（GF－2017－0201）则是国内建设工程的主要合同，也是国内建设工程设计质量控制、进度控制、投资控制的主要依据，适用范围为房屋建筑工程、土木工程、装修工程等建设工程的施工承发包活动等。建设工程合同可能涉及各个方面，但归根结底，从项目业主的角度来说，建设工程合同项下的债权为总包商/承包商履行建设项目的施工义务，并在规定的期限内竣工并向项目业主移交项目。

建设工程合同项下，承包商需要履行的义务为施工义务，而非借款合同项下债务人需履行的支付义务。不过，建设工程合同中还会约定承包商须就项目工期延误和低性能运行支付违约赔偿金。项目的延期竣工和低性能运行通常会导致与承包商获得的利润水平相比相对较高水平的损失，因此，对于延期违约金和性能违约金会有一个限额。显然，为建设工程提供保证的保证人不适宜代承包商履行项目的施工和妥善运行义务，因此，保证人通常保证的是承包商的违约赔偿金支付义务。

第二节　保证责任的范围

保证责任的范围通常包括：主债权及利息、违约金、损害赔偿金和实现债权的费用。当事人可以在合同中约定更详细的范围。但是，如果保证合同中没有明确约定保证范围，则适用法律规定。这方面的法律有所变化。此前《担保法》第二十一条第二款规定："当事人对保证担保的范围没有约定或者约定不明确的，保证人应当对全部债务承担责任。"《民法典》删除了《担保法》的这一规定。也就是说，在合同没有约定或者约定不明的情况下，保证范围为《民法典》第六百九十一条规定的范围，即"主债权及其利息、违约金、损害赔偿金和实现债权的费用"。这一修改避免了对原《担保法》规定的全部债务承担责任可能产生的不同理解。

法律允许当事人基于交易的实际情况和具体要求自由约定保证范围，且约定的保证范围优先于法律规定的保证范围的效力。即使约定的保证范围与法定的保证范围不一致，仍以当事人之间的约定为准。若当事人对保证的担保范围无约定，或者约定的范围不明确，保证范围才可相应根据法定的保证范围来推定，即保证人应当对主债权以及因主债权而产生的利息、违约金、损害赔偿金和实现债权的费用等附属债务来承担保证责任。

以下分别论述主债权、利息、违约金、损害赔偿金和实现债权的费用。

一、主债权

市场上存在各种类型的交易，如借贷、投资或买卖交易关系等，主债权是该等交易的合同价格在计算利息之前的原始金额。以最为典型的借贷关系为例，借贷关系中的主债权所涉及的款项为本金。在民间借贷关系中，借据、收据、欠条等债权凭证载明的借款金额，一般即为本金；在金融债务中，金融机构与借款人签订的借款合同中，通常会载明借款金额，该等金额即为本金。

主债权金额的确定是计算利息的基础。通常情况下，主债权金额都会在交易的主合同中明确约定，对于债务人到期需偿付的主债权金额的争议一般较小。但是，实践中仍然存在关于认定主债务金额的争议，如未足额支付的本金应当如何认定。

某些情况下，债权人可能利用其优势地位变相地提高融资利率，增加债务人的融资成本。为了防止该等现象的出现，《民法典》第六百七十条（沿用此前《合同法》第二百条）规定，借款的利息不得预先在本金中扣除。利息预先在本金中扣除的，应当按照实际借款数额返还借款并计算利息。此外，《民间借贷司法解释》第二十六条规定，如果借贷当事人预先在本金中扣除利息的，人民法院应当将实际出借的金额认定为本金。例如，最高人民法院在（2018）最高法民申 2442 号案件中认定债权人在本金中预先扣除利息，因而需要按照修正后的借款本金数计算利息。

在实践中，当事人往往会注意遵守不得预先在本金中扣除利息的规定，因此，债权人并不会单纯地预先在本金中扣除利息，而是采取其他方式规避法律的该等强制性规定。例如，债权人未在本金中预先扣除利息，但在主合同中约定，要求在本金中预先扣除其他看似合理的费用。从形式上看，债权人确实没有预先在本金中扣除利息，但是债务人实际收到的款项并非全部的本金金额，根据当前的审判实例查询，法院会尽量从维护合同权利义务双方利益平衡的角度来认定该等情形下的本金金额。最高人民法院在 2019 年发布的《九民纪要》中亦明确，金融借款合同纠纷中，借款人认为金融机构以服务费、咨询费、顾问费、管理费等为名变相收取利息，该等费用不合理的，人民法院可以根据提供服务的实际情况确定借款人应否支付或酌减相关费用。在以下案件中，法院支持在贷款本金中扣除债权人在发放贷款时预先扣除的费用，以及在账户中留滞的“保证金”。

纳雍县电煤运销有限责任公司、贵州永基矿业投资有限公司纳雍县张家湾镇普洒煤矿民间借贷纠纷案［（2019）最高法民申4214号］

该案中，电煤公司与普洒煤矿签订案涉借款合同约定的借款金额为3000万元，但支付时电煤公司扣除“三费”331.2万元，实际只向普洒煤矿支付的借款金额为2668.8万元。最高人民法院认为，《合同法》第二百条和《民间借贷司法解释》第二十七条①的立法目的在于防范出借人利用其优势地位变相提高借款利率，不法增加融资成本。基于相同的目的，对于出借人在借款过程中收取的融资顾问费、财务费、评估费等费用，也应予以认真审查，区别对待。如果出借人实际提供了相关服务且费用合理的，应在法律规定的范围内予以支持；如果出借人不能举证证明提供了相关服务的，则应参照上述规则精神予以扣减。电煤公司向原审法院及最高人民法院提交的证据中，虽然显示了相关政府文件及合同存在关于“三费”的约定，但电煤公司并未提交证据证明其实际提供了相应服务且费用合理。最终，最高人民法院在认定案涉的借款本金时，对“三费”相应予以扣除。

中国建设银行上海市浦东分行与上海安居置业有限公司借款合同纠纷案［（2002）沪一中民三（商）初字第338号］

该案中，建设银行上海浦东分行作为贷款人与安居置业作为借款人于1997年11月20日签署了金额为2000万元的借款合同，在贷款到期后，安居置业未全额履行还本付息义务。后法院查明，1997年11月26日，建设银行向安居置业放款人民币1600万元，另有人民币400万元作为“保证金”留滞安居置业的账户。法院认为建设银行瑕疵履行讼争合同，最终认定借款合同的本金为1600万元。在该案中，虽然债权人并未在本金中直接扣除利息或其他费用，但是400万元的“保证金”在债务人的监管账户中并不受债务人的支配，因此，法院认定该等金额属于在本金中预先扣除费用，应以债务人实

① 该条款序号为2015年版《民间借贷司法解释》，2020年修订后的《民间借贷司法解释》条款序号调整为第二十六条。

际可使用支配的资金计算本金，以保护债务人的合法权益。

二、利息

利息是债务人获得主债权资金的价格，可以理解为借款人为获得主债权资金所支付的对价。利息一般按照一定的利率，根据债务人具体使用主债权金额的期限计收。利息根据不同作用，可以分为通常意义上的利息和违约利息。通常意义上的利息实际为债权人的融资成本与其希望获取的利润相加之和；而违约利息则是对债务人到期应付却未付的款项适用的利息，并可进一步细分为罚息和复利。从罚息和复利的性质来看，此类利息都是债务人未按主合同的约定履行义务时应承担的一种责任，因此，其与通常意义上的利息存在明显区别。

（一）民间借贷行为的利率上限

过高的利率会破坏正常的金融秩序，危害社会稳定，因此，限制高利率是国家关于借贷行为的基本政策。《民法典》第六百八十条第一款明确规定："禁止高利放贷，借款的利率不得违反国家有关规定。"2015 年版最高法的《民间借贷司法解释》确定了民间借贷行为最高利率限额的"两线三区"，"两条线"即 24% 和 36%，而"三区"为年利率低于 24% 的合法债务区，年利率高于 24% 但低于 36% 的自然债务区以及年利率高于 36% 的违法债务区。在年利率低于 24% 的限额以下，为合法的利息之债，法律予以保护；年利率高于 24% 但未超过 36% 的利息之债，为自然债务区，若债务人予以偿付该等利息，法院不予阻止，但是债权人若主张强制债务人履行该等债务，将不会得到法院支持；而年利率高于 36% 的利息之债，则属于违法的利息之债，若债务人已经向债权人支付该等利息之债，可以向法院请求债权人返还该等款项。

2020 年修正后的《民间借贷司法解释》不再采用"两线三区"的规定，而统一采用一个上限，即利率超过合同成立时一年期贷款市场报价利率四倍的法院不予支持。一年期贷款市场报价利率，是指中国人民银行授权全国银行间同业拆借中心自 2019 年 8 月 20 日起每月发布的一年期贷款市场报价利率（Loan Prime Rate，简称 LPR）。

（二）金融机构的利率上限规定

当前法律并未规定金融债务的利率上限，而民间借贷行为所产生的非金融债务的利率上限规定，并不适用于金融债务的利率上限规定。原《合同法》

第二百零四条规定，办理贷款业务的金融机构贷款的利率，应当按照中国人民银行规定的贷款利率的上下限确定，《民法典》将这一规定调整为不得违反国家有关规定。但是，《中国人民银行关于调整金融机构存、贷款利率的通知》（银发〔2004〕251 号）中规定，金融机构（城乡信用社除外）贷款利率不再设定上限，商业银行贷款和政策性银行按商业化管理的贷款，其利率不再实行上限管理，贷款利率下浮幅度不变。因此，当前的法律法规并未限制金融债务的利率上限。不仅如此，《中国人民银行关于进一步推进利率市场化改革的通知》（2013 年 7 月 19 日发布）还取消了金融机构贷款利率的下限管制，由金融机构根据商业原则自主确定贷款利率水平。通过贷款利率的上下限规定，我们可以看到金融债务与非金融债务的明显区别。

由于金融债务的利率无上限规定，金融债务的利率理论上可以超过民间借贷利率上限。在长期的司法实践中，各级法院对于金融债务的利率上限规定并未统一，有支持超过民间借贷利率上限的，也有认定超过民间借贷利率上限的利率无效的。

2017 年，最高人民法院发布的《关于进一步加强金融审判工作的若干意见》指出，金融借款合同的借款人以贷款人同时主张的利息、复利、罚息、违约金和其他费用过高，显著背离实际损失为由，请求对总计超过年利率 24% 的部分予以调减的，应予支持。可以看出，监管机构逐渐引导金融业以服务实体经济为出发点和落脚点，若金融债务的利息、复利、违约金等费用过高，人民法院很有可能相应调减超过当事人约定的年利率 24% 的部分，以降低实体经济的融资成本。据此，市场交易中，交易双方应注意金融债务与非金融债务的区别，但同时需注意，金融债务与非金融债务的适用规则并非完全对立，从推进交易开展的条件出发，应当结合各方具体的需求与交易结构的实际情况，确定主债权以及担保债务的具体适用条件。

1. 支持超过民间借贷利率上限的案件

部分法院在司法审判中认为，金融机构与非金融机构不同，金融债务也不同于非金融债务，不应当适用《民间借贷司法解释》规定的利率上限，而应当根据相关法律法规的规定，适用当事人之间协商约定的利率。

国联信托股份有限公司与深圳市中技实业（集团）有限公司、天津隆侨商贸有限公司、成清波金融借款合同纠纷案［（2013）最高法民二终字第 124 号］

该案中，最高人民法院认为，案涉出借人国联公司作为依法成立的信托公司，属非银行金融机构，因此，案涉贷款为金融借款，而非民间借贷，不受《民间借贷司法解释》对于利率上限规定的约束。而当前尚未有法律、行政法规对信托贷款利率予以限制，因此，国联公司作为出借人与中技公司作为借款人约定的25.8%的信托贷款利率并不违反法律、行政法规的强制性规定，应认定为合法有效。

左某与北银消费金融有限公司等金融借款合同纠纷案［（2018）京01民终5528号］

该案中，北京市第一中级人民法院认为，虽然债务人主张借款合同中约定的利息、逾期罚息、逾期滞纳金、账户管理费等合计超过年利率24%的标准，违反了《民间借贷司法解释》的相关规定，但债权人北银消费金融有限公司系经银行业监督管理机构批准设立的金融机构，案件诉争借款系其在核准范围内向借款人发放的金融借款，不属于民间借贷，借款人以民间借贷利率上限规范金融借款依据不足，因此，北京市第一中级人民法院不支持债务人的主张。

2. 反对超过民间借贷利率上限的案件

虽然金融债务不适用于民间借贷债务的利率上限规定，但是基于市场定位和风险与利益一致的市场法则，金融借贷利率不应高于民间借贷利率，故，金融机构的融资费用上限亦应参照适用《民间借贷司法解释》的民间借贷利率上限。

山西柳林宏盛聚德煤业有限公司、山西宏盛能源开发投资集团有限公司金融借款合同纠纷案［（2017）最高法民终927号］

2012年6月25日，聚德煤业公司、宏盛投资公司作为债务人与华融信托公司作为债权人签订了《特定资产收益权转让及回购合同》，约定聚德煤业公司按照规定的条款和条件向华融信托公司转让特定资产收益权，华融信托公司以信托计划募集的资金受让聚德煤业公司持有的特定资产收益权。同时，华融信托公司与聚德煤业公司以及其他担保人分别签订了《债务偿还协议》及系列担保协议，其中，华融信托公司作为债权人与普大煤业公司作为保证人签订了《保证合同》，约定保证人就债务人在《特定资产收益权转让及回购合同》主合同项下的全部义务提供不可撤销的连带责任保证。后华融信托公司按照约定向聚德煤业公司发放融资款项4亿元，但聚德煤业公司未按照合同约定偿付到期本金及相应溢价。一审判决中，法院判决聚德煤业公司承担资金归集违约金 3 456 100 元。

后普大煤业公司上诉请求撤销该项判决，理由为金融机构对外融资不得违反国家有关限制借款利率的规定，案涉信托产品一系列合同中设定了各种违约金，既包含利率，也包含违约金及其他费用，但约定的各种违约金总额不应超过《民间借贷司法解释》规定的 24% 上限，否则违反法律面前人人平等原则。

虽然最高人民法院在二审判决中以案涉年利率经最终认定未超过 24% 为由，驳回了普大煤业公司的上诉，但其在判决中明确说明，华融信托公司属于非银行业金融机构，实践中非银行业金融机构在金融借款合同中常以利息、复利、罚息、违约金、其他费用等一并约定，导致实体经济融资成本过高，违背了金融服务实体经济的价值本源。虽然非银行业金融机构借贷与民间借贷不同，且非银行业金融机构借贷的利息、复利、罚息、违约金、其他费用等总计融资成本的最高限制并无明确的法律规定，但就金融在市场经济中的定位而论，金融应为实体经济服务，促进资金这一生产要素在各产业和企业之间良性流动，并分享实体经济发展中创造的价值。如果金融服务分享的剩余价值过高，会阻碍实体经济的发展，有悖于金融服务的根本。就金融借贷的市场定位而言，民间借贷是对金融服务实体经济不足的有益补充，而民间借贷的风险防控及承受能力相对于金融借贷较低。按照金融借贷与民间借贷的市场定位和风险与利益一致的市场法则，金融借贷利率不应高于民间借贷利率，故金融机构的融资费用上限亦应参照适用《民间借贷司法解释》的民间借贷利率上限，即年利率 24% 。这也符合 2017 年 8 月 9 日印发的《最高人民法院关于进一步加强金融审判工作的若干意见》的司法指导意见精神。

（三）罚息的适用规则

1. 罚息的定义

在我国金融实践中，罚息包括挪用罚息和逾期罚息两类。挪用罚息适用于借款人私自变更融资款项的使用用途；逾期罚息则是在本金逾期未偿付完毕的情形，以未偿付的到期本金金额来计算。由于罚息具有惩戒债务人和补偿债权人的作用，罚息通常会高于当事人在合同中约定的正常履行合同应付的利息。《民法典》第六百七十六条（沿用此前《合同法》第二百零七条）规定，借款人未按照约定的期限返还借款的，应当按照约定或者国家有关规定支付逾期利息。由此可以看到，逾期利息为法定的利息，且金融债务和非金融债务都适用罚息。基于法定和意思自治的原则，对于罚息的计算，若债权人和债务人有约定的，从约定，若债务人与债权人没有约定的，依照法定利率计算。

2. 金融债务的罚息计算

中国人民银行发布的《关于人民币贷款利率有关问题的通知》（银发〔2003〕251 号）规定，金融机构的逾期贷款罚息利率为在借款合同载明的贷款利率水平上加收 30% ~50%；借款人未按合同约定用途使用借款的罚息利率，为在借款合同载明的贷款利率水平上加收 50% ~100%。该等规定即为金融债务的法定罚息利率。此外，根据《人民币利率管理规定》（银发〔1999〕77 号），如同一笔贷款既逾期又挤占挪用，应择其重，不能并处。由于挪用罚息利率高于逾期罚息利率，因此若同一交易中，既存在挪用罚息，又存在逾期罚息，一般将计算挪用罚息。

3. 非金融债务的逾期罚息计算

对于非金融债务而言，根据《民间借贷司法解释》的规定，若借贷双方约定了逾期利率，则从其约定，但以不超过合同成立时一年期贷款市场报价利率四倍为限。若未约定逾期利率或者约定不明的，人民法院可以区分不同情况处理：在当事方既未约定借款期内的利率，也未约定逾期利率的情况下，出借人可以向借款人主张自逾期还款之日起参照当时一年期贷款市场报价利率标准计算的利息支付逾期罚息；在当事方约定了借款期内的利率但未约定逾期利率时，可以按照借款期内的利率支付逾期罚息。

（四）复利的适用规则

1. 复利的定义

复利，俗称“利滚利”。本金的利息，其归还都有一定的期限，若借款人在约定期限内未偿还利息，则每经过一个计息期后，将未偿还部分的利息计入本金，以此计算下一个计息期的利息。此种利息即为复利。复利其实是一种特殊的利息计算方法。需要明确的是，复利实际上是针对债权的未偿利息而产生的一种“利息”，该等“利息”可以看作借款人未按照合同约定支付利息时应向出借人承担的损害赔偿责任。

2. 复利的计算

《民间借贷司法解释》对于非金融债务的复利持部分支持的态度，其第二十七条规定，借贷双方对前期借款本息结算后将利息计入后期借款本金并重新出具债权凭证，如果前期利率没有超过合同成立时一年期贷款市场报价利率四倍，重新出具的债权凭证载明的金额可认定为后期借款本金；超过部分的利息不能计入后期借款本金。简言之，《民间借贷司法解释》并不反对非金融债务计算复利，但复利的计算，在尊重当事人意思自治的情况下，不应超过一年期贷款市场报价利率四倍的界限。中国人民银行亦不禁止针对金融债务计算复利。《人民币利率管理规定》第二十一条规定，对贷款期内不能按期支付的利息按合同利率按季计收复利，贷款逾期后改按罚息利率计收复利。

三、违约金和损害赔偿金

因不履行主债务而产生的违约金或损害赔偿金，是指债务人不能履行债务时对债权人应当承担给付违约金或损害赔偿金的责任。法律规定了当事人一方不履行合同义务或者履行合同义务不符合约定的，应当承担继续履行、采取补救措施或者赔偿损失等违约责任。该等规定可以看作债权人主张违约金和损害赔偿金的法律依据，但是需要注意，赔偿损失是法定的违约责任，而违约金和损害赔偿金一般是要由交易当事人具体约定。《民法典》第五百八十五条（原《合同法》第一百一十四条）第一款规定："当事人可以约定一方违约时应当根据违约情况向对方支付一定数额的违约金，也可以约定因违约产生的损失赔偿额的计算方法。"因此，关于损失赔偿的数额、计算的标准、违约金的比例都可以在合同中加以约定，债权人在债务人违约的情况下，满足一定条件时，债权人向债务人和保证人主张违约金和损害赔偿金理应获得法院的支持。

若约定的违约金过分高于造成的损失的，当事人可以请求法院或仲裁机构予以适当减少，一般而言，约定的违约金超过造成的损失的30%的，可以认定为过分高于造成的损失。就金融债务而言，若金融债务的利息、复利、罚息、违约金和其他费用等总计超过民间借贷利率上限，债务人可以主张对超过部分予以扣减。在实践中，借贷关系的各方往往既约定逾期罚息，又就违约金或损害赔偿金进行约定，要求债务人在向债权人支付罚息的同时支付一定的违约金。通常而言，关于违约金或损害赔偿金的设立应当尊重当事人的约定。

从《民法典》第五百八十五条第一款关于违约金的规定可知，当事人之间设定违约金的目的在于由违约方向守约方弥补其因违约所造成的损失，该条第二款进一步规定："约定的违约金低于造成的损失的，人民法院或者仲裁机构可以根据当事人的请求予以增加；约定的违约金过分高于造成的损失的，人民法院或者仲裁机构可以根据当事人的请求予以适当减少。”由此可以看出，违约金具有明显的补偿性，同时又具有一定的惩罚性，因为法律允许违约金可以高于债权人实际受到的损失，只有在认定违约金过分高于造成的损失的，方可向法院主张适当调减违约金金额。

四、实现债权的费用

债权人实现债权的费用，是指主债务人不履行债务时，债权人请求主债务人履行债务以及保证人承担保证责任所支出的一切必要费用，包括但不限于诉讼或仲裁费用、公证费用、中介费用、鉴定费用、债权保全费用、防止损害扩大的费用等。在实践中，实现债权的费用，尤其是对于金融债务而言，是债权人主张债务偿还过程中几乎必然会产生的支出，债权人往往会主张由债务人承担实现债权的费用，而债务人则可能就此与债权人进行沟通协商，甚至反复讨论。因此，在司法实践中，需要合理确定承担实现债权费用的主体，平衡债权人和债务人之间的合法利益。

向债务人主张实现债权的费用，其法律依据主要来自《民法典》第六百九十一条（原《担保法》第二十一条），其规定保证的范围包括实现债权的费用。

通常实现债权的费用清偿顺序优先于主债权。《民法典》第五百六十一条［吸纳《合同法司法解释（二）》第二十一条］规定：“债务人在履行主债务外还应当支付利息和实现债权的有关费用，其给付不足以清偿全部债务的，除当事人另有约定外，应当按照下列顺序履行：（一）实现债权的有关费用；（二）利息；（三）主债务。”产生实现债权费用的原因，在于债务人违约，债权人通过合法途径和方式来实现债权时需要向其他方支付一定的费用，该等支出实际上对债权人造成了损失。因此，违约方承担实现债权的费用可以看作其承担违约责任的一种特殊形式，若其正常履行合同项下的义务，不会存在实现债权费用的情形。由于法律法规对于实现债权的费用没有特别具体的规定，实现债权的费用一般由交易各方主体事先在合同中约定好，通常约定由债务人承担，也可能约定双方各自承担一部分。在保证担保的情形下，实现债权的费用作为债务人承担违约责任的一种形式，自然也可以被列入其担保范围。

法律并未明确规定何种费用为实现债权的必需费用。在实践中，上文提及的诉讼或仲裁费用、公证费用等费用都有可能被计入实现债权的费用，前提是该等费用是在一方当事人违约的情形下，守约方通过合法途径实现债权所必需的合理开支。鉴于该等费用的种类繁多，以下以律师费用为例，对其适用和承担情形进行介绍。

与诉讼费用不同，律师费用是由债权人和其代理律师因双方的民事法律关系产生的费用，在实践中，对于主张律师费用为实现债权的必要费用一直存在争议。例如，重庆市南岸区人民法院法官李明刚在其研究文章中[①]提及，律师费和诉讼担保费并非实现债权必然产生的费用，对实现债权的费用应作限缩解释和理解。通过以下两个最高人民法院关于律师费用争议案例，我们可以看出，即使法律没有规定何种费用为实现债权的费用，但若当事方在合同中明确约定某种费用为实现债权的费用，何方为承担主体，且费用金额较为合理，数额相对确定，则人民法院极有可能支持该等决定。

1. 合同明确约定律师费用为实现债权的费用，且费用合理

当合同当事方明确约定律师费用的承担主体时，律师费用可以认定为实现债权的费用。例如：

贵州峄兴矿业有限公司、福兴集团有限公司金融借款合同纠纷案［（2019）最高法民终110号］

该案中，最高人民法院认为律师费属于案涉贷款人平安银行昆明分行为实现债权的合理支出项目，平安银行昆明分行主张的律师费金额也符合《云南省律师收费标准》的相关规定。在案涉贷款合同、担保合同已明确约定实现债权的费用由债务人峄兴公司承担，实现债权的费用亦属于约定担保范围的情形下，判决案件律师费由债务人承担，同时保证人对律师费承担连带担保责任并无不当。

2. 未签订代理协议约定律师费用

中国农业银行西藏自治区分行营业部与西藏吉庆实业开发有限公司、重庆市华鼎现代农业景观园开发有限责任公司金融借款抵押合同纠纷案［最高法（2005）民二终字第186号］

最高人民法院在该案判决中说明，案涉债权人农行西藏分行营业部向西

---

① 参见李明刚：《债务人承担实现债权的费用应作限缩解释》，载中国法院网，https：//www. chinacourt. org/article/detail/2017/03/id/2631723. shtml，访问日期：2024年9月4日。

藏自治区高级人民法院提起诉讼时，虽然已经聘请了雪域律师事务所的律师参加诉讼活动，但是因其并未与雪域律师事务所就代理事项签订代理合同，更未实际支付律师代理费，故原审法院认定债务人吉庆公司依据借款合同的约定承担农行西藏分行营业部为实现债权所支付的一审案件代理费尚缺乏相应的事实依据。律师代理费用的数额应当依据委托人与律师事务所的合意来确定，原审法院在委托人农行西藏分行营业部与雪域律师事务所没有约定的情况下，自行依据《西藏自治区律师收费标准（试行）》作出认定，缺乏法律依据，最高人民法院对此不予认可。

第三节　保证责任范围认定中的几个问题

由于保证责任从属于主债务，因此，保证责任的范围与主债务的范围密切相关。在实践中，对于保证责任的范围认定十分重要，若不能明确界定保证责任的范围，可能给债权人或保证人带来重大损失。以下介绍几个有关保证责任范围的常见问题。

一、保证责任是否可以超过主债权

约定的保证范围虽然优先于法定的保证范围适用，但不能突破法律的强制性规定。例如，当事人可以约定保证责任仅包括主债权或者仅以主债权的一部分为限，但是约定的保证范围不得大于或超过主债务，这是担保的从属性原则的基本要求。关于担保从属性的问题，虽然此前《担保法》规定可以由当事人约定，但司法实践中并未认同。《民法典》第六百八十二条第一款规定："保证合同是主债权债务合同的从合同。主债权债务合同无效的，保证合同无效，但是法律另有规定的除外。"该等规定修改了此前《担保法》关于当事人可以约定保证责任独立性的规定，明确当事人不得突破担保从属性的规定，即当事人约定的担保责任不得大于主债务，约定的担保范围不得大于主债权的范围，除非法律另有规定。

最高人民法院在2019年发布的《九民纪要》中同样强调了在司法审判中应当注意担保的从属性，根据其更新的最新司法审判思路，担保人承担的保证责任范围不能大于主债务，是担保从属性的必然要求。当事人约定的担保责任的范围大于主债务的，如针对担保责任约定专门的违约责任、担保责任的数额高于主债务、担保责任约定的利息高于主债务利息、保证责任的履行期先于主债务履行期届满等，均应当认定大于主债务部分的约定无效，从而使担保责任缩减至主债务的范围。

由以下几个案件可见，在保证合同中单独约定的违约责任由于超出主债务的范围，因而得不到法院的支持。

彭某与刘某、邓某华民间借贷纠纷案［（2014）成民终字第5894号］

该案件争议的焦点为：保证人彭某应否在主债务之外依据保证合同的约定另行向债权人刘某给付违约金，即保证人承担保证责任的范围能否超过主债务。成都中院分析认为：首先，根据《担保法》第二十一条“保证担保的范围包括主债权及利息、违约金、损害赔偿金和实现债权的费用。保证合同另有约定的，按照约定。当事人对保证担保的范围没有约定或者约定不明确的，保证人应当对全部债务承担责任”之规定，保证人承担保证责任的范围优先适用保证合同的约定，未约定或约定不明则对被保证人的全部债务承担责任。保证合同对保证责任范围的约定，虽实行意思自治，但因保证合同是主合同的从合同，保证责任是主债务的从债务，基于从属性原则，保证责任的范围及强度不能超过主债务的范围及强度。其次，如果允许保证责任超过主债务的范围，将违反保证责任的从属性规则，可能产生滥用权利的后果。最后，保证责任超过主债务的部分，使债权人获得从主债务人处不能获得的利益，保证人对该部分承担后无法对主债务人追偿，对保证人产生不公平的结果。

孙某林与惠民担保公司追偿权纠纷案［（2019）宁04民终914号］

该案中，张某财、张某娟以汽车维修为由与津汇村镇银行于2018年1月29日签订个人借款合同，向津汇村镇银行贷款20万元，同日，张某财、张某娟与惠民担保公司签订委托保证合同，委托惠民担保公司为其向津汇村镇银行贷款20万元提供担保；同时，孙某林、王某龙作为反担保人与惠民担保公司签订反担保保证合同，为张某财、张某娟的借款向惠民担保公司提供反担保保证。反担保保证合同约定了反担保保证的范围为代偿本息、违约金、损害赔偿金和实现债权的费用等全部款项。在合同履行过程中，张某财、张某娟未按合同约定支付贷款利息造成违约，后惠民担保公司向津汇村镇银行清偿了借款本金及利息共计204 525.89元。一审法院判决孙某林、王某龙对上述反担保保证合同中的代偿金、违约金及利息承担连带清偿责任。后孙某林不服一审判决上诉。在二审中，固原市中级人民法院认定，虽然孙某林、王某龙就张某财、张某娟的借款，与惠民担保公司签订反担保保证合同，但对于反担保保证合同中关于代偿违约金等的约定，担保人承担的担保责任大于主债务不符合法律规定，该部分的约定无效。张某财、张某娟的借款到期后因未能偿还本金及利息，惠民担保公司代张某财、张某娟偿还了借款本金及利息 204 525.89 元，故孙某林、王某龙应仅就惠民担保公司代偿还款本息的主债务范围内承担担保责任。

二、对未来债务的保证

法律没有规定保证担保的主债权债务必须在保证合同成立时就已经存在。通常而言，若主债权是确定的，保证合同的当事人亦可以约定对将来的债务提供担保。而且，法律规定，保证人与债权人可以就单个主合同分别订立保证合同，也可以协议在最高债权额限度内就一定期间连续发生的借款合同或者某项商品交易合同订立一个保证合同。我国法律规定的最高额保证，实际上也是以将来之债作为其保证标的。因此，关于最高额保证的规定实际上也佐证了将来之债可以成为保证合同的标的。

但是非最高保证能否担保未来债务，根据具体的案例和情节不同可能存在不同认识。从以下最高法的案件来看，合同明确约定对将来债务提供保证责任可以获得法院的支持。

交通银行股份有限公司娄底分行与湖南担保有限责任公司、湖南金鹰服饰集团有限公司金融借款合同纠纷案［（2015）民申字第 2671 号］

2012 年 6 月 7 日，交行湖南省分行（乙方）与担保公司（甲方）签订《合作协议》，约定该协议适用于甲方、乙方及其所辖分支机构之间的担保、再担保业务合作，甲方担保责任的范围为主合同项下的本金及利息、复利、罚息和实现债权的费用。在担保责任范围内，甲方与乙方按 9∶1 的比例承担风险，甲方在履约宽限期届满次日承担连带责任保证，以现金方式偿还乙方未获清偿债务的 90%，整体债权最终损失由甲方与乙方按照 9∶1 的比例承担风险。在甲乙双方发生具体业务时，该协议有约定的以该协议约定为准，该协议无约定的以具体业务合同约定为准。自 2013 年 4 月 24 日至 2013 年 8 月 14 日止，金鹰公司与交行娄底分行先后签订了四份开立银行承兑汇票合同和一份流动资金借款合同。担保公司为上述借款提供了连带责任担保，先后与交行娄底分行签订了三份保证合同（格式合同），主要内容为：保证人担保的主债权为主合同项下的本金共计3000万元，保证方式为连带责任保证，保证的范围包括各主合同项下本金及利息、复利、罚息、违约金、损害赔偿金和实现债权的费用等。后金鹰公司违约。二审法院认为，交行娄底分行知晓合作协议内容，且作为格式合同提供方，没有在保证合同中明确写明不履行合作协议条款，判决担保公司对金鹰公司的债务按其与交行湖南省分行的合作协议承担90%的担保责任，而不是按其与交行娄底分行的保证合同承担全部担保责任。

交行娄底分行在再审程序中称，合作协议只是框架性合作协议，在签订具体业务时可以对框架协议已经约定的内容在具体合同中予以改变。而保证合同属于从合同，该合作协议约定的保证责任没有对应的主债权合同的存在，因而不产生法律效力。因此，担保公司应当对交行娄底分行未获得清偿的债务承担全部保证责任，而不是根据合作协议的约定，按照90%的比例承担担保责任。

最高人民法院在再审判决中认为："该［合作］协议约定了合同双方的权利义务，合同要素具备。尽管担保合同是从属于主合同的从合同，但担保合同的当事人可以约定对将来债务提供担保，法律并没有规定其担保的主债务必须在担保合同成立时就已经存在，因此，申请人关于《合作协议》是框架性协议，约定的保证责任没有对应的主债权合同的存在而不产生法律效力的再审申请理由不能成立。"

由以上判决可见，对将来债务的保证，在符合一定条件下是可以得到法院认可的。上述案例的判决文书中提到合作协议的合同要素具备，可以合理推知，虽然主债权债务是在将来才会发生，在签订保证合同时将来之债尚不存在，但如果主债权债务已经明确确定了范围，对该等债务提供保证的保证合同是有效的。

三、未约定保证范围或约定不明

法律允许当事人基于交易的实际情况和具体要求自由约定保证范围，且约定的保证范围优先于法律规定的保证范围的效力。若当事人对保证的担保范围无约定，或者约定的范围不明确，保证范围才适用法定的保证范围，即主债权及利息、违约金、损害赔偿金和实现债权的费用。

当事人未约定担保范围或约定范围不明的情形时，司法实践发生争议的情形包括以下三种。

1. 仅模糊约定对单项债务承担保证责任

方某、马鞍山禧徕乐实业有限公司保证合同纠纷案［（2019）皖民终95号］

该案中，黄某泰（甲方）作为债权人与航通电子公司（乙方）作为债务人、方某及禧徕乐公司（担保方）、安徽元恺律师事务所（见证方）于2017年6月28日签订一份和解协议，方某及禧徕乐公司以担保方的身份在和解协议上签字及盖章，该份协议第一至第六条分别约定了不同种类的债权债务，方某、禧徕乐公司在该份协议第六条后面注明“该部分债务由乙方及方某、禧徕乐公司共同承担”。一审判决确认方某、禧徕乐公司对航通电子公司向黄某泰给付的违约金承担连带清偿责任。

在二审中，方某及禧徕乐公司共同上诉，辩称和解协议第一至第六条分别约定了不同种类的债权债务，如果方某、禧徕乐公司是对该份协议项下全部债务承担连带保证责任，应在该份协议中予以明确，而不是仅在该份协议第六条后面注明“该部分债务由乙方及方某、禧徕乐公司共同承担”，因此要求撤销一审判决。安徽省高级人民法院在二审判决中说明，虽然和解协议第六条最后一句约定了“该部分债务由乙方（航通电子公司）以及方某、禧徕乐公司共同承担”，但“该部分债务”具体指何债务并不明确。所以，需要结合和解协议第六条的表述以及相关条款来探究当事人约定的“该部分债务”的具体指向范围。鉴于和解协议第一至第六条的整体内容，二审法院最终认定“该部分债务”包括航通电子公司在建造、管理、使用转让的房屋及土地期间对他人所负担的债务，因此，方某及禧徕乐公司应对和解协议项下涉及航通电子公司的全部债务承担连带清偿责任。

从以上案件可以看出，在就保证范围在某单项条款特别约定的情况下，若该等约定较为模糊，人民法院有可能根据合同的全文与整体含义来确认保证范围。

2. 保证人仅以保证人身份在主合同上签名

盛某与江苏方洲实业有限公司、王某华普通破产债权确认纠纷案［（2019）苏01民初2017号］

该案中，财盛公司于2015年1月至7月先后分三次向方洲公司出具了委托付款说明，称方洲公司向自然人盛某借款的500万元由盛某指定财盛公司汇付给方洲公司，方洲公司亦分三次向盛某出具债务确认书，确认该等债权债务关系。上述三份债务确认书中，方洲公司在公司署名、时间落款以及下方所附银行进账单编号位置分别加盖了公司印章，在下方打印“担保方:”，自然人王某华在此处签名并捺指印。

案件当事方的争议焦点之一在于，王某华应否就方洲公司欠付债务承担连带清偿责任。关于该等情形，《担保法司法解释》第二十二条有明确规定，主合同中虽然没有保证条款，但是，保证人在主合同上以保证人的身份签字或者盖章的，保证合同成立。因此，在一审判决中，法院认定，王某华具有提供担保的意思。同时，根据《担保法》第二十一条第二款的规定，当事人对保证担保的范围没有约定或者约定不明确的，保证人应当对全部债务承担责任。因此，法院认可盛某主张的王某华对方洲公司欠付款项承担连带清偿责任。

在保证人仅以保证人身份签字但未约定具体保证条款的情形下，当事人经常会主张自身没有提供担保，试图避免承担保证担保责任。虽然《民法典》删除了《担保法》第二十一条第二款，但是《民法典》第六百九十一条依然规定了保证范围的认定规则，即当事人有约定的从其约定，当事人没有约定保证范围的，应当适用法定的保证担保范围。

3. 主合同债权债务不明确

厦门市桥箱机械工业有限公司、陈某毅买卖合同纠纷案［（2018）最高法民终795号］

2011年1月1日，厦门厦工作为债权人与鹰潭厦工作为债务人签订厦工产品经销协议，约定厦门厦工授权鹰潭厦工5年内经销厦门厦工生产的机械产品，厦门厦工分年度与鹰潭厦工签订补充协议，鹰潭厦工与厦门厦工还须另行签署厦工经销合作信用担保协议。同日，双方签订2011年厦工产品经销协议（装载机部分）、2011年厦工产品经销协议（叉车部分），之后每年均签订类似的经销协议，同时由相关单位和个人分别或者共同签署担保书、第三方单位担保书、担保承诺函、最高额抵押合同书等作为当年度信用担保协议的组成部分，以担保经销协议项下形成的债务。在案件的多份担保书中，2011年，陈某毅、颜某建、张某晔、沈某治等向厦门厦工出具一份担保书，承诺：自愿为鹰潭厦工（乙方）在与厦门厦工业务往来中对厦门厦工所承担的一切责任与义务承担连带责任保证担保；2011年2月10日，桥箱公司向厦门厦工出具一份第三方单位担保书，承诺自愿为鹰潭厦工在与厦门厦工业务往来中对厦门厦工所承担的一切责任与义务承担连带责任保证担保；自然人陈某毅于2012年9月26日向厦门厦工出具一份担保书，承诺自愿为鹰潭厦工在与厦门厦工业务往来中对厦门厦工所承担的一切责任与义务中的51%的份额承担连带责任保证担保。保证范围包含但不限于：出具担保书之前鹰潭厦工所欠厦门厦工的货款；出具担保书之后1年内鹰潭厦工在经销厦门厦工的铲运机械、挖掘机、道路机械、工业车辆、配件等产品业务中所欠厦门厦工的货款，最高担保金额为人民币4000万元整。

一审法院认为，上述担保书、第三方单位担保书中“出具本担保书之前”“之后”“一切责任与义务”属当事人对保证范围约定不明确，保证人应就鹰潭厦工对厦门厦工2011年、2012年、2013年的全部债务承担连带清偿责任。桥箱公司和陈某毅在二审程序中上诉称，上述担保书、第三方单位担保书中“出具本担保书之前”“之后”“一切责任与义务”属于案件的主债务不真实且具体金额无法确定，担保人无须对本案债务承担连带担保责任。

在二审中，最高人民法院根据案件的具体情况分析了案件的法律事实认定思路。首先，陈某毅等人共同签署的担保书系基于鹰潭厦工的股东身份而为厦门厦工的债权提供担保，应当认定为股东担保。桥箱公司在2011年2月10日为鹰潭厦工的债务向厦门厦工提供担保，亦是因陈某毅既是桥箱公司的法定代表人，又是鹰潭厦工的股东。据此，厦门厦工的意思表示很明确，即确保与厦门厦工有经销关系的鹰潭厦工的股东对鹰潭厦工的债务承担保证责任，不存在上诉人主张的主债务不真实。其次，保证是对主债权的担保，该案保证所担保的债权系连续购销合同所发生的债权，桥箱公司、陈某毅签订保证合同时债权数额并不确定，而债务人又在不断清偿债务，在此情况下，桥箱公司、陈某毅作为保证人的担保责任应当根据保证合同所担保的主债权范围及扣除已清偿债权后实际剩余债权数额进行确定。最终，最高人民法院结合具体案情，认定保证人是分年度对厦门厦工的债权进行的担保，而非对2011—2013年的全部债务承担责任，因此，陈某毅依据2011年出具的担保书和2012年9月26日出具的担保书应分别承担2011年度鹰潭厦工所欠付厦门厦工的货款和2012年1月1日至2013年9月25日鹰潭厦工所欠付51%的货款在最高额不超过4000万元范围内的保证责任，桥箱公司依据2011年2月10日出具的第三方单位担保书承担2011年度鹰潭厦工所欠付厦门厦工的货款的担保责任。

该案中，当事方试图以主债权不明确为由主张主债权不成立，在这种情况下，保证债务的范围其实也是不明确的。最高人民法院从保护交易的实际履行和各方权利义务平衡的角度出发，根据案情具体分析，最终并未认定保证范围不明确而要求保证人就全部债务承担保证责任，相反，正是因为在具体案件中，由于案件的交易结构、文件繁复程度存在差别，法院会结合保证合同的具体约定，尤其注意约定保证范围的认定，避免轻易认定保证范围不明而排除当事人约定，适用法定保证范围。

第三章　保证期间

第一节　保证期间的基本规定

一、保证期间的概念

保证期间，是指保证人承担保证责任的期间。保证期间也是债权人可向保证人主张权利的期间。若债权人没有在保证期间内向保证人主张担保权利，则债权人的权利灭失，保证人不再承担保证责任。

保证期间的确定采用当事人约定与法定期间相结合的模式。法律对法定保证期间的期限及起算点作了基本规定，但当事人可以基于合意而约定保证期间。事实上，无论是一般保证还是连带责任保证，当事人均可约定保证期间。但实践中往往存在当事人约定不明或者没有约定的情况，从而需要根据法律规定来确定。

（一）法律规定的保证期间

如果保证合同当事人没有约定保证期间或约定不明，则保证期间根据法律规定确定。《民法典》出台前的司法实践区分三种情形，即没有约定、视为没有约定以及约定不明，其保证期间有以下区别：

（1）保证人与债权人未约定保证期间的，保证期间为主债务履行期届满之日起六个月；

（2）保证合同约定的保证期间早于或者等于主债务履行期限的，视为没有约定，保证期间为主债务履行期届满之日起六个月；

（3）保证合同约定保证人承担保证责任直至主债务本息还清时为止等类似内容的，视为约定不明，保证期间为主债务履行期届满之日起二年。

《民法典》不对上述不同情形进行区分对待，将所有这些情形下的保证期间统一为主债务履行期限届满之日起六个月。《民法典》第六百九十二条第二款规定："债权人与保证人可以约定保证期间，但是约定的保证期间早于主债务履行期限或者与主债务履行期限同时届满的，视为没有约定；没有约定或者约定不明确的，保证期间为主债务履行期限届满之日起六个月。"

（二）当事人约定的保证期间

法律尊重当事人对保证期间的约定。《民法典》第六百九十二条第二款规定："债权人与保证人可以约定保证期间"。

关于当事人约定保证期间的长短，法律并没有禁止性规定。但是，由于保证合同从属于主合同，因此，保证期间也往往受到主合同的债务履行期间以及诉讼时效的影响。司法实践中出现过当事人约定的保证期间是否可以超过主债务诉讼时效的争议。在最高人民法院于2001年发布的《关于保证合同约定的保证期间超过两年诉讼时效是否有效的答复》（〔2001〕民二他字第27号）中，最高人民法院向天津市高级人民法院答复：

（1）保证合同约定的保证期间超过两年的主债务诉讼时效期间的，应当认定该约定有效。连带责任保证的保证人应当在保证期间内承担连带责任保证。

（2）主债务在诉讼时效期间内，发生中断或者连续中断的，连带责任保证的保证人应当在保证合同约定的保证期间内承担连带责任保证。

（3）主债务诉讼时效完成后，债权人在保证合同约定的保证期间内向连带责任保证的保证人主张权利的，保证人可以行使主债务诉讼时效完成的抗辩权。保证人没有行使主债务诉讼时效完成的抗辩权而履行了保证责任后，向债务人行使追偿权的，人民法院不予支持。

根据最高人民法院的上述答复，当事人可以约定保证期间超过主债务诉讼时效，但是保证人可以抗辩；如果主债务诉讼时效出现中断，则保证人应当在约定的保证期间内承担保证责任。可见，约定较长的保证期间对债权人有利，但是债权人向保证人主张保证义务的权利仍然会受到主债权诉讼时效完成的影响。

尽管有最高人民法院的答复，在实践中也有法院有不同的裁判观点。例如，在江苏天地冶金工贸有限公司与上海贺宁贸易有限公司、上海长润金属材料有限公司等买卖合同纠纷案［（2012）宁商初字第61号］中，南京中院认为，"约定保证期间超过2年将导致主债务已过诉讼时效而保证期间尚未届满的情形，造成当事人以事先的约定排除法律规定诉讼时效的结果"，从而判决还款协议关于保证期间的约定部分无效。

虽然南京中院的裁判观点和最高法的答复有所出入，但是二者均认为保证期间和主债务的诉讼时效相关联。如果主债务诉讼时效完成，保证人可以抗辩主债务不受法律保护，从而不对主债务承担担保义务。但是，也有很多观点认为保证期间和诉讼时效是两个不同的概念，保证期限不受主债务诉讼时效的影响。有关保证期间和诉讼时效的关系，详见下文论述。

二、保证期间的法律性质

（一）除斥期间与诉讼时效

关于保证期间的法律性质，争议焦点集中在保证期间属于除斥期间还是诉讼时效。

1. 除斥期间

除斥期间是学理名词，而非法典名词，在我国民法及其他相关法律中，并没有“除斥期间”这一专门用语。原《民法总则》在起草过程中曾经在讨论稿中以专门章节定义了除斥期间，该讨论稿中的定义为：“法律规定或者当事人约定的撤销权、解除权等权利的存续期间，为除斥期间。除斥期间届满，当事人的撤销权、解除权等权利消灭。”但是，在最终通过的《民法总则》中除斥期间的规定被删除。《民法典》总则编基本沿用了原《民法总则》的内容，也没有关于除斥期间的概念。

学理中，一般而言，除斥期间是指法律规定或当事人依法确定的某种权利预定的存续期间，该期间届满，则权利当然消灭。因此，除斥期间是权利的预定存续期间，是不变的期间，不会发生中止、中断或者延长等变更。

2. 诉讼时效

诉讼时效是权利人向人民法院请求保护民事权利的期间，在法定时间内不行使权利的权利人，将在诉讼中丧失胜诉权的制度。《民法典》第一百九十二条第一款规定：“诉讼时效期间届满的，义务人可以提出不履行义务的抗辩。”因此，诉讼时效届满后，权利丧失法律保护，但不代表权利消灭。《民法典》第一百九十三条明确规定：“人民法院不得主动适用诉讼时效的规定。”也就是说，诉讼时效是债务人的一个抗辩理由。

3. 除斥期间和诉讼时效的区别

从前述定义来看，除斥期间和诉讼时效虽然具有一定的相似性，但区别很大。二者的区别主要集中在以下三个方面。

（1）是否可以延长

除斥期间和诉讼时效的最大区别是二者是否可以延长。除斥期间为不变期间，不能中止、中断和延长；诉讼时效虽然固定，但是可以中止、中断和延长。

以合同撤销权这一典型的除斥期间为例，《民法典》第五百四十一条规定：“撤销权自债权人知道或者应当知道撤销事由之日起一年内行使。自债务人的行为发生之日起五年内没有行使撤销权的，该撤销权消灭。”《诉讼时效司法解释》第五条进一步明确：“享有撤销权的当事人一方请求撤销合同的，应适用民法典关于除斥期间的规定。对方当事人对撤销合同请求权提出诉讼时效抗辩的，人民法院不予支持。”

诉讼时效则可以中止或中断。《民法典》第一百九十四条规定了诉讼时效中止的情形：“在诉讼时效期间的最后六个月内，因下列障碍，不能行使请求权的，诉讼时效中止：（一）不可抗力；（二）无民事行为能力人或者限制民事行为能力人没有法定代理人，或者法定代理人死亡、丧失民事行为能力、丧失代理权；（三）继承开始后未确定继承人或者遗产管理人；（四）权利人被义务人或者其他人控制；（五）其他导致权利人不能行使请求权的障碍。自中止时效的原因消除之日起满六个月，诉讼时效期间届满。”

《民法典》第一百九十五条规定了诉讼时效中断的情形：“有下列情形之一的，诉讼时效中断，从中断、有关程序终结时起，诉讼时效期间重新计算：（一）权利人向义务人提出履行请求；（二）义务人同意履行义务；（三）权利人提起诉讼或者申请仲裁；（四）与提起诉讼或者申请仲裁具有同等效力的其他情形。”

（2）期间届满后的法律后果

除斥期间届满，消灭权利本身。诉讼时效届满只是消灭胜诉权，使债权变为无强制力的自然债权，不受法律保护。

（3）起算时间

《民法典》第一百八十八条第二款规定：“诉讼时效期间自权利人知道或者应当知道权利受到损害以及义务人之日起计算。法律另有规定的，依照其规定。但是，自权利受到损害之日起超过二十年的，人民法院不予保护，有特殊情况的，人民法院可以根据权利人的申请决定延长。”可见，诉讼时效从权利人能行使请求权之时计算。

除斥期间的起算时间曾在学理上有争议。例如，在《民法总则》起草过程中，曾经出现不同的讨论稿，中国法学会2015年的征求意见稿中规定除斥期间从权利成立之时计算，而二次审议稿中则规定除斥期间自权利人知道或者应当知道权利产生之日起开始计算。《民法典》第一百九十九条规定，除斥期间自权利人知道或者应当知道权利产生之日起计算，法律另有规定的除外。

（二）保证期间属于除斥期间

保证期间是否属于除斥期间，早年间学术界众说纷纭。随着法律研究的不断深入和法律实务的实践，保证期间的性质逐渐清晰。

1995年出台的《担保法》第二十五条第二款规定："债权人已提起诉讼或者申请仲裁的，保证期间适用诉讼时效中断的规定。"这一规定从字面上理解，一般保证的保证期间显然适用诉讼时效，诉讼时效的中断、中止、延长同样适用于保证期间。

2000年最高人民法院出台的《担保法司法解释》第三十一条规定："保证期间不因任何事由发生中断、中止、延长的法律后果。"《担保法司法解释》对《担保法》关于保证期间的规定进行了进一步解释，确定保证期间为不中断、不中止、不延长的除斥期间。

《民法典》采纳了《担保法司法解释》的规则，在第六百九十二条第一款明确规定："保证期间是确定保证人承担保证责任的期间，不发生中止、中断和延长。"对保证期间属于除斥期间进行了确认。

保证期间属于除斥期间这一观点，也在当前司法实践中得到了肯定。例如以下两个最高人民法院的裁决。

袁某国、王某等民间借贷再审纠纷案［（2015）民申字第3359号］

该案再审裁定中，最高人民法院认为："保证期间不因任何事由发生中断、中止、延长的法律后果，属于除斥期间。因袁某国承担的保证责任属于连带责任保证，根据担保法及其司法解释的规定，如果债权人依法在保证期间内向保证人主张权利，则开始计算保证债务的诉讼时效。"

张某彬、厦门鑫屹龙贸易有限公司合同纠纷案［（2016）最高法民终285号］

该案中，张某彬作为贷款人与鑫屹龙公司作为借款人于2010年10月30日签订借款协议书，借款至2012年3月31日届满。2014年4月1日，张某彬和余某飞和众鑫公司等签署债权债务确认及担保书，余某飞和众鑫公司自愿对鑫屹龙公司的前述所有债务承担不可撤销的连带清偿保证责任，保证期间为债权债务确认及担保书签订之日起两年。在一审程序中，张某彬抗辩其在2012年11月3日至2014年4月1日人身自由受限，而一审法院认为，因保证期间不发生中断、中止、延长的法律后果，且债权人张某彬的人身自由受限并不影响其行使保证权利，张某彬未能证明其在保证期间内要求保证人余某飞、众鑫公司承担保证责任，故保证人对本案债务不承担担保责任。在二审程序中，最高人民法院认为，“本案各方当事人在债权债务确认及担保书中约定余某飞和众鑫公司对鑫屹龙公司的债务承担不可撤销连带清偿保证责任，保证期间为该债权债务确认及担保书签订之日起两年，即2012年4月1日至2014年3月31日。因无证据表明张某彬在保证期间内向保证人余某飞、众鑫公司主张权利，其于2014年5月12日向两保证人主张权利时，已经超过约定的保证期间，故余某飞、众鑫公司的保证责任应予免除。一审法院依法判令保证人不承担责任并无不当，本院予以维持”。

通过该案可以看出，法院在审理案件时，基于保证期间的除斥期间性质，认定保证期间不发生中断、中止、延长的法律后果，即使保证人以其在保证期间人身自由受限而提出抗辩，亦不能改变保证期间经过后保证责任消灭的法律后果。

三、保证期间与诉讼时效

如上文所述，保证期间属于除斥期间，不同于诉讼时效。二者是两种不同的制度，既有区别又有联系。

（一）二者的区别与关联

保证期间和诉讼时效的规定都旨在督促债权人及时向保证人行使权利。但是，二者具有以下区别和关联：

（1）保证期间为确定的期间，在其存续期间时，不计算保证诉讼时效。

（2）只有保证期间未结束，才能适用保证债务的诉讼时效。如果保证期间结束，保证债务消灭不存在，保证债务的诉讼时效也就不存在。

（3）一旦债权人在保证期间主张权利（一般保证的债权人向债务人提起诉讼或仲裁，或者连带责任保证的债权人要求保证人承担保证责任），保证期间经过，保证合同的诉讼时效相应开始起算；债权人没有在保证期间内主张权利，则保证人的保证责任消灭。

区分保证期间与保证诉讼时效的差别具有重要意义。如果当事人将保证期间和保证诉讼时效混为一谈，认为保证期间可中断或中止，在保证期间经过后仍然主张保证人承担保证责任，可能使自身遭受重大损失。但若债权人在保证期间及时主张债权，开始计算保证债务的诉讼时效，这个诉讼时效适用有关诉讼时效的中断、中止的法律规定。

（二）主债务的诉讼时效

保证法律关系中涉及两个诉讼时效，一个是主债务的诉讼时效，另一个是保证债务的诉讼时效。

主债务的诉讼时效涉及债权人和债务人，调整主债权债务关系。主债务的诉讼时效和保证期间二者并行，互不影响。当主债务诉讼时效结束，如果保证期间仍在当事人约定的期间内，债权人可以向保证人主张权利。但此时保证人拥有债务人的抗辩权，可以抗辩主债务超过诉讼时效。如果保证期间结束，而主债务的诉讼时效仍未结束，则债权人丧失主张保证人责任的胜诉权，保证人不再承担保证责任，债权人只能向主债务人主张权利。

保证债务的诉讼时效和主债务的诉讼时效不同，但二者有一定的联系。有关保证债务的诉讼时效，详见下文分析。

（三）保证债务的诉讼时效

如上所述，保证债务的诉讼时效和主债务诉讼时效不同。主债务的诉讼时效从主债务履行期届满之日起计算。保证债务的诉讼时效，会根据保证担保是一般保证还是连带责任保证有很大的差别。

1. 一般保证债务的诉讼时效

《民法典》第六百九十四条第一款对一般保证的诉讼时效起算时间作了规定：“一般保证的债权人在保证期间届满前对债务人提起诉讼或者申请仲裁的，从保证人拒绝承担保证责任的权利消灭之日起，开始计算保证债务的诉讼时效。”这一点和此前的法律规定有所不同，此前《担保法》第二十五条和《担保法司法解释》第三十四条规定，一般保证中的债权人在保证期间届满前对债务人提起诉讼或申请仲裁的，从判决或者仲裁裁决生效之日起开始计算保证合同的诉讼时效；如果债权人在保证期间内没有对债务人提起诉讼或仲裁的，即为保证期间经过，保证人免责。

由此可见，一般保证的诉讼时效起算的前提条件是：债权人对主债务人提起诉讼或申请仲裁。诉讼时效的起算时间是从保证人拒绝承担保证责任的权利消灭之日起。因此，债权人必须在保证期间内对主债务人提起诉讼或者仲裁，否则，因除斥期间已过保证债权将消失，债权人就无法主张保证人的责任，也就不存在保证债务的诉讼时效问题。

在一般保证中，债权人不需要在保证期间内向保证人主张责任，而必须向债务人提起诉讼或者仲裁。在保证人取得生效的诉讼判决或仲裁裁决之前，保证人的保证责任尚未产生，这时候也就不存在保证债务的诉讼时效问题。所以，一般保证中，债权人向保证人主张权利的时间被延后，这一方面为债权人保留了较长的时间，另一方面也会拖延债权实现的时间。

2. 连带责任保证的诉讼时效

《民法典》第六百九十四条第二款规定："连带责任保证的债权人在保证期间届满前请求保证人承担保证责任的，从债权人请求保证人承担保证责任之日起，开始计算保证债务的诉讼时效。"这一规定吸纳了此前《担保法司法解释》第三十四条第二款的意见，采用了和《担保法司法解释》完全一致的规定。

与一般保证的诉讼时效起算的条件不同，连带责任保证中，债权人无须事先对主债务人提起诉讼或申请仲裁，就可以在保证期间届满前向连带责任保证人提出承担保证责任的要求，并且从提出要求之日起计算保证合同的诉讼时效。

3. 保证债务诉讼时效的中断和中止

如上所述，一般保证和连带责任保证的诉讼时效起算时间各有不同。在诉讼时效起算后，其能否中断和中止的情况也不相同。

（1）诉讼时效中断

关于保证债务诉讼时效的中断，立法过程中出现过不同的意见。原《担保法司法解释》第三十六条第一款规定："一般保证中，主债务诉讼时效中断，保证债务诉讼时效中断；连带责任保证中，主债务诉讼时效中断，保证债务诉讼时效不中断。"原《担保法司法解释》这样的规定对于提供连带责任的保证人相对更有利。司法解释之所以这么规定，可能是出于平衡债权人和保证人的责任的考虑。但是，严格从逻辑来讲，在主债务诉讼过程中一般保证的保证责任诉讼时效尚未开始，因此不存在中断问题。正因为此，《民法典》在征求意见稿中采用与《担保法司法解释》一致的规定，但最终版中并没有作出这样的规定，诉讼时效的中断仅适用《民法典》第一百九十五条规定的四种情形。

一般保证中，保证人在主债务人承担责任之后承担补充责任，即其承担的责任范围要看主债务人的财产经过判决或仲裁并依法强制执行后的差额。如果保证人过早退出诉讼，不利于债权人权益的保护。而且，一般保证中保证人承担责任的风险较小，从公平的角度出发，应当与债权人和债务人共同承担风险到最后。

连带责任保证中，保证人和主债务人承担相同的责任。这种情况对债权人保护比较充分，如果债权人只对主债务人提起诉讼而不对保证人提起诉讼，应当视为放弃保证债权。所以，法律应当认可债权人主动放弃权利的行为。

（2）诉讼时效中止

根据《民法典》第一百九十四条的规定，诉讼时效中止的原因是不可抗力和其他导致权利人不能行使请求权的障碍。这些当事人意志以外的原因妨碍了诉权的行使，如果诉讼时效不因此中止对债权人显然是不公平的。

原《担保法司法解释》第三十六条第二款规定："一般保证和连带责任保证中，主债务诉讼时效中止的，保证债务的诉讼时效同时中止。"基于和前述关于诉讼时效中断一样的理由，《民法典》并没有采纳原《担保法司法解释》中的这一规定。主债务的诉讼时效是否中止和保证债务的诉讼时效是否中止之间没有直接关系。保证债务的诉讼时效是否中止，应适用《民法典》第一百九十四条关于诉讼时效中止的规定。

第二节　保证期间的计算

一、一般计算方式

保证期间涉及两个日期，即起始日和终止日。在起始日相对确定的情况下，保证期间终止日的确定相对明确，当事人有约定的从其约定，无约定的按照法定期间确定终止日。

法律并未规定在当事人合意约定保证期间的情形下，是否可以任意约定保证期间的起始日和终止日。但是法律规定，保证合同约定的保证期间早于或者等于主债务履行期限的，视为没有约定。之所以这么规定，是因为在主债务履行届满之日前，不存在保证人为担保债务而承担保证责任的逻辑和必要。在实践中，当事人很少会对保证期间的起始日作出约定，而往往是约定终止日。常见的保证期间终止日约定是主债务被完全清偿之日。这样的约定被最高人民法院在原《担保法司法解释》中认定为视为约定不明。《民法典》已将没有约定和约定不明情况下的保证期间统一为主债务期限履行届满之日起六个月。可见，计算保证期间的核心要素是主债务履行期届满之日。

在保证期间的起始日通常为主债务履行届满之日的情况下，对主债务合同履行期届满之日的确定便显得尤为重要。在主合同明确约定主债务履行期限届满之日的情况下，保证期间的计算是一目了然的。然而，现实的情况并非如此简单，主合同中没有约定主债务履行期间的情况非常普遍，而且某些情况下主债务履行期间存在变更、分期履行等情形，从而使得计算保证期间变得复杂。以下详细介绍这些特殊情形。

二、主合同未约定履行期限

《民法典》第六百九十二条第三款规定："债权人与债务人对主债务履行期限没有约定或者约定不明确的，保证期间自债权人请求债务人履行债务的宽限期届满之日起计算。"该条规定采纳了此前《担保法司法解释》第三十三条的内容："主合同对主债务履行期限没有约定或者约定不明的，保证期间自债权人要求债务人履行义务的宽限期届满之日起计算。"

《民法典》第五百一十一条规定了有关合同内容约定不明确的情形下的确定原则，其中，"履行期限不明确的，债务人可以随时履行，债权人也可以随时请求履行，但是应当给对方必要的准备时间"。这里规定的给债务人的必要准备时间，可以理解为履行义务的宽限期。但是，并不是所有的债权人都会明确宽限期。在实践中，对于没有约定履行期限的合同，如果债权人要求债务人履行义务时没有约定宽限期，则债务应当在债权人要求时即履行期限届满，开始计算保证期间。

驻马店市润升置业有限公司、罗某玉借款合同纠纷案［（2017）最高法民申3372号］

最高人民法院在再审裁定书中认定：本案的借款担保合同中未约定保证期间，故债权人罗某玉应在案涉借款履行期限届满之日起六个月内要求保证人承担保证责任。但借款合同中并未约定借款期限，依照《担保法司法解释》第三十三条规定，主合同对主债务履行期限没有约定或者约定不明的，保证期间自债权人要求债务人履行义务的宽限期届满之日起计算。而本案中罗某玉与张某、时某然、润升公司并未约定宽限期，罗某玉可以随时要求张某、时某然承担还款责任，罗某玉向一审法院提起诉讼时并未超过保证期间。

三、多笔主债务分期履行

为避免纠纷，针对担保分期履行主债务的保证，保证合同需要明确约定针对每笔债务的保证期间。如果保证合同没有明确约定，由于法律对于分期债务保证期间的起算点未作出明确规定，司法实践中法院会考虑不同情况进行认定。

对于可以区分的债务，保证人保证其中一期或者几期债务，则保证期间以该期债务履行期限届满之日起算。如果保证人只为部分债务提供担保，而整体债务的最后履行期限作为保证期间起算点，对保证人而言是不公平的，加重了保证人的保证义务。

如果保证人对全部债务进行保证，且债务不易区分，则法院往往会以最后一期债务履行期限届满之日开始计算保证期间。然而，债务的整体性很容易被认定，因此很容易扩大保证人的责任。从保证人角度，应当尽可能在保证协议中明确其保证的债务及其保证期限。

1. 担保一期债务以该期债务的履行期限届满之日开始计算保证期限

赣州世瑞钨业股份有限公司、陈某雷合伙协议纠纷、借款合同纠纷案［（2018）最高法民终 785 号］

该案中，赣州世瑞钨业股份有限公司（简称世瑞公司）作为回购方与钟某良作为债权人以及赣州联胜投资咨询中心（有限合伙）（简称联胜投资）于 2015 年 10 月 29 日签署了一份《股权回购协议》。根据《股权回购协议》第四条、第五条约定，案涉股权实行分期回购，世瑞公司的主债务区分为未超过 6 个月、未满 9 个月、未满 12 个月以及超过 18 个月等不同履行期限，并因期限不同而适用不同的回购价格标准。世瑞公司超过 12 个月后未履行回购义务的，担保人陈某雷、温某华承担责任并履行回购义务。后因世瑞公司未履行回购义务，钟某良诉至法院。一审法院判决将该约定内容视为类似于保证人承担保证责任直至主债务本息还清之时，并适用《担保法司法解释》第三十二条第二款的规定，确定保证期间为自 2016 年 10 月 28 日起 2 年。世瑞公司、陈某雷、温某华上诉以当事人未约定保证期间为由主张应适用《担保法》第二十六条规定的6个月保证期间，并据此主张保证期间已过、保证责任应予免除。最高法二审维持一审判决。该案中的主债务分为不同的履行期限，而保证人所担保的是其中满12个月后未履行的债务，因此，担保期限从主合同签订后满12个月之日起算。

2. 基于债务的整体性而认定从最后一期债务的履行期限届满之日开始计算保证期间

东方航空公司与信达资产管理公司西安办事处及咸阳富安公司借款合同纠纷案［（2009）陕民再字第37号］

该案中，主债务是两份不同期限的信用证。两单信用证有效期均为1080天，付款方式为平均按三次定期、定额支付。1997年11月15日和11月23日，上述两单信用证约定的首期付款期限先后届满，富安公司用自筹的资金支付。两单信用证项下第二期付款期限分别于1998年11月15日和11月23日届满，富安公司因无力付款由中行西安分行按国际贸易结算惯例垫款后对外付汇支付结清。1999年11月15日和11月23日，两单信用证项下最后一期付款期限分别届满，富安公司因无力付款，中行西安分行于同年11月22日和12月4日从西北航空公司银行存款中分别扣划购汇后对外支付结清。东航集团公司（兼并西北航空公司）与中行陕西省分行于2002年10月9日签订中国西北航空公司债务承担协议。在该协议第5条第2款第6项中，东航集团公司承诺继续履行西北航空公司对富安公司在中行西安分行的贷款、开证的担保责任，对富安公司在中行西安分行逾期贷款、开证垫款及上述所产生的利息承担连带责任。

债权人要求东航集团公司（兼并西北航空公司后的存续主体）对两信用证项下第二期付款垫款本息承担保证责任。一审法院认为，担保期间应分别自第二期债务到期日，即1998年11月15日和1998年11月23日起3年，即分别到2001年11月14日和11月23日止。在此期间债权人未要求西北航空公司承担保证责任，保证人免除担保责任。

陕西高院二审认为，根据2008年《诉讼时效司法解释》第五条规定，当事人约定同一债务分期履行的，诉讼时效期间从最后一期履行期限届满之日起计算。据此，基于同一合同所约定的债务具有整体性、分别起算会割裂合同的整体性、损害债权人利益的考虑，分期履行合同的保证期间亦应从最后一笔债务履行期限届满之日起开始计算。本案两单信用证项下最后一笔付款期限分别为1999年11月15日和1999年11月23日，故本案所涉债权的保证期间亦应自上述期间之次日起计算3年，即自1999年11月16日和1999年11月24日起，计至2002年11月15日和2002年11月23日。债务承担协议的达成表明债权人在保证期间内并未怠于向保证人主张权利，这在一定程度上也是债权人向保证人主张权利的结果。故债务承担协议应可以引起本案保证期间的消灭和保证债权诉讼时效的起算。

再审中陕西高院认为，分期履行合同的保证期间亦应从最后一笔债务履行期限届满之日起开始计算。在此期间债权人并未向保证人主张权利，保证人已依法取得时效消灭的抗辩权。债务承担协议的签订，至多是在东航集团公司和原债权人之间形成新的保证关系，客观上不能就此认定中行向保证人西北航空公司主张了权利，不能引起保证期间的消灭和诉讼时效的起算。因此，双方当事人的真实意思在于就诉争债权达成新的保证合同。由于双方在债务承担协议中对保证期间没有约定，根据《担保法》第二十六条的规定，"连带责任保证的保证人与债权人未约定保证期间的，债权人有权自主债务履行期届满之日起六个月内要求保证人承担保证责任"。该担保期间自2002年10月9日起至2003年4月8日止。在此期间中行陕西省分行未要求东航集团公司承担保证责任，东航集团公司的担保责任解除。

福建中旅实业股份有限公司石狮中国旅行社与厦门万众企业发展有限公司、厦门阳光城纺织有限公司债权转让合同纠纷案［（2014）闽民终字第29号］

该案中，福建省高级人民法院基于整体债务认定保证期间从主债务最后一笔还款期届满之日起算。二审判决书中认定："关于主债权的标的，讼争还款协议书第一条约定，中旅石狮旅行社与阳光城公司双方确认至2009年10月31日止，阳光城公司尚欠中旅石狮旅行社债务余额6 779 252.04元。该约定明确了讼争债权债务法律关系的标的为尚欠余额6 779 252.04元。虽然还款协议书对上述债务约定了分期还款，但分期还款仅仅是对合同履行方式的约定，并未对6 779 252.04元的整体债权债务关系进行变更或分割。关于担保关系的标的，讼争还款协议书第四条约定，万众公司以其合法所有的全部资产为阳光城公司按协议书的约定如期向中旅石狮旅行社偿还欠款（含违约金）提供担保，承担未偿还欠款的连带清偿保证责任。上述约定是针对阳光城公司'未偿还欠款'整体债务的保证，应当以主债务最后一笔还款期届满之日起算保证期间。本案最后一笔还款期限至中旅石狮旅行社起诉时尚未到期，因此中旅石狮旅行社要求万众公司对本案全部债务承担保证责任并未超过保证期间。”

四、最高额保证

（一）保证人通知之日

在《民法典》实施之前，最高额保证合同没有约定保证期间的情况下，保证人有主动权，可以书面通知终止保证期间。根据原《担保法》第二十七条规定：“保证人依照本法第十四条规定就连续发生的债权作保证，未约定保证期间的，保证人可以随时书面通知债权人终止保证合同，但保证人对于通知到债权人前所发生的债权，承担保证责任。”

但是，上述规定并没有被《民法典》采纳。根据《民法典》的规定，在未约定最高额保证的保证期间时，保证人不能书面通知终止，而应当参照适用《民法典》第四百二十三条最高额抵押的规定，按照债权确定时间来确定保证期间，具体见下文介绍。

（二）单笔债务单独起算

当事人可以在最高额保证合同中明确约定保证期间。约定保证期间可以从最高额债权确定时起算，也可以约定单笔债务单独计算保证期间。当事人的这一约定并不违反法律法规的强制性规定，应当得到法院的认可。

中信银行股份有限公司天津分行与风神轮胎股份有限公司、河北宝硕股份有限公司借款担保合同纠纷案［（2007）民二终字第36号］

在这一最高人民法院公报案例［2008年第2期（总第136期）］中，最高人民法院认为案涉最高额保证合同约定保证期间为债务人“依具体业务合同约定的债务履行期限届满之日起两年。每一具体业务合同项下的保证期间单独计算”，依此约定，2170万元贷款的保证期间应为该笔债务履行期届满之日起两年，而非债权确定日两年，即2006年10月20日至2008年10月20日。债权人向保证人主张承担保证责任亦未超过保证期间。

（三）最高额债权确定日起算

当事人可以在最高额保证合同中明确约定保证期间从最高额债权确定时起算。

《民法典》规定最高额保证参照适用物权编关于最高额抵押权的规定。根据《民法典》第四百二十三条最高额抵押的规定，债权确定时间为：（1）约定的债权确定期间届满；（2）没有约定债权确定期间或者约定不明确，抵押权人或者抵押人自最高额抵押权设立之日起满二年后请求确定债权；（3）新的债权不可能发生；（4）抵押权人知道或者应当知道抵押财产被查封、扣押；（5）债务人、抵押人被宣告破产或者解散；（6）法律规定债权确定的其他情形。

（四）最高额保证期间的长度

《民法典担保司法解释》第三十条规定："最高额保证合同对保证期间的计算方式、起算时间等有约定的，按照其约定。最高额保证合同对保证期间的计算方式、起算时间等没有约定或者约定不明，被担保债权的履行期限均已届满的，保证期间自债权确定之日起开始计算；被担保债权的履行期限尚未届满的，保证期间自最后到期债权的履行期限届满之日起开始计算。前款所称债权确定之日，依照民法典第四百二十三条的规定认定。"这一点与此前的司法实践有所不同。此前的《担保法司法解释》第三十七条曾规定："最高额保证合同对保证期间没有约定或者约定不明的，如最高额保证合同约定有保证人清偿债务期限的，保证期间为清偿期限届满之日起六个月。没有约定债务清偿期限的，保证期间自最高额保证终止之日或自债权人收到保证人终止保证合同的书面通知到达之日起六个月。"以下通过两个《民法典》实施前后的案例对关于最高额保证期间的司法实践作简要说明。

张某某、武某某等买卖合同纠纷再审案［（2023）浙民申 6861 号］

该案涉及的《担保函》签署时间为 2020 年 4 月 23 日，约定保证期间为 2 年，并未约定保证期间计算起点。《担保函》明确载明系最高额连带保证担保，张某某、武某某自愿以个人资产对内蒙古服务公司对杭州科技公司及其分支机构等公司自《担保函》签署之日前 24 个月至签署之日后 24 个月止之间签订的所有交易合同项下债权人的全部债权作不可撤销连带担保。内蒙古服务公司与杭州科技公司产品购销合同共计十七份，其中最后签订的合同的付款到期日为 2020 年 8 月 5 日，即在约定的债权形成期间内，所有债务的履行期限均已届满。因此，法院认为，《民法典担保司法解释》第三十条规定，保证期间应自债权确定之日起开始计算，该债权确定之日指的是保证人为一定期限内连续发生的债权提供保证中的"一定期限"到期之日，即"担保函签署之日后 24 个月"，即 2022 年 4 月 23 日。《保证函》约定保证期间为 2

年，故杭州科技公司向一审法院起诉主张权利并未超过保证期间。张某某、武某某主张保证期间为 6 个月，并主张根据各份销售合同的付款时间分别计算保证期间的起算点，缺乏法律依据，法院不予支持。

郭某梅、四川央扩企业发展有限公司借款合同纠纷案［（2017）最高法民申 2599 号］

该案中，《借款协议》约定“每次借款期限不超过 180 天，协议有效期限自 2013 年 1 月 4 日至 2014 年 1 月 3 日”，且就保证期间约定“该担保责任至乙方履行完还款义务时终止”。但协议中未约定保证人央扩公司清偿保证债务的期限，亦不存在债权人收到保证人终止保证合同书面通知的情形。最高人民法院认为，根据《担保法司法解释》第三十七条，保证期间应自最高额保证终止之日起六个月。关于对“保证终止之日”的确定，最高额保证较之普通保证具有一定的特殊性，是保证人为债权人在一定期间内连续发生的借款合同提供的保证，只要债权人和债务人在保证合同约定的债权额限度内进行交易，保证人则依法承担保证责任。本案中，双方约定《借款协议》的有效期限自 2013 年 1 月 4 日至 2014 年 1 月 3 日，同时约定每次借款不超过 180 天，据此，2014 年 1 月 3 日为最后借款日，此日期之后的 180 天，即 2014 年 7 月 3 日应为债权额的决算日。因债权人与保证人没有约定保证期间，也未在最高额保证存续期间协议终止保证合同，那么债权决算日即为保证终止之日。

五、阶段性保证

阶段性保证是指对主债务在某个时期提供保证。在涉及银行、购房人、开发商的住房贷款中比较常见。在此类交易中，购房人向银行借款，除约定由购房人向银行以其所购房屋作出抵押担保外，会进一步约定在抵押登记办理成功之前，由开发商为购房人的贷款承担连带保证责任。在具体的担保合同中，开发商的阶段性连带责任保证的保证期限一般约定为“担保期限为每笔贷款放款之日起至预抵押登记完成之日止”的类似表述。由于保证期限的终止日约定为抵押登记完成之日，一个争议点是该约定早于主债务的履行期限。保证合同约定的保证期间早于或者等于主债务履行期限的，视为没有约定，保证期间为主债务履行期届满之日起六个月。

司法实践更多的是将合同中阶段性保证的约定视为对保证合同解除条件

的约定，而非对保证期间的约定。在阶段性保证中，若其终止时间为债权人或者保证人可以控制的某一事件，当事人需结合具体情况，在合理的范围内尽可能地促成该事件的完成，若因一方怠于行使权利，可能会承担对其不利的后果。以下两个案例从保证人和债权人两方怠于行使权利的情况分别进行说明。

招商银行大连分行与大连一方地产有限公司的保证合同纠纷案［（2017）最高法民申3474号］

该案中，招商银行与高某签订的个人购房借款及担保合同，招商银行大连分行（简称招商银行）作为债权人与大连一方地产有限公司（简称一方公司）作为保证人于2011年2月10日签订了担保协议。该担保协议约定，“招商银行和一方公司双方自2011年2月10日起至2021年2月10日止，就一方公司依法开发的一方公馆项目的商品房进行个人住房贷款合作；一方公司对根据协议的规定向招商银行及其所属分支机构申请个人住房贷款的全部借款人所办理的个人住房贷款承担连带责任保证担保，担保总额度为3亿元”。同时，该担保协议第五条约定，“一方公司保证对每笔贷款承担阶段性担保，担保范围包括但不限于贷款的本金、利息、罚息及招商银行收回债权的相关费用；担保期限为每笔贷款放款之日起至预抵押登记完成之日止”。担保协议第七条约定，“如出现非因招商银行原因未能在90个工作日内办妥借款人所购房屋预告抵押登记手续，招商银行自贷款发放之日起，至预告抵押登记完成之日止之前，其有权要求一方公司履行担保责任”。后高某与招商银行于2012年9月29日签订个人购房欠款及担保合同，高某向招商银行借款并最终未按期偿还银行贷款。招商银行因而诉请法院判令一方公司就借款人高某所欠债务承担连带保证担保责任。该案的审判焦点在于招商银行是否在保证期间内向一方公司主张了权利，而这一点就在于如何确定保证期间的终止日，如何认定担保登记完成之日。

最高人民法院的裁定认为，招商银行与一方公司双方签订担保协议的目的是一方公司在90个工作日内办妥高某所购房屋预告抵押登记手续交给招商银行，招商银行办理完预告抵押登记后，一方公司的担保责任即可免除，招商银行通过抵押权来保障债权的实现。从字面理解，双方当事人对保证期间进行了约定，以办妥预告抵押登记为时间节点，保证期间可以延长，也可以缩短。该约定是双方当事人的真实意思表示，但不能与《担保法》的规定相悖，不能无限延长保证期间，这也是阶段性担保的应有之义。因此，本案的保证期间应确定为从 2012 年 10 月 9 日招商银行放款之日起，至 2014 年 1 月 17 日一方公司向招商银行交付商品房预告抵押登记手续后，招商银行在合理期限内办理完预告抵押登记止。而合理期限应以上述双方约定的 90 个工作日作为参照。

本案中，招商银行是办理预告抵押登记的义务主体，在一方公司未在约定的 90 个工作日内交付办理预告抵押登记手续情况下，招商银行收到一方公司迟延交付的预告抵押登记手续后，应当在合理期限内及时办理预告抵押登记，防止案涉房屋被法院查封而无法办理。但是招商银行收到一方公司迟延交付预告抵押登记手续后，不但没有提出异议，而且一年多时间不去办理预告抵押登记，且无合理解释，应视为一方公司阶段性担保的保证责任免除条件成就。最终，最高人民法院根据《担保法》第二十六条第二款“在合同约定的保证期间和前款规定的保证期间，债权人未要求保证人承担保证责任的，保证人免除保证责任”的规定，因招商银行未在保证期间内向一方公司主张权利，免除了一方公司的保证责任。

新疆某投资控股有限公司、某银行股份有限公司新疆维吾尔自治区分行执行程序中的异议之诉案［（2024）新民终 96 号］

案涉《个人住房抵押贷款合同》5.5 条规定：“甲方取得第二十二条约定房屋的权利证明，且乙方取得抵押物的他项权利证明或证明抵押权设立的其他文件正本后，丙方的保证责任解除。”2021 年 6 月 23 日，银行（甲方）和保证人新疆某投资控股有限公司（乙方）签订的《个人房产抵押贷款业务合作协议》1.3.1 条规定：“购房者取得所购房屋的《不动产权证书》并以其所购房屋为甲方贷款设定抵押担保，甲方取得《不动产权证明》正本（即证明权利或者事项登记为抵押权，非预告登记），取得正式抵押权之日起，乙方的保证责任解除。”基于这些合同条款约定，法院认为，新疆某投资控股有限公司提供的阶段性保证责任在满足以下两个条件后免除：一是购房者李某甲取得案涉房屋《不动产权证书》，二是银行取得案涉房屋正式抵押权。而截至二审庭审时，银行仍未取得案涉房屋抵押权，因此，新疆某投资控股有限公司案涉保证责任的免除条件尚未成就。鉴于保证人无法证明其已采取措施积极推进房屋抵押登记进程，同时不能证明银行存在拖延办理抵押登记的情形，因此产生的风险后果应当由保证人自行承担。

第三节　保证期间的变更

保证期间虽然不发生中止、中断和延长，但是保证期间可能发生变更。保证期间的变更有可能是基于保证合同而发生变更，但实践中更多的是因为主合同发生变更而导致保证期间变更。主合同发生变更的情况下，除可能导致保证期间变更外，有可能导致不再承担保证责任，也可能保持不变。以下分别叙述。

一、当事人同意延长保证期间

法律法规并未对保证期间的延长作出明确规定或限制，当事人如果约定延长保证期间，这一约定应当得到尊重。如果双方在保证期间届满前作出延长保证期间的约定，实际上是对保证合同条款的变更，由于保证条款变更，保证期间也相应更新。在保证期间届满后，理论上保证责任已经灭失，此时若双方同意延长其保证期间，实际上是保证人对债权人提供的新的担保，此时该等约定也可以得到法院认可。以下案件中最高人民法院对此进行了详细分析。

四川省恒翔酒业有限责任公司、广东省土产进出口（集团）公司等买卖合同纠纷案［最高人民法院（2015）民申字第1812号］

该案中，广东省土产进出口（集团）公司（简称土产公司）与泸县华翔酒业有限公司（简称华翔公司）、四川省恒翔酒业有限责任公司（简称恒翔公司）于2011年7月17日签署了结算单，确认华翔公司共欠土产公司货款660余万元，并约定其中200万元的本息在2011年8月25日前还清，余额本息在2011年10月15日前分批付清，并约定恒翔公司承担华翔公司到期支付上述所欠土产公司货款的担保责任。后恒翔公司于2012年7月12日向土产公司发函，请求土产公司将担保时间延长至2016年7月17日，土产公司于2012年7月17日回复恒翔公司，同意将其担保时间延长至2014年7月17日。在一审和二审后，恒翔公司在再审程序中主张，结算单中并未约定恒翔公司的保证期间，因此保证期间为华翔公司与土产公司约定的支付货款日期届满之日起6个月。土产公司在6个月的保证期间内（在2012年4月14日前）未要求恒翔公司承担保证责任，恒翔公司的保证责任依法已经免除。土产公司与恒翔公司在超出保证期间后相互所发信函并不构成对保证合同的变更，不能作为恒翔公司保证期间延长的依据。

最高人民法院认为，债权人土产公司、债务人华翔公司及担保人恒翔公司于2011年7月17日签署的结算单虽然没有对恒翔公司的保证期间作出约定，但恒翔公司于2012年7月12日主动致函土产公司，请求延长担保时间至2016年7月17日。土产公司于2012年7月17日回函恒翔公司，同意将其担保时间延长至2014年7月17日。恒翔公司虽未对土产公司回函中提出的担保期限进行回复，但在一审庭审答辩中对土产公司2012年7月17日回函所确定的担保期间明确表示认可。综合前述事实，应当认定恒翔公司与土产公司之间达成了新的担保，担保期间至2014年7月17日。故，土产公司于2013年1月28日起诉向恒翔公司主张权利，保证期间并未经过，恒翔公司应当依法承担保证责任。

二、主债务提前到期

提前到期在银行融资文件中比较常见。贷款合同通常会约定，出现贷款合同约定的违约事件时贷款会加速到期，即银行有权宣布贷款提前到期。违约事件包括不实陈述、违反承诺、发生重大诉讼、发生重大不利变化等。一份严谨的保证合同最好对主债务提前到期时，保证期间的计算方式作出明确约定，例如，约定自债权人向债务人宣布提前到期时起算。但是，实践中大部分保证合同都没有如此明确的约定。

在当事人没有约定的情况下，保证期间从主债务履行期限届满之日起算。主债务提前到期的，提前到期日应当视为主债务履行期限届满之日。因此，在合同没有另行约定的情况下，当债权人宣布债务提前到期时，保证期间应从宣布到期时起算。

然而，司法实践中法院可能会出于利益平衡的角度考虑多种因素。在某些案件中，法院并没有支持保证期间的起始日随主债权的提前到期而改变，而认为债权人有选择权。下述案例中最高人民法院就作出这样的裁定。

杨某升、孙某杰、张某芬与中国建设银行股份有限公司石家庄金泉支行保证合同纠纷案［最高人民法院（2013）民申字第1717号］

该案中，杨某升、孙某杰、张某芬与中国建设银行股份有限公司石家庄金泉支行（简称建行金泉支行）签署了2008－002、2008－003号不可撤销保证书，保证2008－012、2008－015号人民币资金借款合同约定债务的履行。

后该等借款合同中约定的债务被建行金泉支行以起诉的方式宣布提前到期。一审中，河北省高级人民法院判决认定不可撤销保证书中约定的两年保证期间尚未届满，并判决杨某升、孙某杰和张某芬承担连带保证责任。该三位保证人申请再审，认为主债务履行期提前到期，因此保证期间也相应提前，建行金泉支行起诉时已经超过保证期间，其三人不应承担连带保证责任。

最高人民法院认为，建行金泉支行于2009年4月29日以起诉的方式宣布借款期限提前到期，涉及保证人的保证期间应否提前起算的问题。依据不可撤销保证书第四条“保证期间为本保证书生效之日起至主合同约定的债务人履行债务期限届满之日后两年止”及第八条“保证期间，出现主合同项下的违约责任或贵行认为足以影响债权实现的其他情形时，贵行宣布债务提前到期的，贵行有权要求本保证人在该提前到期日起立即承担保证责任，本保证人同意按贵行要求承担保证责任”的约定，建行金泉支行有权要求保证人杨某升、孙某杰、张某芬提前履行担保责任，也可以不要求保证人提前履行保证责任。根据《担保法司法解释》第三十条第二款的规定，主合同债务履行期间的变动并不当然导致保证期间履行期限随之变动，债权人建行金泉支行以起诉的形式宣布借款提前到期而未要求保证人杨某升、孙某杰、张某芬提前履行保证责任，保证人杨某升、孙某杰、张某芬仍应在原保证期间内承担保证责任。

三、主合同变更

主合同变更可能导致保证期间变更，法律和司法解释有原则性的规定。《民法典》第六百九十五条第二款规定：“债权人和债务人变更主债权债务合同的履行期限，未经保证人书面同意的，保证期间不受影响。”也就是说，保证期间仍为原合同约定或者法律规定的期间。《民法典》的这一规定采纳了此前《担保法司法解释》的意见，与此前《担保法》的规定不同。《担保法》第二十四条规定：“债权人与债务人协议变更主合同的，应当取得保证人书面同意，未经保证人书面同意的，保证人不再承担保证责任。保证合同另有约定的，按照约定。”

实践中存在很多更复杂的情况，以下通过几个案例分别介绍。

（一）主债务展期未经保证人同意

主债务展期将加重保证人的责任，因此需要保证人同意。根据《民法典》

和此前《担保法司法解释》的规定，主债务展期未经保证人同意的，保证期间为原合同约定的期间。

中国建设银行股份有限公司青铜峡支行与内蒙古新井煤业有限公司、新疆五宫煤业有限公司等金融借款合同纠纷案［（2016）宁民初86号］

该案中，宁夏回族自治区高院认为："对于大榆树沟公司的保证责任，经查，青铜峡建行与新井公司签订人民币借款展期协议、人民币贷款期限调整协议时，未征得大榆树沟公司的同意，未和大榆树沟公司就保证责任的问题重新协商签订保证合同。《担保法司法解释》第三十条第二款规定：'债权人与债务人对主合同履行期限作了变动，未经保证人书面同意的，保证期间为原合同约定的或者法律规定的期间。'本案中，大榆树沟公司于2009年4月9日签订的保证合同约定，保证期间为主合同项下债务履行期限届满之日后两年止，即自2014年4月12日后两年止。在该保证期间内，青铜峡建行未向大榆树沟公司主张过保证责任，大榆树沟公司的保证责任依法免除。"

天津某信商业保理有限公司诉仁某国际贸易（上海）有限公司、上海仁某企业发展集团有限公司、某通控股股份有限公司、郭某泽其他合同纠纷案［（2021）沪74民终1549号］

该案中，某通控股公司认为案涉主合同两次延长还款期限，加重了某通控股公司的责任，故不应当承担责任。而天津某保理公司则认为，两次延长还款期限没有变更融资利率，并未加重某通控股公司的责任，某通控股公司应当承担责任。对此，二审法院认为，从融资利率看，案涉业务协议中约定了逾期融资的利率为保理期融资利率上浮30%，上海某贸易公司在保理期限届满后未能偿还相应的款项，而是与天津某保理公司协商后进行了两次延期，并达成新的协议。该两份新协议虽然未经保证人的同意，但其中约定的逾期融资利率并未超过业务协议中约定的利率，并未加重保证人的责任。从保证期间看，在上海某贸易公司出现延期未归还融资款项的情况下，尽管债权人与债务人就合同履行期间进行了延长，但债权人向保证人主张权利并未超出依据原合同确定的保证期间。因此，案涉主合同延长还款期限并未加重某通控股公司的责任，某通控股公司仍应承担相应责任，故对于某通控股公司该项主张，二审法院不予支持。

（二）保证人事前同意主债务展期

保证人与债权人事先在保证合同中约定，债权人与借款人变更主合同条款的，保证人同意对变更后主合同项下的债务承担连带保证责任，或者约定变更主合同条款无须保证人同意。通常情况下，如果没有其他法定因素导致该等约定无效，法院会支持当事人的约定。以下两个案例，最高人民法院和江苏省高院就支持了这样的合同约定。

中国建设银行股份有限公司鸡西分行与葫芦岛宏达钼业有限公司、鸡东县金场沟矿业开发有限责任公司等金融借款合同纠纷案［（2016）最高法民终655号］

该案中，最高人民法院认为："宏达钼业公司与鸡西建行之间的保证合同第5条约定，鸡西建行与金场沟公司协议变更主合同条款的，保证人同意对变更后主合同项下的债务承担连带保证责任。故无论依照法律规定抑或保证合同的约定，宏达钼业公司均仍需承担保证责任。"

开源公司诉杨某、石某清"涉外"民间借贷纠纷案［（2013）苏民终字第0177号］

该案中，原告开源公司与被告杨某于2009年3月30日签订的借款合同，本意要求被告杨某借款满1年必须还清债务，方可再借1年，借款合同中的借款期限原为1年。在借款合同债务履行期届满前，原告与被告又协议展期6个月。尽管原告未有充分证据证明被告石某清对借期展期予以书面同意，但石某清与开源公司所订立的保证合同中明确约定"主合同双方协议变更的内容，除增加借款金额外，无须征得石某清同意，石某清仍应承担保证责任"，在庭审中，石某清未能证明其认可该条款系受欺诈、胁迫之事实，且未在合理期限内提出撤销该条款之诉求，故依法认定有效。石某清在订立保证合同时，认可上述条款则应当认定其明确放弃对开源公司与杨某可能借款展期加重其保证责任的风险之抗辩，并自愿承担此种风险，故石某清应当按照该条款向原告承担保证责任，即原告有权在展期借款合同的履行期届满2年内向石某清主张连带保证责任。借款合同变更后的履行届满日为2010年10月1日，则被告石某清向原告承担保证责任的保证期间至2012年9月30日止。对被告石某清提出的原告要求其承担保证责任已过保证期间的辩解理由，不予采纳。

（三）保证人明知展期而未反对

实践中可能出现保证人明知主债务展期，但是没有明确同意，也没有明确反对的情况，甚至还有明确同意主债务展期，但不是以保证人的身份作出同意的情况。例如，保证人是借款人公司的股东或董事，还款期限届满后需要展期，债权人往往会要求借款人公司作出股东会决议或者董事会决议同意办理展期。这种情况下，保证人作为公司股东签署了股东会决议，或者作为公司董事签署了董事会决议，是否可以认定其同意，就会有不同的解读，从而发生争议。

以下两个最高人民法院的案例详细分析了保证人明知主债务展期情况下保证期间是否相应延长。其中后一个案例通过一审、二审和再审，充分展示了这一情况的复杂性。

泉州市丰泽区清源房地产开发有限公司、王某利与王某瑞与中国工商银行股份有限公司泉州洛江支行、林某菱一般借款合同纠纷再审案［（2014）民申字第629号］

该案中，最高人民法院认为，委托贷款展期协议变更了主合同的履行期限，对该变更，王某瑞、王某利作为保证人，未作出书面同意。虽然二人作为清源公司股东，在履行股东职责时同意清源公司向工行洛江支行申请贷款展期，并明确知晓贷款已获展期的事实，但不应因此认为二人同意对展期后的贷款，按照展期后的履行期限承担保证责任。根据《担保法司法解释》第三十条第二款的规定，债权人与债务人对主合同履行期限作了变动，未经保证人书面同意的，保证期间为原合同约定的或者法律规定的期间。

从这一案例来看，法院不能依据借款人的股东会决议或者董事会决议推定保证人同意主合同的展期。保证人需要以保证人的身份（而不是主债务人的股东或者董事的身份）同意主合同的展期。否则，保证人将在原保证合同约定的主债务期限和保证期限范围内承担保证责任。

张某东、刘某民间借贷再审纠纷案［（2017）最高法民申212号］

该案中，张某东系新疆鑫圣达房地产开发有限公司（简称鑫圣达公司）的股东及法定代表人，2012年7月4日，鑫圣达公司作为借款人与刘某作为贷款人签订了一份借款合同，借款金额3000万元，借款期限为1年；同时，鑫圣达公司全体3位股东向刘某出具了全体股东借款承诺书，对该笔借款本金及利息承担连带保证责任到该承诺履行完毕为止。2012年8月16日，鑫圣达公司向刘某再次签订1年期的借款合同，借款金额为2000万元。2012年9月28日，鑫圣达公司与刘某就两份借款合同达成补充协议，约定5000万元借款的还款期限统一延长至2014年3月4日。两份借款合同到期后，鑫圣达公司未能归还5000万元借款，且欠付利息达1500万元。

一审法院认为，全体股东借款承诺书载明："对该笔借款本金及利息承担连带保证责任到该承诺履行完毕为止"，该约定系属对保证期限约定不明，故张某东作为保证人的保证期限依法应为主债务履行期限届满2年。同时，补充协议第五条约定"本协议在甲方（指刘某）、乙方（指鑫圣达公司）签字盖章后且借款合同保证人向甲方正式提交同意借款延期并继续承担保证责任的函件后生效"，因在庭审中，刘某并未提交借款合同中的保证人出具的同意借款延期并继续承担保证责任的函件，故该补充协议对保证人不具有约束力，被告张某东应承担的保证期限应按原借款合同债务履行期限届满之日计算，即自3000万元借款合同约定的还款期限届满之日2013年7月4日起，届满2年之日为2015年7月4日，而刘某于2015年7月12日才提起诉讼，其要求张某东承担保证责任已过法律规定的保证期间。

在二审诉讼中，刘某向二审法院提交了其于2013年7月18日向鑫圣达公司出具的函，其载明：鑫圣达公司与刘某签订的3000万元借款合同已到期，鑫圣达公司口头提出借款本金延期三个月，双方已就借款和还款达成初步口头协议。张某东于7月18日在函上签字。二审法院认为："张某东虽未在补充协议上签字，但在之后刘某出具的函中，就双方口头达成返还借款延期三个月的事实，签字认可。故张某东对3000万元合同项下的借款及利息承担的连带保证期间亦相应顺延至2015年10月4日，刘某起诉时间为2015年7月12日，故张某东应当承担连带保证责任。"

张某东向最高人民法院申请再审。在再审裁定中，最高人民法院认为，根据全体股东借款承诺书，张某东系基于股东身份自愿承担保证责任，且未约定保证期限，而是承诺至实际付清之日止，其真实意思应为对该款项承担保证责任直到债务清偿之日。2012年9月28日的补充协议约定5000万元的借款归还期限延长至2014年3月4日，虽然张某东未在该补充协议上签字，但张某东当时系鑫圣达公司的法定代表人及股东，借款期限延长其本人应当明知且同意。鉴于本案张某东基于股东身份承诺自愿承担保证责任至实际付清之日止，其本意是主债务履行完毕其保证责任才解除，故认定主债务履行期限延长，张某东仍然对延长之后的债务承担保证责任，符合当事人签订合同时的真实意思表示。二审关于张某东承担保证责任的保证期间未经过的理由错误，但结果正确。

从最高人民法院的再审裁定来看，最高人民法院认为保证期间未经过的理由是保证人事先已经同意债务展期。

（四）借新还旧需要重签保证合同

银行借贷实践中，展期和借新还旧容易混同。严格来说，展期只是将原借款债务的偿还期限延长，而借新还旧是将旧的贷款偿还并借用新的贷款。当然，实践中还存在一种情况，借新还旧时借款人并没有还款的动作，银行也没有发放新贷款的动作，而是在合同中约定旧的债务被偿还，同时视为银行发放了新的贷款。从法律关系来讲，展期没有改变债权债务关系，而借新还旧则改变了债权债务关系，旧的债权债务终止，新的债权债务产生。

因此，在借新还旧的情况下，保证人应当重新签署保证合同。如果保证人没有重新签署保证合同，鉴于旧的主债务已经被清偿，其保证义务也将终止。《民法典担保司法解释》对此作了更为明确的规定，其第十六条规定："主合同当事人协议以新贷偿还旧贷，债权人请求旧贷的担保人承担担保责任的，人民法院不予支持；债权人请求新贷的担保人承担担保责任的，按照下列情形处理：（一）新贷与旧贷的担保人相同的，人民法院应予支持；（二）新贷与旧贷的担保人不同，或者旧贷无担保新贷有担保的，人民法院不予支持，但是债权人有证据证明新贷的担保人提供担保时对以新贷偿还旧贷的事实知道或者应当知道的除外。"

如果贷款展期只是变更了原借款合同的还款期限，并未产生新的债权债务关系，借款人以其真实意思表示承诺原担保合同继续担保展期后的债务的，即使双方未重新签署担保协议，原担保协议仍然有效。

在前述提到的泉州市丰泽区清源房地产开发有限公司、王某利与王某瑞与中国工商银行股份有限公司泉州洛江支行、林某菱一般借款合同纠纷再审案［（2014）民申字第629号］中，最高人民法院总结的一个争议焦点是，清源公司和工行洛江支行就案涉借款签订贷款展期协议，但未重新签署担保协议，原最高额抵押合同对展期后的贷款是否仍然有效。最高人民法院再审时主要从两方面论证：（1）虽然签订展期协议，但展期协议下并未发生新的债权债务关系，只是对原借款合同的还款期限作了变更，故展期后的债权仍属于最高额抵押合同约定的担保范围；（2）原借款期限届满时，清源公司作出股东会决议，决定申请办理贷款展期，在该决议书中，清源公司股东一致同意展期后的贷款担保，仍按照本案最高额抵押合同执行。综上可知，在展期协议下未产生新的债权且借款人明确同意仍适用原担保协议的情况下，最高人民法院并未拘泥于是否签署新担保协议这一形式要件，而是从借贷双方真实的意思表示出发认定原最高额抵押协议仍然有效。

第四章　保证人的抗辩权

第一节　概述

保证合同是典型的单务合同。保证合同中，债权人仅享有请求保证人承担保证责任的权利而无须对保证人履行义务，保证人只负有承担保证责任的义务而对债权人不享有实体上的权利。但法律在注重保障债权人实现其债权的同时，在一定程度上兼顾保证人权益的保护，平衡不同当事人之间的利益。就保证法律关系而言，保证人的抗辩权在平衡债权人与保证人的利益方面发挥重要作用。

一、抗辩权的概念和作用

抗辩权是对抗请求权的权利，即权利人在行使其请求权时，义务人所享有的拒绝其请求的权利。《民法典》第七百零一条对保证人所享有的抗辩权作出明确规定："保证人可以主张债务人对债权人的抗辩。债务人放弃抗辩的，保证人仍有权向债权人主张抗辩。"本条规定延续了原《担保法》第二十条第一款的规定。此外，《民法典》第七百零二条补充了保证人可以抗辩的两种情况："债务人对债权人享有抵销权或者撤销权的，保证人可以在相应范围内拒绝承担保证责任。"

原《担保法》还对抗辩权进行了定义："抗辩权是指债权人行使债权时，债务人根据法定事由，对抗债权人行使请求权的权利。"这一定义将抗辩限定在法定事由，具有局限性，因此《民法典》没有沿用。除了法定事由，合同约定事由也可以作为抗辩事由。因此，我们可以将保证人的抗辩权定义为：当债权人请求保证人承担保证责任时，保证人依据法定或者约定的抗辩事由而享有的对抗债权人的请求权，以迟延或者免除承担保证责任的权利。

尽管保证制度的主要目的是保障债权人得以实现其债权，但在三方的保证法律关系中，债权人、债务人和保证人的利益均应受到法律的保护。尤其对于保证人而言，基于保证合同的单务性和无偿性，即保证人应当履行保障债权实现的义务却不享有请求债权人给付的权利，保证人明显处于相对弱势的地位。由此，保证人抗辩权的存在有助于维护保证人的合法权益，平衡保证法律关系中各方的利益，而且可作为对债权人和债务人的一种提醒，从而促使主债务的履行。在宏观层面，保证人抗辩权有利于推动保证制度的实际应用，发挥促进资金融通和商品流通、维护交易公平与安全的作用。

二、保证人抗辩权的特征

保证人抗辩权具有以下四项特征：

1. 保证人抗辩权应当针对债权人请求权而行使。如债权人不行使请求权，则保证人不得主动向债权人提出抗辩。因此，保证人抗辩权属于防御性权利而非进攻性权利。

2. 保证人抗辩权应当基于法律规定或者合同约定事由进行行使。作为保证合同的债务人，保证人与主债权债务合同的债务人及其他债务人一样，享有一般债务人的抗辩权。与此同时，基于保证人的特殊身份，保证人依法享有区别于其他债务人的特别抗辩权。

3. 保证人抗辩权具有独立性。保证担保虽然从属于主债务，但保证人并非债务人的代理人，保证人作为独立的法律主体享有独立的抗辩权。一方面，主债权债务合同的债务人行使或者放弃抗辩权并不影响保证人行使或者放弃抗辩权，反之亦然；另一方面，保证人不仅享有主债权债务合同债务人的全部抗辩权，还享有债务人不具有的特别抗辩权。

4. 保证人抗辩权的行使可能产生两种对抗性后果：一是债权人请求权效力迟延，保证人迟延承担保证责任；二是债权人请求权消灭，保证人不承担保证责任。

三、保证人抗辩权的种类

我国理论界对于保证人抗辩权的种类划分方式有“二分法”和“三分法”两种。

1. “二分法”是指将保证人抗辩权划分为一般抗辩权和特别抗辩权。前者是指保证人作为债务人所享有的抗辩权，后者是指保证人基于其特殊身份而享有的抗辩权。

2. “三分法”则将“二分法”中的一般抗辩权进一步细分，即将保证人抗辩权划分为保证人基于保证债务而享有的一般债务人的抗辩权、保证人基于主债务合同而享有的主债务人的抗辩权，以及保证人基于其保证人身份而享有的特别抗辩权。①

下文将采纳“三分法”的种类划分方式，具体介绍保证人所享有的抗辩权。

第二节　保证合同项下的一般抗辩权

在债权人与保证人之间的保证合同关系中，保证人属于保证合同中的债务人。因此，保证人同所有其他债务人一样，应当享有作为一般债务人的抗辩权，包括保证合同无效抗辩权、保证合同撤销抗辩权、保证债务时效届满抗辩权、保证债务未届清偿期抗辩权、抵销抗辩权等等。以下将介绍保证人为一般债务人享有的三种较为重要的抗辩权。

一、保证合同无效

保证合同无效抗辩权，是指债权人依据保证合同行使其债权时，保证人以保证合同无效作为抗辩事由拒绝承担保证责任，以对抗债权人请求权的权利。

（一）法律规定

在《民法典》颁布之前，原《合同法》第五十二条规定了 5 种合同无效的情形，原《担保法》及原《担保法司法解释》还就保证合同的无效作出了特别规定。原《担保法》第二十九条规定，企业法人的分支机构未经法人书面授权或者超出授权范围与债权人订立保证合同的，该合同无效或者超出授权范围的部分无效。原《担保法》第三十条进一步规定，存在

① 参见索茂军：《论保证人的抗辩权》，郑州大学 2002 年硕士学位论文；班军明：《论保证人的抗辩权》，吉林大学 2007 年硕士学位论文。

以下两种情形之一的，保证合同无效，保证人不承担民事责任：一是主合同当事人双方串通骗取保证人提供保证的。例如，主合同债权人与债务人不以履行主合同为目的，债务人也不能履行其在主合同下的义务而相互串通，骗取保证人的信任，使其为债务人向债权人提供保证。二是主合同债权人采取欺诈、胁迫等手段，使保证人在违背真实意思的情况下提供保证的。例如，主合同债权人故意隐瞒真实情况或编造虚假情况以欺骗保证人，使保证人违反其真实意思而实施不利于己的民事行为。与前述情形相似的还有原《担保法》第十一条关于禁止强令提供保证的规定。根据原《担保法》第八条至第十条以及原《担保法司法解释》的相关规定，当保证人为国家机关、以公益为目的的事业单位、社会团体或具有其他主体资格不适格的情形时，保证合同亦无效。

《民法典》并未吸纳原《担保法》第三十条和第十一条关于保证人意思表示不真实导致保证合同无效的规定。保证合同是否无效适用《民法典》在总则编中规定民事法律行为无效的规定，包括：（1）无民事行为能力人实施的民事法律行为无效；（2）行为人与相对人以虚假的意思表示实施的民事法律行为无效，但以虚假的意思表示隐藏的民事法律行为的效力应依照有关法律规定处理；（3）违反法律、行政法规的强制性规定的民事法律行为无效，但是该强制性规定不导致该民事法律行为无效的除外；（4）违背公序良俗的民事法律行为无效；（5）行为人与相对人恶意串通，损害他人合法权益的民事法律行为无效。[①] 总体而言，《民法典》对合同无效的情形作了限定。《民法典》实施后以保证合同无效为理由进行抗辩需要更谨慎。

（二）相关案例

以下两个案例中，保证人主张因当事人存在串通或者债权人存在欺诈而导致合同无效不承担保证责任。

浙江富阳农村合作银行永昌支行与富阳市永明造纸厂、富阳市中远纸业有限公司等金融借款合同纠纷案［（2015）浙民申字第1385号］

本案中，富阳市永明造纸厂（以下简称永明造纸厂）申请再审时称：其保证是在富阳市中远纸业有限公司（以下简称中远公司）采取欺诈的情况下

① 《民法典》第一百四十四、一百四十六、一百五十三、一百五十四条。

作出的，因为其根本不知道本案所涉的排污许可证是伪造的，如果知道中远公司的生产线未经政府建设项目审批，不具备环保合法性，排污许可证是伪造的真实情况，是不可能为其提供担保的。而且浙江富阳农村合作银行永昌支行（以下简称合作银行永昌支行）在本案中拆东墙补西墙过程中把关不严，没有根据国家的法律法规和银行的规章制度，对中远公司提交的贷款申请资料环保手续进行真实性审查，从而导致本案纠纷的发生。所以，永明造纸厂在本案中无须承担连带清偿责任。

浙江省高级人民法院认为，根据《担保法》第三十条和《担保法司法解释》第四十条的规定，本案中作为保证人的永明造纸厂无须承担保证责任需符合下列情形：一是合作银行永昌支行和中远公司串通，骗取永明造纸厂的保证；二是合作银行永昌支行采取欺诈或胁迫手段，使永明造纸厂违背真实意思表示而提供保证；三是中远公司采取欺诈或胁迫手段，使永明造纸厂违背真实意思表示而提供保证，而合作银行永昌支行知道或者应当知道中远公司采取了欺诈或胁迫的情形。综观本案中各方当事人提交的证据材料，首先，并无证据证明合作银行永昌支行在发放贷款过程中与中远公司串通骗取永明造纸厂保证的情形，也无证据证明合作银行永昌支行采取了欺诈或胁迫的手段，使永明造纸厂违背真实意思表示提供保证的情形；其次，即使如永明造纸厂申请再审中所称中远公司产能未经审批，其在贷款过程中提交了伪造的排污许可证等情形，也并无证据证明合作银行永昌支行对此明知或应当明知。况且，中远公司系经依法登记设立的公司法人，其产能是否经审批、排污许可是否被核准，均涉公司经营管理方面的事项，中远公司如违反相关规定，应由相关行政机关予以处理。若合作银行永昌支行违反《贷款通则》等管理性规章及政策的规定，未尽审慎职责而发放贷款的，也应由其主管机关予以处理，并不能据此免除保证人的保证责任。本案不存在前述《担保法》和《担保法司法解释》所规定的保证人不承担保证责任的情形。反之，为他人债务提供保证系对自身权益设定负担，作为保证人的永明造纸厂，为保护自身权益，在作出保证意思表示之前，本应当对中远公司的经营和负债状况有充分的了解。综观本案中远公司与合作银行永昌支行及永明造纸厂签订的保证借款合同，各方意思表示真实，内容未违反法律和法规的强制性规定，各方均应依约定履行各自的义务。一、二审判决适用法律并无不当。

李某坤与陈某、杜某坤、孙某法民间借贷纠纷案［江苏法院（2013）参阅案例28号］

本案中，债务人陈某向债权人李某坤出具的借条中明确约定，借款用于天赐佳园建设经营，而陈某将借款实际用于偿还债务，故江苏省徐州市中级人民法院一审认为这致使保证人在违背真实意思的情况下提供担保，存在欺诈的情形。另外，从李某坤出借给陈某款项的流转情况来看，李某坤以陈某借款为由，仅使用500万元资金，通过陈某、何某山、汤某、张某等人的账户，在同一天内分三次取、存，产生了1400万元的"借款"，后该500万元又转回李某坤账户。在李某坤的500万元资金的流转过程中，当事人各方之间配合紧密，且李某坤、汤某蒙、陈某的陈述存在矛盾。故一审法院认为，李某坤提出陈某将借款用于偿还债务其并不知情的抗辩理由难以采信。由此能够认定，即使陈某欠款问题真实存在，李某坤对于陈某将借款用于偿还债务的事实也是应当清楚的。综上，一审法院依据《担保法》第三十条和《担保法司法解释》第四十条的规定，认定保证人杜某坤、孙某法不承担保证责任。

江苏省高级人民法院二审认为，陈某向李某坤出具的借条中明确载明，其所借款项用于天赐佳园建设经营，而从李某坤出借给陈某款项的流转情况来看，李某坤将此款项打入陈某账户后，陈某将资金汇入何某山、汤某、张某等人的账户，何某山、汤某、张某等人又将资金转回李某坤账户。根据一审中汤某蒙、陈某的证言，陈某之所以将资金汇入何某山、汤某、张某等人的账户，是为了归还此前陈某的借款。但是，李某坤对何某山、汤某、张某等人基于何种原因又将相关款项汇入其账户未能作出合理解释，亦未提供证据证明其与何某山、汤某、张某等人存在其他债权债务关系，因此，对陈某将所借款项用于归还此前的借款，李某坤也应为明知。李某坤虽认为杜某坤、孙某法对陈某借款的实际用途亦为明知，但未能提供充分证据证明。综上，根据《担保法》第三十条和《担保法司法解释》第四十条的规定，原审法院认定杜某坤、孙某法不承担保证责任符合法律规定，李某坤要求杜某坤、孙某法承担保证责任的上诉请求不能成立。此外，李某坤虽通过银行向陈某汇出资金，但当天该资金即回转入李某坤的账户，该情形足以使人产生李某坤与陈某串通骗取保证和该种循环流转并不真实、合法、有效的内心确信，故李某坤、陈某应当抗辩举证证明资金流转的合法性和正当性；否则，保证人亦不应承担责任。

二、保证合同被撤销

保证合同撤销抗辩权，是指当保证合同具备可撤销民事行为的条件时，保证人有权主张撤销保证合同，以对抗债权人请求权的权利。

根据《民法典》第一百四十七条至第一百五十一条的规定，可撤销合同应包括：（1）基于重大误解订立的合同；（2）一方利用对方处于危困状态、缺乏判断能力等情形，致使其订立显失公平的合同；（3）一方或者第三人以欺诈或者胁迫手段使对方在违背真实意思的情况下订立的合同。

当保证合同存在前述可撤销情形时，保证人有权请求人民法院或者仲裁机构对保证合同予以撤销，从而对抗债权人承担保证责任的请求。在以下两个案例中，保证人分别以重大误解和显失公平为由请求撤销案涉保证合同。

王某与重庆市江津区隆源小额贷款有限公司保证合同纠纷案［（2018）渝05民终2510号］

本案中，王某（保证人）与重庆市江津区隆源小额贷款有限公司（以下简称隆源公司）（债权人）签订保证合同，约定本合同之主合同为债权人与债务人邓某之间签署的人民币借款合同及其修订或补充，保证方式为连带责任保证。同日，重庆华城希望房地产开发有限公司（以下简称华城公司）与隆源公司、邓某签订协议书，约定：华城公司因开发项目需要，急需销售一批优惠住宅，邓某全部购买，由于邓某缺资金，特向隆源公司申请借入资金2000万元，由华城公司提供连带责任担保。贷款人隆源公司与借款人邓某之间的人民币借款合同约定：借款用于流动资金，借款金额：人民币贰仟万元整。该合同项下借款，借款人邓某提供以下担保措施：由华城公司和王某提供连带责任保证担保。

关于王某与隆源公司签订的保证合同是否存在重大误解，重庆市江津区人民法院一审认为，重大误解是指行为人对行为的性质、对方当事人、标的物的品种、质量、规格和数量等的错误认识，使行为后果与自己的意思相悖，并造成较大损失。王某认为其是为债务人邓某提供保证，但实际用款人是华城公司，并非邓某，故使王某对对方当事人造成重大误解，应撤销王某与隆源公司签订的保证合同。该院认为，保证合同系王某与隆源公司的真实意思表示，依法成立且生效。至于王某认为由于实际用款人非借款人邓某而是华城公司构成重大误解，该院认为即使邓某将借款给华城公司使用，该行为系借款人邓某自由处置该借款的权利，至于邓某将该款项转账给华城公司属于借款用途的范畴，借款合同的对方当事人依旧是邓某，并非华城公司，故并未造成对对方当事人错误的重大误解。另外，王某诉称因其相信邓某购买房屋，该购买行为使王某相信邓某具有偿还能力，但该房屋交易是虚假的，故也造成王某的重大误解，该院认为，购房行为使王某在对隆源公司偿还债务能力的风险评估中产生一定的误解，但并未造成王某对行为的性质、对方当事人、标的物的品种、质量、规格和数量等的错误认识。另外，保证合同的合同相对方系债权人和保证人，保证人对债务人偿还债务能力的错误认知并非由于债权人的过错，不应将该风险转嫁于债权人，综上所述，本案不存在重大误解。

重庆市第五中级人民法院二审认为，王某与隆源公司签订的保证合同系双方真实意思表示，不违反法律法规强制性规定，内容合法有效。王某作为完全民事行为能力人，应充分注意其签署的保证合同内容，同时，对于高达2000万元的连带担保责任，应当清楚明了。现邓某与隆源公司签订的借款合同已被生效判决确认为有效。同时，该判决确认借款人为邓某，即使事后邓某将借款给华城公司使用，并不能否认在上述借款合同中借款人为邓某的事实。故王某在与隆源公司签订保证合同时，是为借款人邓某提供的担保。一审判决认定事实清楚，适用法律正确，应予维持。

雷某龙、陆某撼等与陆某韬民间借贷纠纷案［（2019）晋01民终780号］

太原市迎泽区人民法院一审认为，本案中保证条款是否构成显失公平，应以双方约定的权利义务为判断对象。在本案中，保证条款约定陆某韬为陆某撼对雷某龙的两笔380万元借款本息提供担保，但陆某韬并未从中获得与担保责任相应的对价，且陆某韬系高中三年级学生，考虑到其年龄、受教育程度和社会经验，可以认定陆某韬在订立保证条款时缺乏相应的判断能力，保证条款的订立对陆某韬和雷某龙的权利义务安排显失公平，根据《合同法》第五十五条第一款第一项，陆某韬在保证条款订立之日起一年内行使其撤销权，符合法律规定，保证条款应予撤销。山西省太原市中级人民法院二审维持了一审判决。

三、保证债务诉讼时效届满

《民法典》第一百九十二条第一款规定：“诉讼时效期间届满的，义务人可以提出不履行义务的抗辩。”《民法典》颁布之前的法律也有同样的规定。

由此可见，保证债务时效届满抗辩权，是指债权人未在法定诉讼时效内行使其权利，在诉讼时效届满后，债权人即丧失法律对其权利的强制性保护，保证人可以对抗债权人请求权的权利。

保证债务诉讼时效独立于主债务诉讼时效；一旦债权人在保证期间主张权利，保证期间经过，则保证债务的诉讼时效相应开始起算。对于一般保证和连带责任保证，其诉讼时效的起算时间有所不同。《民法典》第六百九十四条规定："一般保证的债权人在保证期间届满前对债务人提起诉讼或者申请仲裁的，从保证人拒绝承担保证责任的权利消灭之日起，开始计算保证债务的诉讼时效。连带责任保证的债权人在保证期间届满前请求保证人承担保证责任的，从债权人请求保证人承担保证责任之日起，开始计算保证债务的诉讼时效。"《民法典》的该条规定基本吸收了《担保法司法解释》第三十四条的内容，并且更准确地规定了一般保证下保证债务的诉讼时效，明确了该保证债务诉讼时效与主债权债务诉讼时效彼此独立、分别计算的原则。

下面两个案例讨论了一般保证和连带责任保证的保证人对保证债务时效届满抗辩权的行使。

毛某义与左某东、湖北宜顺房地产发展有限公司民间借贷纠纷案［（2019）鄂05民初38号］

本案中，卢某顺分别与陈某、王某奎签订了保证合同，合同载明：鉴于左某东向卢某顺于2012年4月9日、2012年5月7日分两次借款1000万元和500万元，并于2013年5月8日签订了借款合同，约定的还款期限为2014年3月8日，陈某、王某奎自愿为该借款提供独立的、不可撤销的一般保证责任担保。保证期间为借款履行期到期之日起2年。2016年2月18日，卢某顺与原告毛某义达成债权转让协议，卢某顺将本案全部债权及附随保证等担保权一并转移给了毛某义。2016年3月11日，左某东在债权转让通知书上签字确认。

关于陈某、王某奎的保证责任问题，湖北省宜昌市中级人民法院认为，陈某、王某奎为本案债务提供了一般保证责任担保。案涉保证期间为借款履行期到期之日起2年，保证期间截止到2016年3月8日。根据《担保法司法解释》第三十四条的规定，本案中，卢某顺于2015年8月5日以债务人左某东等人为被告向该院提起民间借贷诉讼，该院于2016年3月25日作出民事裁定书。故案涉保证合同的诉讼时效从2016年3月25日起开始计算。同时，根据《最高人民法院关于适用〈中华人民共和国民法总则〉诉讼时效制度若干问题的解释》第二条的规定，该保证合同诉讼时效适用《民法总则》关于三年诉讼时效期间的规定，即诉讼时效截止到2019年3月25日。原告毛某义于2019年3月11日向该院提起诉讼要求陈某、王某奎承担保证责任，未超过法定诉讼时效。由此，该院对陈某、王某奎的该等抗辩未予采信。

巩义市新欣学校、杜某欣金融借款合同纠纷案［（2018）豫01民再573号］

本案中，巩义市孝义农村信用合作社与巩义市新欣学校于2007年3月23日签订一份借款合同，约定由巩义市孝义农村信用合作社向巩义市新欣学校借款197万元，借款期限自2007年3月23日起至2009年3月23日止；于2007年8月3日再次签订一份借款合同，约定巩义市新欣学校向巩义市孝义农村信用合作社借款194万元，借款期限自2007年8月3日起至2008年8月3日止。上述两笔借款均由杜某欣、杜某、孙某贵、王某丽为借款本息的偿还提供连带责任保证，保证期间为借款到期之日起3年内。2010年7月26日，巩义农商银行分别向借款人及各保证人主张权利，借款人及各保证人在巩义农商银行提供的贷款催收通知书上加盖单位公章或签名，对收到催收通知的事实予以认可。后因借款人一直未偿还欠款，巩义农商银行于2013年8月6日将借款人诉至法院。

河南省郑州市中级人民法院再审认为，涉及197万元借款合同约定的借款期限自2007年3月23日起至2009年3月23日止，与之对应的杜某欣、杜某签订的个人保证借款合同约定的保证期间为3年，保证期限即自借款期满的2009年3月23日起至2012年3月23日止。本案涉及的另一笔194万元借款合同约定的借款期限自2007年8月3日起至2008年8月3日止，与之对应的杜某欣、杜某签订的个人保证借款合同约定的保证期间为3年，即自借款期满的2008年8月3日起至2011年8月3日止。在上述两笔借款的保证期间内，巩义市农商行于2010年7月26日向保证人杜某欣、杜某发出关于上述两笔借款的贷款催收通知书，杜某欣、杜某均签字确认。根据《担保法司法解释》第三十四条第二款规定，上述两笔借款保证合同的诉讼时效应从2010年7月26日巩义农商银行向保证人杜某欣、杜某要求承担保证责任时起算，至2012年7月26日到期。而本案巩义农商银行于2013年8月提起诉讼，已经超过保证合同的诉讼时效。再审申请人杜某欣、杜某称其不应当承担保证责任的再审理由成立，该院予以支持。

第三节　基于主合同项下债务人的抗辩权

保证人享有主合同的债务人所享有的抗辩权。该抗辩权与保证人作为保证合同项下的义务人而享有的抗辩权不同，因为前者是基于主合同当事人而产生的抗辩权，后者是基于保证合同当事人而产生的抗辩权。

一、主合同的履行抗辩权

我国法律规定了同时履行抗辩权、后履行抗辩权和不安抗辩权①，三者统称为合同履行抗辩权。合同履行抗辩权的有效成立可以对抗合同相对方的履行请求，使对方的请求权消灭，或使其效力延期发生，而且还可以排除违约责任的存在，属于法定的抗辩权利。②

（一）同时履行抗辩权

同时履行抗辩权，是指双务合同的当事人没有先后履行顺序的，当一方当事人在对方当事人未履行其义务或履行义务不符合约定时，有权不履行或相应部分履行自己义务的权利③。从前述定义可见，同时履行抗辩权的产生应当具备如下条件：一是基于同一双务合同；二是该双务合同需由双方当事人在同一时间相互对待给付；三是对方当事人不履行合同或者不适当履行合同。需要注意的是，同时履行抗辩权只能使一方当事人暂时阻止对方当事人请求权的行使，并非永久性抗辩权。对方当事人完全履行合同义务的，同时履行抗辩权消灭。另外，一方当事人行使同时履行抗辩权致使合同迟延履行的，迟延履行责任由对方当事人承担。

保证人行使同时履行抗辩权应符合以下条件：一是保证所担保的主合同应为双务合同，即双方当事人互负债务；二是主合同下双方的债务均已届清偿期，且对价给付是可能履行的；三是债权人（此处指保证合同相对人）没有履行债务或者没有完全履行债务。此外，保证人行使同时履行抗辩权

① 参见《民法典》第五百二十五条至第五百二十八条（原《合同法》第六十六条至第六十九条）。

② 参见《北京市高级人民法院关于印发〈北京市高级人民法院审理民商事案件若干问题的解答之五（试行）〉的通知》（京高法发〔2007〕168号）。

③ 参见《民法典》第五百二十五条（原《合同法》第六十六条）。

仅能产生迟延承担保证责任的效果，不能免除保证人的保证责任。尽管理论上保证人有权行使该等抗辩，实践中保证人真正据此抗辩的情形非常少见。

（二）后履行抗辩权

后履行抗辩权[①]，是指在双务合同的当事人有先后履行顺序时，应当先履行的一方当事人未履行其义务或履行义务不符合约定，但请求后履行一方当事人履行义务的，后履行一方当事人享有不履行或相应部分履行自己义务的权利[②]。后履行抗辩权的产生应当具备如下条件：一是基于同一双务合同；二是该双务合同需由一方当事人先履行其义务；三是先履行一方当事人不履行合同或者不适当履行合同。与同时履行抗辩权相同，后履行抗辩权只能使一方当事人暂时阻止对方当事人请求权的行使，并非永久性抗辩权。对方当事人完全履行合同义务的，后履行抗辩权消灭。后履行一方当事人行使后履行抗辩权致使合同迟延履行的，迟延履行责任由先履行一方当事人承担。

曾某雄与广东登峰物资贸易有限公司保证担保合同纠纷案［（2011）粤高法审监民提字第64号］

2007年2月3日，登峰公司与大立公司签订购销合同，合同约定：大立公司向登峰公司购买镀锌钢板等材料，登峰公司按照大立公司的订货和双方确定的交货时间送货，货到后大立公司交付45天兑现的期票给登峰公司。上述合同签订后，登峰公司向大立公司供应武钢镀锌钢板等材料，大立公司依约向登峰公司交付45天兑现的期票，但是大立公司交付的金额合计为1 056 119元的期票未能兑现。2007年12月2日，大立公司和曾某雄共同向登峰公司出具还款承诺书，承诺于2008年1月15日前还清1 056 119元欠款，曾某雄（大立公司的法定代表人）自愿对大立公司的该项还款义务和责任承担连带清偿责任。

纠纷发生后，曾某雄辩称，登峰公司在履行合同的过程中，供应给大立公司的是伪造的武钢产品，登峰公司没有按照双方合同约定的质量标准交付标的物，属于违约。根据《合同法》第六十七条之规定，由于登峰公司的违

---

① 司法实务中多称之为“后履行抗辩权”，参见《最高人民法院副院长李国光在全国法院技术合同审判工作座谈会上的讲话》、京高法发〔2007〕168号等。与此同时，理论界亦有崔建远等学者称之为“先履行抗辩权”。

② 参见《民法典》第五百二十六条（原《合同法》第六十七条）。

约行为，其无须承担连带保证责任。另外，曾某雄还提出，其同意担保的行为是建立在买卖双方真实和合法交易的基础上的，但在合同的履行过程中，登峰公司隐瞒了真实的结算凭据，使用欺骗手段，用伪造的商品标签和产品质量证明书作为双方结算的依据，从而使大立公司作出同意结算及曾某雄同意提供担保的错误的意思表示。根据《担保法》第三十条之规定，其不承担民事责任。

广东省高级人民法院再审认为，曾某雄作为保证人，虽然享有主债务人大立公司对债权人登峰公司的抗辩权，但其主要抗辩理由与大立公司相同，即认为登峰公司供应的产品存在质量问题，属于伪劣产品，登峰公司的行为构成违约。大立公司作为涉案购销合同的签约和履行主体，已基于意思自治原则在合同中自愿选择仲裁作为双方争议的解决方式。在登峰公司对双方的买卖纠纷申请仲裁，要求大立公司支付货款、利息、律师费并由曾某雄承担保证责任后，大立公司已经以登峰公司的产品存在质量问题为由进行抗辩，仲裁庭也已对该问题进行了审理和仲裁，未支持大立公司的主张，而是裁决大立公司承担支付货款和利息等责任。曾某雄作为大立公司的法定代表人和具有完全民事行为能力的自然人，在大立公司的还款承诺书中承诺对大立公司的还款义务和责任承担连带清偿责任，其未能提供充分证据证明登峰公司在履行购销合同时因产品存在质量问题而构成违约并应当承担违约责任，也未能提供充分证据证明登峰公司采取欺诈、胁迫手段使其在违背真实意思情况下提供担保，二审法院判决其对大立公司拖欠登峰公司的货款承担连带清偿责任并无不当。

（三）不安抗辩权

不安抗辩权，是指在双务合同的当事人有先后履行顺序时，应当先履行的一方当事人有确切证据证明对方不能履行义务或存在不能履行义务的可能的，有中止履行合同义务的权利①。不安抗辩权的产生应当具备如下条件：一是基于同一双务合同；二是该双务合同需由一方当事人先履行其义务；三是先履行一方当事人有确切证据证明对方有丧失或者可能丧失履行义务能力的情形，如经营状况严重恶化，转移财产、抽逃资金以逃避债务，丧失商业信誉等。就效力而言，不安抗辩权的行使仅能中止合同，亦不能免除保证人的

---

① 参见《民法典》第五百二十七条（原《合同法》第六十八条）。

保证责任。而且，一方当事人行使不安抗辩权后应当立即通知对方当事人，如果对方当事人提供了适当担保，则不安抗辩权消灭①。

马某与上海东浩工艺品股份有限公司保证合同纠纷案［（2015）虹民一（民）初字第4294号］

保证人马某以债务人上海朗芬办公自动化有限公司（以下简称朗芬公司）对债权人东浩公司享有不安抗辩权为由，认为其无须承担保证责任。该案基本事实如下：2013年12月18日，东浩公司与上海易事利实业有限公司（以下简称易事利公司）签订采购合同一份，约定东浩公司向易事利公司采购复印纸。同日，东浩公司与朗芬公司签订销售合同一份，约定东浩公司向朗芬公司出售复印纸。东浩公司与朗芬公司另约定，朗芬公司须在2014年2月18日前向东浩公司付清全款，该合同所涉交货时间、交货地点等由朗芬公司直接与供货方易事利公司协商解决。朗芬公司后未向东浩公司支付货款。2014年7月28日，马某及案外人杨某、吴某共同向东浩公司出具担保书，担保事项为“为朗芬公司向东浩公司采购复印纸合同提供担保”，该保证责任约定为“特别保证，无限责任，直至被担保人同意终止时消除”。2015年6月2日，马某向东浩公司转账30万元，转账摘要注明“支付朗芬合同担保额度”。另外，因易事利公司未履行生效民事判决确定的义务，上海市杨浦区人民法院依法查封了易事利公司仓库内的纸张。

上海市虹口区人民法院认为，第三人单方以书面形式向债权人出具担保书，债权人接受且未提出异议的，保证合同成立。马某对朗芬公司向东浩公司支付货款的义务承担保证责任系出于其真实意思表示，并已承担了部分保证责任，马某在履行30万元保证义务后，以朗芬公司对东浩公司享有不安抗辩权，并以此阻却了朗芬公司向东浩公司支付货款的义务，故马某也以无须承担保证责任为由，要求东浩公司退还马某已经支付的保证款。对此法院认为：首先，根据法律规定，保证人的确享有债务人的抗辩权，但抗辩权系权利人行使其请求权时，义务人享有的拒绝其请求的权利，马某要求对其已经履行的保证义务主张抗辩权，明显缺乏法律依据；其次，不安抗辩权系双务合同中应当先履行债务的当事人有确切证据表明另一方当事人丧失履行债务能力之时所享有的抗辩权，现易事利公司仓库内的纸张虽被查封，但本案销

① 参见《民法典》第五百二十八条（原《合同法》第六十九条）。

售合同的标的复印纸张在性质上属于种类物，无证据证明东浩公司在客观上丧失了向朗芬公司履行交货义务的能力，故就本案所涉情形而言并不符合主张不安抗辩权的条件。综上，该院对于马某有关其享有不安抗辩权而要求东浩公司退还其已经支付的保证款的主张不予采信。朗芬公司与东浩公司之间签订的销售合同中明确约定朗芬公司向东浩公司支付货款的期限，朗芬公司到期未履行支付货款的义务，而东浩公司已经履行了其对易事利公司的付款义务，故东浩公司有权要求保证人承担相应保证责任。现马某要求东浩公司退还保证款，缺乏事实与法律依据，该院依法不予支持。

二、主债务消灭

主债务消灭抗辩权，是指保证所担保的主债权债务消灭，基于主合同债务人已无给付义务，保证人得以对抗债权人请求权的权利。主合同终止、被撤销或无效均可导致主债务消灭。具体而言，当发生下列任一情形时，主合同权利义务终止：（1）主债务已经按照约定履行；（2）债权人与债务人互负债务且债务相互抵销；（3）债务人依法将标的物提存；（4）债权人免除主债务；（5）债权和债务同归于一人；（6）法律规定或者当事人约定终止的其他情形。而且，主合同解除的，主合同的权利义务关系亦终止。① 另外，关于主合同可撤销情形，请参见上文第二节“保证合同被撤销”部分的内容；关于主合同无效情形，请详见下文第四节论述。

史某英与朱某、董某民间借贷纠纷案［（2017）苏09民终3069号］

该案的一个争议焦点是，债权人史某英就案涉借款向债务人朱某实际交付的借款本金金额、案涉借款的已还款数额、保证人董某是否承担担保责任。江苏省盐城市大丰区人民法院在认定交付的借款本金金额为78 000元，朱某的还款足以偿还该78 000元本金及利息后，认为保证担保是指保证人与贷款人约定，当借款人违约或者无力归还贷款，保证人按约定履行债务或承担责任的行为。现史某英提供的证据不足以证明其主张的30万元借款交付的事实，且朱某已偿还了向原告所借的78 000元本息，78 000元的借款合同的权利义务终止，故董某不再需要对该借款承担担保责任，对史某英要求董某承担连带偿还责任的诉讼请求不予支持。江苏省盐城市中级人

① 参见《民法典》第五百五十七条（原《合同法》第九十一条）。

民法院二审维持了一审判决。

三、主合同诉讼时效届满

如上文所述，主合同债务诉讼时效与保证债务诉讼时效彼此独立。债权人未在主债务诉讼时效内行使其权利，主债务诉讼时效届满的，保证人可据此予以抗辩，从而免除其保证责任。

中国长城资产管理公司杭州办事处与舟山市中小企业担保有限责任公司、舟山市中植油脂有限责任公司金融借款合同纠纷案［（2016）浙民申3595号］

该案的一个争议是舟山市中小企业担保有限责任公司（以下简称担保公司）是否可因主债务诉讼时效届满而免除保证责任。浙江省高级人民法院再审认为，原债权银行与舟山市中植油脂有限责任公司（以下简称中植公司）签订的人民币资金借款合同约定借款到期日为2006年3月26日，根据相关法律规定，原债权银行应在借款期限届满后2年内即2008年3月26日前行使其请求权。一、二审法院查明，原债权银行在借款到期后至2007年9月10日期间曾多次向中植公司催讨借款，故诉讼时效期间于2007年9月10日最后一次中断，并于原债权银行要求的履行义务宽限期间届满之日即2007年9月13日起重新计算，原债权银行应在2009年9月13日前向债务人或担保人主张权利。中国长城资产管理公司杭州办事处（以下简称长城资产公司）再审期间举证欲证明2008年3月21日，其曾以公证送达的方式向担保公司送达了催收通知书，根据《最高人民法院关于贯彻执行〈中华人民共和国民法通则〉若干问题的意见（试行）》第一百七十三条第二款的规定，应认定原债权银行已向保证人担保公司主张了权利，诉讼时效中断。对此，该院认为，虽然长城公司再审期间提交的证据可证明担保公司曾租赁舟山市新城海天大道681号行政中心东1号楼610、611、612三间办公用房，且邹某华曾为担保公司办理过工商变更登记，但（2008）浙舟方证经字第78号公证书记载，公证人员系向前述611号办公室内的章某明送达催收通知书，且章某明拒绝在该催收通知书回执上签名。根据已查明的事实，尚无法确认章某明为担保公司员工，因其拒绝在催收通知书回执上签名，故不能以邹某华与章某明在同一个办公室为由推定长城资产公司已向邹某华送达了催收通知书。退一步讲，即使可认定已向邹某华送达催收通知书，但长城资产公司提交的证据尚不足以认定邹某华系2008年《诉讼时效司法解释》第十条第二款规定的担保公司“法定代表人、主要负责人、负责收发信件的部门或者被授权主体”，该公证送达不构成诉讼时效中断。此后，原债权银行虽于2010年3月4日再次向担保公司主张权利，但此时主债务诉讼时效期间已经届满，担保公司依照《诉讼时效司法解释》第二十一条第一款的规定提出诉讼时效抗辩，二审法院据此认定担保公司无须承担担保责任正确，应予维持。

四、债务人的抵销和反请求权

抵销，是指当事人双方互负债务，各以其债权充抵债务的履行。因抵销产生的依据不同，抵销可分为法定抵销和约定抵销。法定抵销是指具备法律规定的抵销条件，即当事人双方互负债务、双方债务均已到期、债务的标的物种类、品质相同时，依当事人一方的意思表示即发生抵销的效力，但依照法律规定或者按照合同性质不得抵销的除外。而且，法定抵销必须以意思表示为之，该意思表示以通知对方时发生效力。法定抵销亦不得附条件或者附期限①。约定抵销则是指经当事人双方协商一致，使自己的债务与对方的债务在等额内消灭。②

主合同债务人对债权人享有抵销权的，保证人可以在相应范围内拒绝承担保证责任。这一抗辩权在《民法典》第七百零二条中明确予以规定。

重庆乐视小额贷款有限公司与李某保证合同纠纷案［（2019）京0105民初13281号］

该案中，重庆乐视小额贷款有限公司（以下简称乐视小贷公司）主张北京网酒网电子商务股份有限公司（以下简称网酒网公司）向其借款2500万元未还，李某作为连带责任保证人为上述借款提供保证担保，就此提交了借款合同、个人连带保证责任合同、银行转账凭证予以证明。李某主张网酒网公司所欠乐视小贷公司借款，与以贾某亭为实际控制人的乐视系其他公司拖欠网酒网公司的货款相互抵销。但是，北京市朝阳区人民法院认为，在双方当事人不是互负到期债务的情况下，一方当事人不能单方面主张抵销债务，李某并未提交证据证明乐视小贷公司同意债务抵销，因此对李某该项主张不予采纳。而李某主张网酒网公司与乐视小贷公司之间曾经对账，乐视小贷公司确认欠网酒网公司货款618 055.56元并同意与本案借款的利息抵销，就此提

---

① 参见《民法典》第五百六十八条（原《合同法》第九十九条）。

② 参见《民法典》第五百六十九条（原《合同法》第一百条）。

交了款项对冲确认函佐证，乐视小贷公司对此表示认可，因此，该院对李某该项主张予以采纳，网酒网公司与乐视小贷公司之间就数额为 618 055.56 元的货款与等额的借款利息相互抵销，李某可以在相应范围内不予承担保证责任。

第四节　保证人的特别抗辩权

除主合同债务人的抗辩权之外，保证人依法专门享有保证合同项下对抗债权人请求权的抗辩权，即保证人的特别抗辩权。尽管现行法律法规中没有针对保证人特别抗辩权的明确规定，但通过对相关规范的归纳与总结，其主要包括以下几种抗辩权：先诉抗辩权、主合同无效、保证期间届满、优先执行物权担保、主合同未经保证人同意发生转让或变更、债权人弃权或怠于行权。以下分别介绍。

一、先诉抗辩权

先诉抗辩权，又称先索抗辩权，是一般保证的保证人所享有的拒绝承担保证责任的权利。一般保证的保证人只有在债务人不能履行债务之时才承担保证责任。而“债务人不能履行债务”，并非指债务人拒绝履行债务即可，而是指债权人与债务人之间的主合同相关纠纷经人民法院审判或者仲裁机构仲裁，且人民法院就债务人财产依法强制执行后，仍然不能清偿债务。换言之，如果主合同相关纠纷未经审判或仲裁，或者虽经审判或仲裁但未对债务人财产强制执行，则一般保证的保证人有权拒绝承担保证责任。该拒绝承担保证责任的权利即为先诉抗辩权。

关于先诉抗辩权的行使，在司法实践中，法院会先结合当事人所提供的证据，判断其约定是否符合一般保证责任的条件，即债务人不能履行债务时，由保证人承担保证责任。如果约定符合一般保证责任的条件，且不存在法定限制情形，则在主合同纠纷未经审判或者仲裁，并就债务人财产依法强制执行仍不能履行债务前，保证人对债权人行使先诉抗辩权的，法院将予以支持。

砚山县同和辣椒有限责任公司、罗某明民间借贷纠纷再审案［（2019）云民申 2289 号］

该案中，当事人双方在借条中约定：“还款期限届满后，如不能还清或光明田野公司破产或停止经营，导致没有还款能力，该借款由光明田野公司两股东吴某路、罗某明以个人资产按照股份比例进行赔还。”云南省高院认为，该约定符合一般保证责任的条件，即债务人不能履行债务时，由保证人承担保证责任。罗某明在主合同纠纷未经审判或者仲裁，并就债务人财产依法强制执行仍不能履行债务前，对债权人可以行使先诉抗辩权。

（一）行使先诉抗辩权的法定限制

先诉抗辩权的行使存在法定限制。《民法典》在《担保法》第十七条第三款第（一）项和《担保法司法解释》第二十五条基础上，对先诉抗辩权的行使限制作了完善和规范。《民法典》第六百八十七条第二款规定：“一般保证的保证人在主合同纠纷未经审判或者仲裁，并就债务人财产依法强制执行仍不能履行债务前，有权拒绝向债权人承担保证责任，但是有下列情形之一的除外：（一）债务人下落不明，且无财产可供执行；（二）人民法院已经受理债务人破产案件；（三）债权人有证据证明债务人的财产不足以履行全部债务或者丧失履行债务能力；（四）保证人书面表示放弃本款规定的权利。”

1. 债务人下落不明，且无财产可供执行

债务人下落不明，致使债权人要求其履行债务发生重大困难。尽管保证人提供的是一般保证，但如果债务人下落不明，使债权人无法找到债务人要求其履行债务，此时债权人有权直接要求保证人承担保证责任，以确保其债权的实现。

王某山与张某民民间借贷纠纷案［（2015）新民申字第1760号］

案涉借款协议约定“如果吴某非到期不能按时归还现金，超出三个月时，担保人王某山要全额归还张某民的本金和利息”。据此，新疆维吾尔自治区高级人民法院认为，王某山应承担一般保证责任。在该案中，张某民提供了轮台县轮台镇某村村委会和轮台县公安局城镇派出所共同出具的证明，表明借款人吴某非已不在轮台县轮台镇居住，故该院依据《担保法》第十七条第三款第（一）项的规定认为王某山不享有先诉抗辩权。

陕西宏福工贸（集团）有限责任公司与晁某绪、刘某明、陈某艳民间借贷纠纷案［（2013）陕民一终字第00096号］

案涉借款延期合同中约定，宏福公司自愿为刘某明和陈某艳借晁某绪的410万元担保，如果刘某明和陈某艳不能按期付息，宏福公司自愿承担责任支付本期利息；如果刘某明和陈某艳不能按时归还本息，宏福公司自愿承担责任，一次性归还刘某明和陈某艳借晁某绪 410 万元本息。陕西省高级人民法院认为，该约定符合一般保证的法律特征。根据《担保法》第十七条第三款第（一）项、《担保法司法解释》第二十五条规定，债权人要求债务人履行债务发生的重大困难情形，包括债务人下落不明，且无财产可供执行。该案主债务人刘某明、陈某艳下落不明，虽其所居住的住房业已被查封，但没有证据证明刘某明、陈某艳夫妇没有财产可供执行，故宏福公司对其所担保的债务享有先诉抗辩权。

2. 法院受理债务人破产案件

债权人与债务人之间的主合同相关纠纷经人民法院审判或者仲裁机构仲裁后进入执行程序，在执行期间，可能由于债务人不能清偿到期债务而出现债权人或者债务人向人民法院申请债务人破产的情况。人民法院受理了债务人的破产案件后，应当依法中止执行程序。此时的债权人无法立即要求债务人履行债务。而且，如果债权人只能通过申报债权以参加破产财产分配，将很难实现其全部债权。所以，法律规定在债务人破产的情况下，如果有保证人提供一般保证的，债权人有权直接要求其承担保证责任而无须通过破产程序实现债权。当然，为了保护保证人的利益，人民法院受理债务人破产案件后，在债权人未申报债权的情况下，保证人有权申报债权从而参加破产财产的分配，预先行使追偿权。

3. 保证人以书面形式放弃先诉抗辩权

虽然保证人在订立保证合同时与债权人约定其承担一般保证责任，但鉴于其有权对自己的权利进行处分，其可以在订立保证合同后放弃其享有的先诉抗辩权，即实质上提供连带责任保证。不过，该等放弃应以书面形式作出，以证明保证人对其权利的处分。

4. 债权人有证据证明债务人的财产不足以履行全部债务或者丧失履行债务能力

《民法典》出台之前，我国法律并未将主债务人财产不足以清偿其债务作为限制保证人行使先诉抗辩权的情形之一。由此带来的问题是，如果出现主债务人的财产不足以履行全部债务的情形，一般保证的债权人应当就主合同纠纷向法院起诉或者申请仲裁，并且待法院就债务人财产依法强制执行后，才能请求保证人承担保证责任。前述法律程序对于债权人请求主债务人实现其债权并无实际意义，反而造成了债权人一方人力、物力、财力的浪费，以及相关司法资源的浪费。《民法典》弥补了这一漏洞。

（二）催告抗辩权

催告抗辩权，是指保证人所享有的以债权人未在请求其承担保证责任前先行催告债务人履行债务为由，拒绝承担保证责任，以对抗债权人请求权的权利。催告抗辩权亦由保证义务从属性的特征决定，强调保证人的顺序利益。日本等一些大陆法系国家和地区规定保证人享有催告抗辩权，但我国现行担保法律体系中没有类似规定。尽管催告抗辩权与先诉抗辩权具有一定相似之处，其仍具有独立的制度价值。规定催告抗辩权将使连带责任保证的保证人在一定程度上得以维护自身的权益，弥补先诉抗辩权仅适用于一般保证的不足。就一般保证而言，催告抗辩权和先诉抗辩权是递进关系。一般保证的保证人行使催告抗辩权，导致债权人向主债务人催告后，如果主债务人具有履行能力且履行债务的，保证人的保证责任则得以免除；如果主债务人具有履行能力而拒绝履行债务，或者主债务人不具有履行能力的，此时保证人的催告抗辩权已消灭但可以行使先诉抗辩权。

我国的司法实践尚未系统论述保证人催告抗辩权，虽然偶尔有地方法院提及催告抗辩权。例如，在中天建设集团有限公司、金某某等民间借贷纠纷案［（2023）浙0783民初4621号］中，浙江东阳法院认为保证人的保证责任并未免除，其中一个理由就是：无证据证明保证人在履约过程中积极行使了催告抗辩权。

二、主合同无效

保证合同从属于主合同，以主合同的有效为前提。在主合同无效的情况下，保证人有权主张保证合同亦无效，其保证责任应当予以免除，从而对抗债权人请求权的行使。

《民法典》第六百八十二条第二款规定：“保证合同被确认无效后，债务人、保证人、债权人有过错的，应当根据其过错各自承担相应的民事责任。”这一规定和原《担保法》第五条规定一致，原《担保法司法解释》第八条区分两种情形规定了保证人的责任（主合同无效而导致担保合同无效，担保人无过错的，担保人不承担民事责任；担保人有过错的，担保人承担民事责任的部分，不应超过债务人不能清偿部分的三分之一）。《民法典担保司法解释》第十七条则进一步区分多种不同情形确定担保人的赔偿责任：

（1）债权人与担保人均有过错的，担保人承担的赔偿责任不应超过债务人不能清偿部分的二分之一。

（2）担保人有过错而债权人无过错的，担保人对债务人不能清偿的部分承担赔偿责任。

（3）债权人有过错而担保人无过错的，担保人不承担赔偿责任。

（4）主合同无效导致第三人提供的担保合同无效，担保人无过错的，不承担赔偿责任；担保人有过错的，其承担的赔偿责任不应超过债务人不能清偿部分的三分之一。

在过错责任划分规则确定后，实践中发生争议往往就是过错的认定，特别是主合同无效的情况下保证人是否有过错。一般情况下，保证人明知主合同无效仍为之提供担保，或者明知主合同无效仍促使主合同成立或为主合同的签订做中介等情形，保证人往往被认定为有过错。但是，根据最高人民法院的一些裁判，不能简单认定，而需要考虑保证人的过错和主合同无效之间的因果关系。请见以下最高人民法院的案例。

珠海市斗门区恒业房产开发公司、中关村证券股份有限公司借款合同纠纷案［（2018）最高法民再267号］

1997年9月21日至1999年6月9日，金峰公司与中关村证券公司朝阳营业部签订了九份投资（合作）合同书。珠海市斗门区恒业房产开发公司（以下简称恒业公司）于2004年8月26日出具承诺书，自愿提供担保。后发生纠纷。投资（合作）合同书被法院认定名为投资实为借贷而无效。对于恒业公司的担保责任，广东省高院二审判决认为，恒业公司作为担保人，在出具承诺书时应对主合同及其履行情况进行审查，恒业公司在主合同为无效合同的情况下仍提供担保，具有过错，应承担相应的民事责任。

恒业公司向最高法申请再审，主张其对主合同无效并无过错，不应承担保证责任。最高法基于以下分析认为恒业公司关于其无过错不应承担民事责任的再审主张成立，原判适用法律不当，应予纠正：从投资（合作）合同书的内容看，第三条存有“……甲乙双方共担风险”的表述，第五条进而约定“为简化甲乙双方的利润分配和确定亏损责任，双方确定本项目经营所得利润，甲方得四成，乙方得六成，项目经营亏损时，甲方负四成责任，乙方负六成责任，经营过程中全部税金由乙方负责”。上述关于共担风险的意思表示与“乙方无条件足额归还”的约定内容相矛盾。在此情形下，从合同文本文意解释的角度理解，双方之间是投资合作法律关系还是借贷法律关系并非确切无异议。在主合同的性质及效力问题有待司法审查方能确定的情况下，不能苛责恒业公司于承诺书出具时即已准确预见主合同是实为借贷的无效合同，亦即不能由此当然推定恒业公司明知主合同无效而仍为之提供担保。

江苏某工程公司诉上海某风电公司、深圳某担保公司建设工程合同纠纷案［（2022）苏72民初1534号］

原告江苏某工程公司与被告上海某风电公司就海上风电项目风机安装工程签订《工程施工合同》后，预付工程款500万元，被告深圳某担保公司提供了担保。原告江苏某工程公司诉称：因配套辅助带吊机的定位船、锚艇等并没有及时到位、履带型号不一致、吊高吊重不能满足施工要求等原因，致使合同一直无法履行；后原告同意被告提出的解除合同申请。因被告上海某风电公司未退回原告预付工程款，原告起诉要求上海某风电公司退还工程预付款，并要求深圳某担保公司对该退款承担保证责任。法院审理认为，进行海上风电工程施工需具备港口与海岸工程有关的专业承包资质及劳务分包资质，因上海某风电公司并不具备相应资质，案涉施工合同应为无效；深圳某担保公司提供的担保也随之无效。被告上海某风电公司虽辩称原告在发包时未审查其资质、过错为50%、应承担一半成本支出等，但其未对原告过错、损失大小、过错与损失之间的因果关系提供相应的证据予以证实，故有关的辩称意见缺乏依据。

三、保证期间届满

保证期间届满抗辩权，是指债权人没有在保证合同约定或者法律规定的保证期间内，对债务人提起诉讼或者申请仲裁，或者要求保证人承担保证责任，保证人得以主张免除保证责任，从而对抗债权人请求权的权利。值得注意的是，该抗辩权与前述诉讼时效抗辩权不同，因为保证期间的性质不等同于诉讼时效。简单而言，保证期间经过，消灭的是债权人要求保证人承担保证责任的请求权，是一项实体性权利；而诉讼时效经过，消灭的是债权人请求法院对其权利予以保护的胜诉权，是一项程序性权利。

（一）保证期间届满后保证人不承担保证责任

关于一般保证和连带责任保证的保证人行使保证期间届满抗辩权，下面举两个案例分别说明。

北京庄明设备有限公司、中铁十八局集团有限公司借款合同纠纷、保证合同纠纷案［（2016）最高法民终717号］

案涉四份借款合同中约定：借款到期，庄明能源（青岛）有限公司（以下简称青岛庄明）不能按期偿还贷款及利息，由北京庄明设备有限公司（以下简称北京庄明）承担还款责任。最高人民法院认为，根据《担保法》第六条、第十七条规定，北京庄明系以书面合同的形式，为案涉债务提供一般保证担保。案涉四份借款合同约定的借款到期日分别为2011年12月14日、2011年9月11日、2011年9月1日、2011年7月23日。当事人在合同中对于北京庄明的保证期间没有作出约定。根据《担保法》第二十五条规定，保证期间为主债务履行期届满之日起六个月，即北京庄明在四份借款担保合同中的保证期间届满日期分别为2012年6月14日、2012年3月11日、2012年3月1日、2012年1月23日。2012年1月19日，北京庄明向原债权人中铁十八局集团建筑安装工程有限公司（以下简称建安公司）出具承诺书，同意将担保期限延长到2012年7月20日。因此，北京庄明的保证期间最终届满之日为2012年7月20日。建安公司向中铁十八局集团有限公司（以下简称中铁十八局）转让债权后，中铁十八局于2012年8月6日就涉案债权提起诉讼。由于中铁十八局作为债权人未在保证期间内对债务人青岛庄明提起诉讼，保证期间届满后北京庄明作为保证人免除保证责任。

兰州银行股份有限公司武威分行、民勤县明大矿业选炼厂金融借款合同纠纷案［（2018）最高法民终361号］

兰州银行武威分行与明大选炼厂签订借款合同，约定明大选炼厂向兰州银行武威分行借款2000万元，借款期限2年，自2013年5月6日起至2015年5月6日止。同日，锆钥冶金公司与兰州银行武威分行签订保证合同，约定锆钥冶金公司对明大选炼厂的上述债务承担连带保证责任，保证期间为1年。之后，兰州银行武威分行依约向明大选炼厂发放了贷款，但明大选炼厂在偿还部分款项之后再未还款，兰州银行武威分行据此起诉请求锆钥冶金公司对明大选炼厂上述债务承担连带清偿责任。最高人民法院认为，案涉贷款履行期届满之日为2015年5月6日，保证期间1年，即至2016年5月6日，锆钥冶金公司的保证期间届满。在诉讼中，兰州银行武威分行提交公证的贷款逾期催收通知书一份，证明其于2016年12月21日向锆钥冶金公司催收债权的事实。因至2016年5月6日锆钥冶金公司的保证期间届满，其保证责任已经免除，兰州银行武威分行在2016年12月21日向锆钔冶金公司送达贷款逾期催缴通知，在锆钔冶金公司未确认，亦未同意延长保证期间的前提下，兰州银行武威分行要求锆钔冶金公司承担连带保证责任缺乏法律依据。

（二）保证人在保证期间届满后签收文件的责任

1. 保证人在保证期间届满后又在催款通知书上签字，能否主张保证期间抗辩？

保证期间届满债权人未依法向保证人主张保证责任的，保证责任消灭。保证责任消灭后，债权人书面通知保证人要求承担保证责任或者清偿债务，保证人在催款通知书上签字的，人民法院不得认定保证人继续承担保证责任。但是，该催款通知书内容符合原《合同法》和原《担保法》有关担保合同成立的规定，并经保证人签字认可，能够认定成立新的保证合同的，人民法院应当认定保证人按照新保证合同承担责任。

青海四维信用担保有限公司、中国长城资产管理股份有限公司甘肃省分公司借款合同纠纷案［（2018）最高法民终1220号］

最高人民法院援引《关于人民法院应当如何认定保证人在保证期间届满后又在催款通知书上签字问题的批复》（法释〔2004〕4号，现已失效）、《合同法司法解释（二）》第一条和《担保法》第十五条后论述道：该案保证人四维公司上诉主张其与中国建设银行股份有限公司西宁城西支行（以下简称建行城西支行）不构成新的保证合同，主要理由是“新保证合同能够明确认定不是要求保证人履行原保证责任”，但四维公司对该理解未提出直接依据。从法律、司法解释文义看，只要双方对于新的保证合同意思表示一致，达成合意，符合法律、司法解释的规定，就应当根据法律、司法解释的规定予以认定。建行城西支行于2018年1月16日向四维公司发出逾期贷款（垫款）催收通知书，该通知载明，2013年11月21日建行城西支行与四维公司签订的2013123005号保证合同项下债务，已于2015年11月20日到期。至2018年1月15日止，未偿还本金贰仟万元，利息肆佰玖拾贰万零陆拾叁元柒角贰分。四维公司立即履行还款义务，否则建行城西支行要求其承担违约责任。该通知书回执载明“同意将按上述合同/协议约定及该通知书的要求履行还款义务”。四维公司在保证人公章处加盖公章。根据上述事实，逾期贷款（垫款）催收通知书及回执载明内容意思表示清楚，且四维公司在回执处加盖公章，可认定双方对于新的保证合同内容形成合意，因此，原审判决认定双方经要约承诺形成保证合同并无不当。

2. 保证人在保证期间届满后发函要求债权人向债务人催收，能否主张保证期间抗辩？

中国信达资产管理公司太原办事处与山阴县康立化工有限责任公司、山阴县腾宇化工有限责任公司、山阴县石星化工有限责任公司、山阴县鑫邦燕麦实业有限责任公司借款担保纠纷案［（2006）民二终字第240号］

该案的争议是：保证人石星公司在保证期间届满后，仍然向原债权人中国银行山阴县支行和债务人康立公司发函，请求中国银行山阴县支行督促康立公司还款，是否表示石星公司在保证责任期间届满后仍愿意继续承担担保责任。最高人民法院认为，案涉四份函件中，前三份内容是督促主合同债权人向主合同债务人催款，第四份是督促主合同债务人还款。在石星公司发出第一份函件时，共有五笔债务在保证期间内，其中98山借字1号合同的主债务履行期还未到期。应对石星公司的保证债务分为保证期间届满前和保证期间届满后分别进行认定。

第一，保证期间届满前。连带保证情形下，保证合同的债权人必须在保证期间内向债务人主张权利，此时开始计算保证合同的诉讼时效，而本案中的五笔债务是保证合同的债务人向债权人发函督促其向主合同债务人收款或督促主合同债务人还款，而非债权人向债务人主张权利，这并不能引起诉讼时效的中断。在保证期间内保证合同的债权人未向债务人主张权利，保证期间届满后保证人不承担保证责任。所以，即使在保证期间内石星公司发函要求中国银行山阴县支行向主债务人催款，在保证期间届满后其即免除保证责任。

第二，保证期间届满后。这种情形下，除非石星公司明确承诺在保证期间届满后继续承担保证还款的责任并且具备法律规定的形式，例如在中国银行山阴县支行的催收通知单上签字盖章，否则不能得出石星公司的函件表示其会继续承担保证责任而放弃保证期间已过、不再承担保证责任的抗辩权利的结论。

（三）法院是否主动审查保证期间届满

在保证人未提出保证期间抗辩的情况下，法院能否依职权审查保证期间是否届满？一种观点认为，保证期间是除斥期间，法院应当主动审查。另一种观点认为，保证期间作为保证人对抗债权人的抗辩理由之一，是否主张为当事人对自己诉讼权利的处分，法院不用主动审查。在《民法典担保司法解释》出台前不同法院的裁判观点有所差异，从以下两个案例可见采取各种观点的都有。《民法典担保司法解释》采纳了第一种观点，第三十四条第一款规定："人民法院在审理保证合同纠纷案件时，应当将保证期间是否届满、债权人是否在保证期间内依法行使权利等事实作为案件基本事实予以查明。"

赵某坤、李某庭民间借贷纠纷案［（2016）闽民申1596号］

该案借款担保合同明确约定了涉案借款时间是从2014年1月16日起至2014年4月16日止，双方在该合同中并未约定保证期间，债权人李某庭于2015年4月24日向法院起诉，在一、二审中均未提交其在主债务履行期届满之日起6个月内向保证人赵某坤主张过权利的证据。福建省高院认为，根据《担保法》第二十六条的规定，明显超过法律规定保证期间；同时根据《担保法司法解释》第三十一条的规定，保证期间为除斥期间，债权人未在保证期间要求保证人承担保证责任的，保证人免除保证责任。故不论保证人是否抗辩，人民法院对保证期间是否已超过的事实应当依职权主动审查，进而确定是否免除保证人的保证责任。一、二审法院均未主动审查保证期间，一审法院以郑某章及赵某坤均未答辩及出庭应诉，判决赵某坤承担担保责任。二审法院以赵某坤在一审中放弃诉讼权利，为合法保护债权人利益为由，驳回赵某坤的上诉。依照前述法律规定，一、二审法院明显适用法律错误。

潘某荣与徐某、南京光华城南机电有限公司民间借贷纠纷案［（2016）沪民申2781号］

上海市高级人民法院认为，人民法院审理案件应当围绕双方当事人的争议进行。保证期间作为保证人对抗债权人的抗辩理由之一，是否主张为当事人对自己诉讼权利的处分。根据一审判决载明的事实，保证人潘某荣在本案一审诉讼过程中并未提出关于保证期间的抗辩，并在一审判决其承担连带保证责任后，并未提起上诉。而在二审庭审中，潘某荣亦未就保证期间提出异议，故双方当事人并未就此形成争议。现潘某荣却就此主张一审、二审判决错误并申请再审，该院认为其有违诉讼诚信，其申请再审理由不能成立。

四、优先执行物权担保

优先执行物权担保抗辩权涉及保证担保与抵押、质押、留置这类物的担保竞存时的处理问题。这一方面法律有所变化。

此前的《担保法》第二十八条规定，同一债权既有保证又有物的担保的，保证人对物的担保以外的债权承担保证责任；债权人放弃物的担保的，保证人在债权人放弃权利的范围内免除保证责任。《担保法司法解释》第三十八条第三款进一步规定，债权人在主合同履行期届满后怠于行使担保物权，致使担保物的价值减少或者毁损、灭失的，视为债权人放弃部分或者全部物的担保。保证人在债权人放弃权利的范围内减轻或者免除保证责任。《担保法司法解释》第一百二十三条还规定，同一债权上数个担保物权并存时，债权人放弃债务人提供的物的担保的，其他担保人在其放弃权利的范围内减轻或者免除担保责任。

后来的《物权法》修改了这一规则。当事人没有约定或者约定不明确的，如果有债务人自己提供的物的担保，则债权人应当先就该物的担保实现债权；如果没有债务人自己提供的物的担保，而存在第三人提供物的担保和保证人提供保证相竞合的情形，则第三人提供的物的担保与人的担保处于平等地位，不存在优先顺序，相互之间不可以追偿。

《民法典》采纳了原《物权法》的规定。《民法典》第三百九十二条规定："被担保的债权既有物的担保又有人的担保的，债务人不履行到期债务或者发生当事人约定的实现担保物权的情形，债权人应当按照约定实现债权；没有约定或者约定不明确，债务人自己提供物的担保的，债权人应当先就该物的担保实现债权；第三人提供物的担保的，债权人可以就物的担保实现债权，也可以请求保证人承担保证责任。提供担保的第三人承担担保责任后，有权向债务人追偿。"可见，《民法典》将"物权责任优先"原则限定为债务人自己提供的物的担保。当然，如果债务人以自己的财产设定抵押，抵押权人放弃该抵押权、抵押权顺位或者变更抵押权的，其他担保人在抵押权人丧失优先受偿权益的范围内免除担保责任，但其他担保人承诺仍然提供担保的除外。

（一）基本要求

保证人行使优先执行物权担保抗辩权应注意如下事项：

1. 优先执行物权担保抗辩权的行使以同一债权既有保证又有物的担保为前提。一方面，如果有多个保证而无物的担保，则属于共同保证问题，不存在行使优先执行物权担保抗辩权的可能；另一方面，物的担保应当有效存在，即不存在无效或者被撤销的情形，担保物也没有因不可抗力的原因灭失。

2. 优先执行物权担保抗辩权的行使仅能在债权人放弃物的担保范围内免除保证责任，而不意味着保证人不承担任何保证责任。如果债权人在主合同履行期届满后怠于行使担保物权，致使担保物的价值减少或者毁损、灭失，视为债权人放弃部分或者全部物的担保，保证人在债权人放弃权利的范围内减轻或者免除保证责任。

3. 优先执行物权担保抗辩权的行使需要注意提供物的担保的当事人为债务人。

（二）保证人明确放弃物权优先抗辩

在实务中，债权人为便于实现其债权，大多会与保证人、抵押人、出质人签订多份担保合同，并在其中约定实现债权的条款，以达到其有权自行选择物的担保或人的担保的顺序及份额的目的。如果保证合同中明确约定保证人放弃物权优先抗辩，债权人可以在实现物权担保之前要求保证人履行保证义务。

中国长城资产管理公司广州办事处与广州云山大酒店有限公司、兰某等合同纠纷案［（2016）最高法民终554号］

涉案连带保证合同的甲方为中国长城资产管理公司广州办事处（以下简称长城公司），乙方为百特公司、兰某、廖某新、潘某山、王某；涉案股权质押合同的甲方为长城公司，乙方为百特公司、兰某。以上合同当事人在连带保证合同第7.2.4条、股权质押合同第5.3条就担保顺位均作了下列约定，“无论甲方对主合同项下的债权是否拥有其他担保（包括但不限于保证、抵押、质押、保函、备用信用证等担保方式），不论上述其他担保何时成立、是否有效、甲方是否向其他担保人提出权利主张，或放弃、部分放弃任何担保债权，也不论是否有第三方同意承担主合同项下的全部或部分债务，也不论其他担保是否由乙方自己所提供，乙方在本合同项下的担保责任均不因此减免，甲方均可直接要求乙方依照本合同约定在其担保范围内承担担保责任，乙方将不提出任何异议”。最高人民法院认为，连带保证合同、股权质押合同已明确约定该两份合同所涉担保在实现债权的顺位上不受主合同项下其他担保的影响，即提供担保的一方放弃了在实现债权时位于债务人自己提供物的担保的顺位之后等相关权利，因此长城公司可以要求抵押人广州云山大酒店有限公司，质押人百特公司、兰某，以及保证人百特公司、兰某、廖某新、潘某山、王某对涉案债务直接承担担保责任，而无担保责任顺位的限制。故原审判决关于长城公司先行使抵押权实现涉案债权，行使抵押权后仍不能实现的部分由质押人百特公司、兰某及保证人百特公司、兰某、廖某新、潘某山、王某承担担保责任的认定不当，予以纠正。对长城公司关于质押人百特公司、兰某及保证人百特公司、兰某、廖某新、潘某山、王某已在涉案担保合同中约定放弃在后担保顺位权利的上诉请求，予以支持。

某控股股份有限公司、烟台山高某投资中心执行监督案［（2023）最高法执监170号］

涉案《保证协议》第十三条约定："主债权既有物权担保又有保证担保，乙方有权在行使担保权时进行选择，既可以先行使物权担保，也可以先行使保证担保，还可同时行使物权担保和保证担保以实现债权。"最高人民法院认为："从该约定可以看出，对行使担保权已有明确约定，应当按照约定实现债权。某控股公司主张先执行完债务人的担保物，对执行不足的部分再启动对其财产的执行程序，山东高院未予支持，不违反法律规定。"

（三）保证人未明确放弃物权优先抗辩

如果保证合同中没有明确约定保证人放弃物权优先抗辩，则不能视为放弃物权优先抗辩，债权人应当先实现物权担保再要求保证人履行保证义务。最高人民法院在下述案件中区分不同情形作了细致分析。

中国农业发展银行乾安县支行与江苏索普（集团）有限公司、上海儒仕实业有限公司保证合同纠纷案［（2016）最高法民终40号］

案涉保证合同第6.14条约定："当债务人未履行债务时，无论债权人对主合同项下的债权是否拥有其他担保，债权人均有权直接要求保证人承担担保责任。"保证人索普公司、儒仕公司称，以上保证合同条款并未对物的担保与人的担保并存时的实现顺序和方式作出明确约定，因本案流动资金借款合同项下有债务人天安公司以及第三人丁醇公司提供的最高额抵押担保，中国农业发展银行乾安县支行（以下简称乾安支行）应当先就天安公司以及丁醇公司提供的物的担保实现其债权。乾安支行辩称，上述条款对物的担保和人的担保并存时债权实现的顺序、方式约定已属明确，即无论天安公司以及丁醇公司是否提供抵押担保，乾安支行均有权直接要求索普公司、儒仕公司承担保证责任。

最高人民法院认为，究竟哪方主张成立，需要结合法律规定和进一步查明的事实综合判断。比照《物权法》第一百七十六条与《担保法》第二十八条的规定，《物权法》显然对《担保法》物保绝对优先原则进行了修正，但这并不意味着《物权法》即抛弃了物保相对优先的基本精神。正确理解该条文，显然是就同一债权并存物保与人保时如何实现担保权利所作的规定，显然在《担保法》物权绝对优先原则的基础上，融合了意思自治的法律权衡，以满足更加丰富的现实需求。最高人民法院认为，对《物权法》第一百七十六条可作以下三种情形的具体把握：

第一种情形，即对实现担保物权有明确约定的情形。在此情形下，无论是对人的担保合同还是对物的担保合同，均要审查是否存在“当事人约定的实现担保物权的情形”，即是否对实现担保物权作出明确约定，有此约定的，即应优先按照该类约定进行处理，无论该类关于实现担保物权的约定是就债务人提供的物保所作约定，还是就第三人提供的物保所作约定，均应当按照该明确约定实现债权。很显然，此等情形下，隐含着意思自治可以排除物保优先的精神，这实际是将契约自由精神摆在更加重要的法律地位。但此等情形下，依然始终要围绕实现担保物权的约定进行审查，其实质同样体现物保优先的法律原则。

第二种情形，即先就债务人的物保实现债权的情形。经审查人保合同与物保合同，对实现担保物权的情形没有约定或者约定不明确时，则债权人应当先就债务人提供的物保实现其债权，不得绕过债务人的物保而径行追究人保合同项下保证人的保证责任。此等情形下，更是直接体现物保优先原则，尽管是就债务人的物保优先而言。

第三种情形，即债权人对第三人提供的物保选择实现债权的情形。此等情形适用的前提与前述第二种情形应当相同，即依然是有关实现担保物权的情形没有约定或约定不明确时，因提供物保主体上存在差异，即物保系债务人以外的第三人所提供，则债权人既可选择向第三人物保实现债权，也可依据人保合同向保证人实现债权，或者同时向第三人物保以及人保提供者主张实现债权。此等情形下，尽管赋予债权人以选择权，但此等情形的前提是没有关于实现担保物权的明确约定，因此依然体现物保优先原则与意思自治原则相结合的审查要求。

五、主合同未经保证人同意发生转让

合同转让分为债权转让和债务转让。根据法律一般原则，除非合同另有明确规定，债权转让不需要债务人同意，而仅需要通知债务人；合同债务转让需要获得债权人同意。

（一）债权转让

保证合同作为单务合同，合同债权转让一般并不需要保证人同意。但债权转让后保证人承担的责任可能发生变化。对此，我国法律作了明确规定。

原《担保法》第二十二条规定，保证期间，债权人依法将主债权转让给第三人的，保证债权同时转让，保证人在原保证担保的范围内对受让人承担保证责任，但保证合同另有约定则从其约定。原《担保法司法解释》第二十八条就前述另有约定的情形进行了明确：如果保证人与债权人事先约定仅对特定的债权人承担保证责任或者禁止债权转让的，保证人不再承担保证责任。

《民法典》基本采纳了原《担保法》和原《担保法司法解释》的规定，但作了一定修改。《民法典》第六百九十六条规定："债权人转让全部或者部分债权，未通知保证人的，该转让对保证人不发生效力。保证人与债权人约定禁止债权转让，债权人未经保证人书面同意转让债权的，保证人对受让人不再承担保证责任。"该条参照债权转让的通知生效规则，明确了保证人对受让人承担保证责任以收到债权转让通知为前提，未通知的转让对保证人不发生效力。

司法实践中保证人与债权人作出前述事先约定的情形比较少见，法院因此大多判定保证债权随主债权的转让而同时转让，保证人应当在原担保范围内对债权受让人承担保证责任。请见以下案例。

海南联华房地产开发有限公司、海南东泰嘉华房地产开发有限公司债权转让合同纠纷案［（2017）最高法民申847号］

该案中，关于联华公司对刘某白、王某的债务应否承担连带清偿责任的问题，最高人民法院认为：其一，原债权人冷某钢、柯某陶、史某对债务人刘某白、王某的债权已经合法转让给东泰公司。其二，该案中，根据联华公司与相关当事方签订的合作协议的约定，联华公司承担连带清偿责任的条件已经成就。同时，该案中并不存在《担保法司法解释》第二十八条规定的保证人与债权人事先约定仅对特定的债权人承担保证责任或者禁止债权转让的情形。因此，联华公司对债务人刘某白、王某的保证债权已随主债权的转让而同时转让，联华公司应当在原担保范围内对债权受让人东泰公司承担保证责任。

（二）债务转移

《民法典》第六百九十七条规定：“债权人未经保证人书面同意，允许债务人转移全部或者部分债务，保证人对未经其同意转移的债务不再承担保证责任，但是债权人和保证人另有约定的除外。第三人加入债务的，保证人的保证责任不受影响。”这一规定区分了免责的债务承担和并存的债务承担这两种情形。首先，债权人未经保证人书面同意便允许债务人转移全部或者部分债务的，保证人对未经其同意转移的债务不再承担保证责任，这与此前的《担保法》第二十三条和《担保法司法解释》第二十九条的规定一致。在此基础上，《民法典》尊重了当事人的意思自治，即债权人和保证人有权另行约定保证责任的承担问题。其次，该条创设了有关并存的债务承担的规定，即第三人加入债务的，保证人的保证责任不受影响。

在司法实践中，法院在查明保证期间的债务转移未经保证人同意后，将依据前述规定判决保证人不再承担该等债务的保证责任。参见以下两个案例。

沈某忠、凯里市格兰房地产开发有限责任公司民间借贷纠纷案［（2017）黔民终312号］

沈某忠与吴某明共同向孙某林借款800万元，并与孙某林签订借款合同书，其中约定忠明公司对该笔借款承担连带保证责任。但随后沈某忠与格兰公司签订协议书，约定格兰公司代沈某忠归还孙某林债务时，未通知担保人忠明公司，也未经忠明公司同意。贵州省高级人民法院认为，根据《担保法司法解释》第二十九条的规定，忠明公司不再承担该笔债务的担保责任。

中国农业发展银行长葛市支行、河南普瑞蜂品股份有限公司金融借款合同纠纷案［（2017）豫10民终1042号］

中国农业发展银行长葛市支行（以下简称农发行长葛支行）与普瑞公司签订流动资金借款合同一份，约定普瑞公司向农发行长葛支行借款1950万元，并与冀某民签订自然人保证合同一份、与新世纪公司签订保证合同一份，冀某民与新世纪公司均自愿为普瑞公司的上述借款提供连带责任保证。随后，普瑞公司、东瑞公司分别作出股东会决议、股东决定，普瑞公司的债权债务由东瑞公司承担。许昌市中级人民法院认为，冀某民对普瑞公司的借款1950万元自愿向农发行长葛支行承担连带责任保证，且对普瑞公司将债务转移给东瑞公司知晓并同意，也没有超出保证期间，故冀某民应当向农发行长葛支行承担连带清偿责任；新世纪公司虽然自愿为普瑞公司向农发行长葛支行的借款承担连带责任保证，但普瑞公司将对农发行长葛支行的债务转让给东瑞公司时，并没有经过新世纪公司的同意，故按照《担保法司法解释》第二十九条规定，普瑞公司将本案债务转让给东瑞公司后，新世纪公司不再承担保证责任。

六、主合同未经保证人同意发生变更

《民法典》第六百九十五条对主合同变更对保证人的责任影响作了明确规定："债权人和债务人未经保证人书面同意，协商变更主债权债务合同内容，减轻债务的，保证人仍对变更后的债务承担保证责任；加重债务的，保证人对加重的部分不承担保证责任。债权人和债务人变更主债权债务合同的履行期限，未经保证人书面同意的，保证期间不受影响。"

《民法典》这一条款借鉴了此前《担保法司法解释》第三十条的规定："保证期间，债权人与债务人对主合同数量、价款、币种、利率等内容作了变动，未经保证人同意的，如果减轻债务人的债务的，保证人仍应当对变更后的合同承担保证责任；如果加重债务人的债务的，保证人对加重的部分不承担保证责任。债权人与债务人对主合同履行期限作了变动，未经保证人书面同意的，保证期间为原合同约定的或者法律规定的期间。债权人与债务人协议变动主合同内容，但并未实际履行的，保证人仍应当承担保证责任。"这与此前《担保法》的规定不同，原《担保法》第二十四条规定，变更主合同应当取得保证人书面同意，未经保证人书面同意的，保证人不再承担保证责任，但保证合同另有约定的除外。

但值得注意的是，《民法典》并未吸收原《担保法司法解释》第三十条第三款有关未实际履行变更则不影响保证责任承担的规定。

在司法实践中，法院会结合当事人提交的证据，判断主合同变更情形是否加重保证人的责任。参见以下案例。

蔡某伟与开某营等民间借贷纠纷再审案［（2022）沪02民申159号］

蔡某伟申请再审称：本案约定的借款用途是支付承包工程项目的工人工资，不得另做他用，且借款只能汇入项目挂靠方江苏省××集团有限公司的对公账户，然而在实际履行中，借款未经申请人同意，汇入他人（徐某平的儿子）的个人账户，导致借款的用途不能保证用于支付相关项目的工人工资，该行为违背了申请人提供保证的本意，按照《担保法》的规定，保证人可不承担担保责任，故一审判决适用法律错误。再审法院认为：蔡某伟关于徐某平未按借条上载明的“此款转入江苏省××集团公司账户上”，导致该借款未按借条上约定的汇款路径，用于徐某平对其承诺的特定用途，其应免于承担上述债务的连带还款责任的主张，尚缺乏依据，难以支持。

实践中借款用途的变更是否会加重保证人的责任往往产生纠纷。从上述案例可见，借款用途的变更并不必然会加重保证人的保证责任。一般情况下，即使债务人单方变更借款用途，通常也不影响保证人承担保证责任。一方面，债权人往往对借款用途有监督的权利而无监督的义务，对于借款人改变借款用途的行为，债权人往往无法控制；另一方面，借款人擅自改变借款用途的行为增加了债权人无法按时回收债权的风险。这正是债权人要求保证人提供保证的目的，也就是保障债权实现的应有之义。但是，如果合同约定债权人负有监督借款资金用途的义务，而债权人具有过错未履行相关义务，导致债务人将借款挪作他用，这在很大程度上会被视为加重保证人的义务，保证人有权主张对加重部分不承担保证责任。

展某卿、河南省海闳投资有限公司借款合同纠纷案［（2019）最高法民申951号］

在该案中，最高人民法院认为，保证人展某卿提出“河南省海闳投资有限公司擅自改变新贷出的800万元银行承兑汇票的用途”不属于《担保法司法解释》第三十条规定的债权人与债务人对主合同内容作出变动的情形，也没有证据证明加重其债务。故展某卿据此主张其不应当承担保证责任，缺乏事实和法律依据。

山煤国际能源集团华南有限公司、中国光大银行股份有限公司广州分行金融借款合同纠纷案［（2017）最高法民终4号］

案涉流动资金贷款合同被涂改的内容是时间、结息周期和贷款用途。最高人民法院二审认为，从时间上看，贷款期限从“2014年6月17日起至2015年6月16日止”涂改变更为“2014年9月17日起至2015年9月16日止”，一次性划付贷款的日期由“2014年6月17日”涂改变更为“2014年9月17日”，贷款期限起止日期虽有变更，但履行期限仍为1年，未实际变动，不影响担保人对担保责任的承担。从结息周期上看，涂改内容将“按月结息”变为“按季结息”，并没有加重债务人及担保人的责任。从贷款用途上看，贷款具体用途由“借新还旧”涂改变更为“用于偿还山煤国际能源集团华南有限公司在光大银行广州分行商业承兑汇票贴现垫款”，变更后的内容与案涉贷款受托支付通知书上经营单位意见处载明的“请将该账户的信贷资金用于归还山煤国际能源集团华南有限公司的商业承兑汇票贴现垫款”相符，原判决据此认定涂改后的内容是对“借新还旧”的详尽说明，并无不当。而且，案涉流动资金贷款合同并未改变《担保法司法解释》第三十条中的数量、价款、币种、利率等内容，亦未改变主合同履行期限，原判决认定主合同的变更并未加重债务人的债务，担保人仍应对变更后的合同承担担保责任，不违反上述法律，故予以维持。

七、债权人弃权或怠于行权

（一）债权人放弃执行债务人的财产

《民法典》第六百九十八条规定：“一般保证的保证人在主债务履行期限届满后，向债权人提供债务人可供执行财产的真实情况，债权人放弃或者怠于行使权利致使该财产不能被执行的，保证人在其提供可供执行财产的价值范围内不再承担保证责任。”这一条款源于原《担保法司法解释》第二十四条。需要注意的是，该条对于保证人免除保证责任的规定针对的是一般保证的保证人，连带责任保证的保证人不得据此进行抗辩。

谭某斌、顾某波民间借贷纠纷执行审查案［（2019）云03执复7号］

在该案中，复议申请人谭某斌向法院申请复议的一个理由是：其在案件中是担保人，本案被执行人谢某珍声明本案债务系其个人债务，且谢某珍有财产可供执行，复议申请人不具备先于债务人谢某珍履行债务的前置条件，应先执行主债务人的财产，再执行担保人的财产。法院认为，《担保法司法解释》第二十四条对保证人免除保证责任的规定针对的是一般保证的保证人，复议申请人在案件中承担的是连带保证责任，并不适用前述关于免除保证责任规定的情形，对其免除保证责任的请求不予支持。

（二）债权人怠于行使担保物权导致担保物价值损失

李某、江西省嘉华投资有限公司金融借款合同纠纷案［（2018）赣民终364号］

江西省高级人民法院认为，上饶银行青云谱支行作为抵押权人，对债务人提供的抵押物负有监管责任，应视情况采取相应措施，以避免担保物的价值减少、毁损或灭失。本案贷款期间及到期后，上饶银行青云谱支行理应尽监管责任和及时行使担保物权，但上饶银行青云谱支行却疏于监管且怠于行使担保物权。依照《担保法司法解释》第三十八条第三款规定，上饶银行青云谱支行因疏于监管且怠于行使担保物权，应承担相应法律责任。综合考虑抵押物摊铺机现不知去向，以及该摊铺机抵押评估价为369万元，该院认为本案保证人对本案债务应在扣除369万元后各自承担相应保证责任。

（三）债权人放弃物权担保

债权人放弃抵押物权的，保证人在此范围内免责。在下述第一个案件中，债权人解除了房产抵押，最高法认为，这一行为改变了保证人作出保证时贷款合同项下抵押物及约定的偿还贷款的款项来源项目情况，在客观上加大了各保证人承担责任的风险；在保证合同中没有约定债权人放弃已设立的抵押权时保证人仍承诺继续承担保证责任的情况下，保证人在该解除的物权担保范围内免责。在第二个案件中，法院认为放弃物权优先抗辩权并不代表放弃物权担保范围内的免责。

中国建设银行股份有限公司大庆分行、曲某海金融借款合同纠纷案［（2018）最高法民终966号］

本案中，在签订案涉贷款合同及保证合同前，施某静、曲某海、曲某辉在股东会决议上签字同意益海公司向建行大庆分行贷款2亿元，并以大庆市御湖湾项目相关国有土地使用权及A区8号至25号楼在建工程作抵押。2013年6月19日，建行大庆分行与益海公司、施某静等保证人分别签订了案涉固定资产贷款合同、抵押合同和自然人保证合同。抵押财产为“大庆益海商务中心·御湖湾”土地使用权及上述A区在建房屋工程。

最高法认为：应偿还的贷款数额与抵押房产的销售情况存在直接关联关系。虽然建行大庆分行与施某静等保证人分别签订的自然人保证合同第六条保证责任第二款约定“无论建行大庆分行对案涉固定资产贷款合同项下的债权是否拥有其他担保，不论上述其他担保何时成立、是否有效、建行大庆分行是否向其他担保人提出权利主张，也无论是否有第三方同意承担案涉固定资产贷款合同项下的全部或部分债务，也不论其他担保是否由益海公司自己所提供”，施某静等保证人在案涉自然人保证合同项下的保证责任均不因此减免，建行大庆分行均可直接要求保证人依照自然人保证合同约定在其保证范围内承担担保责任，保证人将不提出任何异议，但案涉（2013）01 号《抵押合同》中亦有类似条款。

本案诉讼中，建行大庆分行认可该合同条款系建行大庆分行使用的格式条款，主张该条款意思表示明确，不需要进行特别释明。但保证合同并没有对本案所涉的特殊情形，即以抵押的房产售房款偿还贷款与保证责任承担之间的关系作出明确约定。而施某静等保证人系在明知益海公司以前述在建房产作抵押，且贷款合同中对贷款的使用及还款来源、还款计划、资金监管等作出的安排体现的抵押物与贷款偿还之间存在特殊关联关系的情形下签订保证合同，在没有特别约定或释明的情形下，并不能够排除各保证人在签订保证合同时存在以处置案涉抵押的房产售房款不能偿还贷款时其方才需要承担保证责任的理解的可能。

最高法进一步认为：案涉自然人保证合同第六条第二款中没有约定建行大庆分行放弃已设立的抵押权时，各保证人仍承诺继续承担保证责任。而建行大庆分行陆续对案涉抵押合同项下的 1256 户抵押房产解除了抵押登记。其对该部分房产享有的抵押权自该抵押登记被注销时即发生消灭的法律效力，建行大庆分行已不再享有对案涉 1256 户抵押房产的抵押权，对解除抵押的房产售房款亦不再享有优先受偿的权益。

建行大庆分行在案涉 1256 户房产抵押权有效设立后，未对益海公司该部分销售房款进行有效控制，即解除了该房产的抵押，其行为不符合案涉贷款合同约定，也改变了保证人作出保证时贷款合同项下抵押物及约定的偿还贷款的款项来源项目情况，建行大庆分行与益海公司新设抵押权的在建工程在销售条件及财产价值等方面均不同于原抵押房产，在客观上加大了各保证人承担责任的风险。根据《物权法》第一百九十四条的规定，在建行大庆分行并无证据也没有主张在其解除抵押时保证人承诺继续承担保证责任的情形下，保证人在建行大庆分行丧失案涉 1256 户抵押房产优先受偿权益范围内的保证责任应当免除。据此，一审认定保证人对益海公司应偿还欠付建行大庆分行的本案借款本息，在解除抵押的房产售房款 318 202 651 元范围内免除保证责任，如案涉借款本息数额超出 318 202 651 元，保证人对超出部分承担连带保证责任，有事实和法律依据。建行大庆分行关于一审判决认定保证人承担保证责任范围错误，应判保证人就益海公司应偿还的本案借款本息承担连带保证责任的上诉请求本院不予支持。

山东鑫海投资有限公司与山东三威置业有限公司、山东大地房地产开发有限公司等合同纠纷案［（2015）鲁商终字第419号］

该案中，鑫海公司委托齐鲁银行向启德公司发放贷款，启德公司以其土地使用权为该贷款提供了抵押，三威公司、大地公司、张甲、张乙为该贷款提供了连带责任保证。保证合同第九条约定，无论贷款人是否享有其他担保（包括但不限于保证、抵押等方式），贷款人均有权首先要求本合同的保证人在其担保范围内承担保证责任。该案争议焦点之一是：鑫海公司放弃了启德公司提供的物的担保，关于三威公司、大地公司、张甲、张乙是否应当免除保证责任问题。山东省高级人民法院二审认为，三威公司、大地公司在保证合同中承诺，仅是将《物权法》第一百七十六条规定赋予保证人在抵押权人没有先就主债务人所提供担保物进行受偿，而直接要求保证人履行保证义务时的抗辩权予以放弃，没有放弃《物权法》第一百九十四条规定的赋予保证人在抵押权人放弃抵押权时，其他担保人在抵押权人丧失优先受偿权益的范围内免除担保责任的权利，即保证合同第九条的约定，不属于《物权法》第一百九十四条规定的“但其他担保人承诺仍然提供担保的除外”的情形。三威公司、大地公司亦有理由根据《物权法》第一百九十四条规定免除保证责任。

（四）债权人在债务人破产时未申报

《民法典担保司法解释》第二十四条规定：“债权人知道或者应当知道债务人破产，既未申报债权也未通知担保人，致使担保人不能预先行使追偿权的，担保人就该债权在破产程序中可能受偿的范围内免除担保责任，但是担保人因自身过错未行使追偿权的除外。”该条规定源于原《担保法司法解释》第四十五条。关于破产未申报债权的抗辩事由，实践中容易发生的争议是债权人未申报是否影响保证人预先行使追偿权，是否已经通知保证人。以下两个案例是对这两个争议点的分析。

吴某、山东益通安装有限公司第五分公司承揽合同纠纷案［（2016）粤民终1596号］

对于保证人吴某提出的益通公司的债权在破产程序中可能受偿的范围内免除保证责任的主张，佛山市中级人民法院一审认为，鉴于破产案件在处理过程中，由于债务人赛拉德公司账册资料的缺失，管理人无法得知存在本案债权，因此未及时通知债权人益通公司或保证人吴某申报债权；即使益通公司未及时在债权申报期内申报债权，益通公司也可依照《破产法》第五十六条的规定在破产财产最后分配前补充申报债权。因此，吴某要求在现阶段即免除其保证责任没有法律依据，其主张该院不予采纳。广东省高级人民法院二审认为，根据《破产法》第五十六条规定，在破产财产分配前，益通公司都可以向赛拉德公司破产管理人补充申报。同时，根据《破产法》第五十一条第二款规定，吴某作为案涉承包合同担保人，在益通公司尚未向赛拉德公司管理人申报债权的情况下，可直接向赛拉德公司管理人以将来求偿权申报债权。据此，综合佛山市南海赛拉德陶瓷机械有限公司重整计划草案中为本案益通公司对赛拉德公司的债权提存了55 866.57元等事实，目前并不存在因债权人未申报债权“致使保证人不能预先行使追偿权”的情形，吴某免除保证责任的主张缺乏依据，该院不予支持。

烟台华联发展集团股份有限公司与烟台市商业银行芝罘支行保证合同纠纷上诉案［（2000）鲁经终字第590号］

该案的一个焦点是，债权人（被上诉人）在债务人（新世界商厦）破产案件中是否通知过华联公司（保证人/上诉人）申报债权，债权人是否放弃主债权，保证人是否应承担责任？保证人认为债权人在债务人破产案件中放弃债权申报，并且未通知上诉人，是债权人放弃主债权的行为，保证人依法不应承担责任。该案的债务人新世界商厦于2000年7月7日被芝罘区人民法院宣告破产，2000年7月21日，芝罘支行向华联公司发出电报通知华联公司依法行使追偿权，2000年7月25日，烟台市电信局在用户查询时在去报通知单上证明“该电报于7月22日8点30分送妥，并有单位盖公章”。上诉人二审中提供证据证明该电报回执上盖的是“建设银行收发章”，非华联公司公章，否认收到上述电报。经法院调查，上诉人华联公司系租赁建设银行所属金都物业管理公司办公用房，在该楼办公用户收发邮件均委托金都物业管理公司管理，金都物业管理公司均使用“建设银行收发章”签收，金都物业管理公司与华联公司事实上已经形成代理关系，因此，送达给物业管理公司即应视为送达给上诉人华联公司。从另一个角度讲，如该电报未能送达，也应通过邮局退回发报人，上诉人也未能提供这方面的证据。因此，法院认定债权人已经履行了通知义务，上诉人华联公司据此要求免除保证责任的理由不能获得支持。

第五章　保证人的内部授权

对于公司保证人而言，在出具保证前完成公司内部授权至关重要。如果内部授权存在瑕疵可能会影响保证担保的效力。保证无效可以减轻保证人承担的责任，但这并不代表对保证人有利，反而可能因此造成交易的不安全。从受益人的角度来说，因保证人内部授权瑕疵导致保证效力出现问题，将严重影响受益人的利益，因此，受益人也需要特别关注保证人的内部授权。

保证人内部授权的重要性体现在我国《公司法》第十五条。该条前两款规定："公司向其他企业投资或者为他人提供担保，按照公司章程的规定，由董事会或者股东会决议；公司章程对投资或者担保的总额及单项投资或者担保的数额有限额规定的，不得超过规定的限额。公司为公司股东或者实际控制人提供担保的，应当经股东会决议。"在2024年7月1日《公司法》修订生效之前，该条款序号为第十六条。因此，下文引用的案例均为2024年7月1日《公司法》修订生效之前的案例，均采用"《公司法》第十六条"的表述。

尽管《公司法》的规定特别强调了公司内部授权的重要性，在实务中，由于各种原因，许多公司不能提供内部授权决议，而直接由法定代表人对外签署保证合同。对于此类保证合同是否可以对公司产生效力，理论界和司法实务界仍存在不同看法。本章就此展开重点讨论。

第一节　内部授权对合同效力的影响

一、理论学说

目前，法院对于公司未经董事会或股东会决议签署的担保合同的效力问题有两类主流观点，即内部限制说和代表权限制说。

（一）内部限制说

"内部限制说"认为，公司决议属于公司内部管理事务，公司章程属于公司内部组织规范，不具有对世效力①。内部限制说的支持者通常以《民法典》第六十一条第二款的规定为依据，该条规定“法定代表人以法人名义从事的民事活动，其法律后果由法人承受”（与此前的《民法总则》规定一致）。据此，内部限制说的支持者认为公司法定代表人对外签订担保合同的行为的法律后果也应由法人承受。

《民法典》第一百五十三条第一款规定：“违反法律、行政法规的强制性规定的民事法律行为无效。但是，该强制性规定不导致该民事法律行为无效的除外。”该条规定源自原《合同法》第五十二条第（五）项。原《合同法司法解释（二）》进一步规定，《合同法》第五十二条第（五）项“强制性规定”仅指效力性强制性规定。据此，内部限制说的支持者认为《公司法》第十五条并非效力性强制性规定，而是管理性强制性规定，是公司内部的管理性规范。因此，不能因公司对外担保行为未经决议而认为公司签署的对外担保合同无效。

（二）代表权限制说

“代表权限制说”认为，公司未经决议对外担保本质上是法定代表人或公司员工越权代表（代理）公司对外担保的行为，其是否有效可以适用表见代表、无权代理和表见代理的规定，如无法构成表见代表或表见代理，且公司未进行追认，则因此签订的担保合同不对公司产生效力。②

具体而言，代表权限制说认为，相对人应对公司决议等进行必要的形式审查，如未进行审查，则无法构成善意相对人，也就无法构成表见代理或表见代表，因此签订的担保合同也就对公司不发生效力。

最高人民法院民二庭第7次法官会议采纳了代表权限制说的观点③。代表权限制说也是最高人民法院办公厅于2018年发布的《最高人民法院关于公司对外担保纠纷案件适用法律问题的解释（2018讨论稿）》所持的观点。此外，

---

① 内部限制说也可细分为两类观点，即内部关系说和规范性质识别说。详见贺小荣主编：《最高人民法院民事审判第二庭法官会议纪要——追寻裁判背后的法理》，人民法院出版社2018年版，第190—191页。最高人民法院周伦军法官又将这两类观点分别称为“内部限制说”和“规范性识别说”，并对两类观点的来源进行了梳理。参见周伦军：《公司对外提供担保的合同效力判断规则》，载《法律适用》2014年第8期。

② 参见贺小荣：《最高人民法院民事审判第二庭法官会议纪要——追寻裁判背后的法理》，人民法院出版社2018年版，第193页。

③ 参见贺小荣：《最高人民法院民事审判第二庭法官会议纪要——追寻裁判背后的法理》，人民法院出版社2018年版，第193页。

2019年，最高法法官刘贵祥在全国法院民商事审判工作会议上的讲话也支持代表权限制说，可以代表最高法在未经决议对外提供担保行为效力认定方面的观点趋势。《民法典担保司法解释》第七条采纳了这一意见，公司的法定代表人违反《公司法》关于公司对外担保决议程序的规定，超越权限代表公司与相对人订立担保合同，相对人善意的，担保合同对公司发生效力；相对人非善意的，担保合同对公司不发生效力。善意，是指“相对人在订立担保合同时不知道且不应当知道法定代表人超越权限。相对人有证据证明已对公司决议进行了合理审查，人民法院应当认定其构成善意，但是公司有证据证明相对人知道或者应当知道决议系伪造、变造的除外”。

二、内部决议不影响合同效力的理由

公开途径可找到的最高法2014年之后的案例中，认定公司未经决议提供担保的行为有效的案例不在少数。在这些案例中，最高法认定担保行为/担保合同有效的原因又可细分为三类。

（一）完全采纳内部限制说

在一些案件中，当事人向法院提出未经公司决议签署的担保合同违反了《公司法》第十六条（现为第十五条）的规定，从而应被认为无效，但法院通常认为《公司法》第十六条为管理性强制性规范，违反该条款并不影响担保合同的效力，如果保证合同上有法定代表人签字或公司盖章，即可确认担保人承担担保责任。以下几个案例对此有详细讨论。

陈某等与杨某凤等民间借贷纠纷案［（2016）最高法民再24号］

2013年5月13日，陈某给杨某凤出具“欠据”，内容包括确认陈某尚欠杨某凤借款本金人民币800万元整未偿还，承诺保证在2013年8月30日前将欠款本金全部还清。欠据上的担保人为沈阳金盾公司，盖有金盾公司公章以及法人名章。欠据载明的还款日到期后，陈某未偿还相关款项。杨某凤向沈阳中院提起诉讼，要求陈某立即返还杨某凤人民币800万元及利息，并要求金盾公司对陈某偿还款项承担连带责任。就杨某凤要求金盾公司对陈某的还款责任承担连带担保责任，金盾公司一审答辩称金盾公司在相关欠条上加盖公司公章和法人名章不是公司行为，而是陈某个人行为，公司对此事不知情，不应承担责任。一审法院认为，金盾公司在欠据担保人处盖章，足以表明其愿意对本案涉及欠款的偿还承担担保义务。因此，金盾公司应与陈某承担偿还借款本金及利息的连带责任。

金盾公司向辽宁高院上诉称：陈某是金盾公司股东，未经授权无权代为行使金盾公司的行为。一审判决判令金盾公司承担连带偿还责任，违反《公司法》第十六条关于担保的强制性规定。辽宁高院认为，金盾公司在担保人处加盖公章及法定代表人名章，因此，金盾公司应据此承担相应的担保责任。

金盾公司不服辽宁高院的判决，向最高人民法院申请再审，再次称陈某未经授权无权擅自代表金盾公司对外进行担保，请求判令金盾公司承担保证责任违反《公司法》第十六条的规定。最高法再审认为，《公司法》第十六条第二款的规定在于“限制公司主体行为，防止公司的实际控制人或者高级管理人员损害公司、小股东或其他债权人的利益，其实质属于公司内部管理、控制程序方面之规范，即为管理性强制性规范，不能以此约束交易相对人，亦不应将其作为认定合同无效的依据，否则将危害交易安全，有违诚信及公平”。本案中，金盾公司在欠据担保人处加盖了公司印章和法定代表人的私章，该行为属于公司为股东提供担保的情形，该行为即使未经股东会决议，亦不应被认定无效，金盾公司仍应承担保证责任。

在本案中，三级法院均认为金盾公司应承担保证责任。一、二审法院认为金盾公司应承担保证责任的原因均为金盾公司在欠条担保人处加盖公章和法定代表人名章，因此具有提供担保的意愿。在向最高法申请再审时，金盾公司提出原审法院的判决违反《公司法》第十六条的规定，对此，最高人民法院作出回应，认为该规定只是内部管理规范，不能以此约束交易相对人，金盾公司仍应承担保证责任。

薛某盟与山东兴康医疗器械有限公司、陈某旺等民间借贷纠纷案［（2016）最高法民再194号］

2013年10月7日，一审原告薛某盟与一审被告陈某旺签订借款担保合同，约定由陈某旺向薛某盟借款人民币1372万元整。2013年11月13日，一审被告山东兴康公司向薛某盟出具公司不可撤销的担保函，担保函中载明兴康公司自愿为前述借款担保合同中陈某旺向薛某盟的借款提供连带责任担保。担保函的担保人处加盖兴康公司的印章及时任法定代表人刘某的名章。

兴康公司认为担保函中兴康公司印章并非在公安机关备案的公章，因此主张担保函无效。一审法院认为，兴康公司在国家机关部门办理相关业务时亦使用该等未备案公章，显示其认可该等公章。因担保函加盖了兴康公司的公章，公章所产生的民事法律行为均应代表兴康公司。担保函中加盖兴康公司的公章和时任法定代表人的名章，符合本身规定的生效条件，因而，一审法院支持薛某盟要求兴康公司承担连带担保责任的主张。

兴康公司不服一审判决，向山东高院提出上诉。兴康公司认为，其对薛某盟与陈某旺之间的借贷关系毫不知情，从未向薛某盟出具公司不可撤销的担保函，也未向其作出过提供担保的意思表示，陈某旺私刻兴康公司的公章并冒用其名义向被上诉人出具担保函。山东高院认为，陈某旺在向有关政府部门提交文件及与案外人进行交易时均使用过其私刻的兴康公司印章，兴康公司和其时任法定代表人均未提出异议，因此，债权人有理由相信兴康公司的担保行为是真实有效的。此外，兴康公司提交的公司资料和法定代表人身份证件均加盖公司公章，可以认为债权人薛某盟已经尽到合理注意义务。山东高院认为兴康公司的上诉理由并不成立。

兴康公司不服山东高院的判决，向最高人民法院申请再审。兴康公司认为，根据《公司法》第十六条的规定，公司对外提供担保应根据公司章程的规定由董事会或者股东会、股东大会作出决议，未经董事会、股东会、股东大会决议，不能提供担保。本案担保函中加盖公章和名章的行为是陈某旺安排对方的人办理，该担保行为未经过兴康公司内部管理机构的决议，不发生担保效力。因此兴康公司不应承担担保责任。

最高法再审认为，《公司法》第十六条第一款的规定是规范公司治理的管理性规范，在公司内部对股东、董事、监事及高级管理人员具有普遍约束力，但对外并不发生影响合同效力的法律约束力。债权人对公司担保是否经决议机关决议或是否经股东同意不负审查义务。最高人民法院最后未支持兴康公司的主张。

本案中，一审和二审判决兴康公司承担保证责任的理由是担保函中加盖公章和法定代表人名章。与前述陈某等与杨某凤等民间借贷纠纷案中一样，兴康公司申请再审时同样以《公司法》第十六条为依据。由于本案涉及的是公司为其股东或实际控制人之外的人提供担保，因此需要法院对《公司法》第十六条第一款规定的性质进行认定。最高法在本案中认为，《公司法》第十六条第一款的规定是内部管理性规范，不具备对外效力①，与前案中最高法对

---

① 类似裁定还有最高人民法院（2017）最高法民申370号民事裁定书。

《公司法》第十六条第二款的性质认定一致。此外，最高法在本案中进一步指出，债权人对于公司担保是否经过决议或是否经过股东同意不负审查义务。

（二）表见代表/表见代理

在一些案例中，法院通常认可《公司法》第十六条并非管理性强制性规定，因此不能因为违反《公司法》第十六条规定而认为公司对外担保行为无效。但除此之外，法院还进一步分析了该等对外担保行为是否构成表见代表或表见代理，从而可以主张公司的担保责任。请见以下几个案例的分析讨论。

招商银行股份有限公司大远东港支行与大连振邦氟涂料股份有限公司、大连振邦集团有限公司借款合同纠纷案［最高人民法院（2012）民提字第156号］

2006年4月30日，招商银行股份有限公司大连东港支行（以下简称招行）与大连振邦集团签订借款合同，约定借款金额为1496.5万元人民币，借款期限自2006年4月30日至2006年6月30日。2006年6月8日，大连振邦氟涂料股份有限公司（以下简称振邦股份）出具了不可撤销担保书，承诺对上述贷款承担连带保证责任。振邦股份还与招行签订抵押合同，抵押相关国有土地使用权和房产所有权，作为贷款的抵押担保。贷款到期后，振邦集团未能偿还借款本息。振邦股份也没有履行担保义务。振邦股份有包括振邦集团在内的8个股东。其中一名股东曾在2003年5月23日更名。振邦股份提供给招行一份股东会担保决议，该决议未经振邦股份股东会同意，且振邦股份未就此事召开过股东大会。

一审法院认为，振邦股份提供给招行的决议有诸多瑕疵，例如其中盖有名称为“辽宁科技创业投资责任公司”的印章，而按《公司法》规定不可能存在“责任公司”这种名称；振邦股份的股东之一大连科技风险投资基金有限公司，早在2003年就已经将名称由“大连科技风险投资有限公司”变更为现名称“大连科技风险投资基金有限公司”，而股东会担保决议上所盖的名为“大连科技风险投资有限公司”的印章系作废旧印章；振邦集团作为被担保人是振邦股份的股东，并不应出现在股东会决议中，但决议上却盖有振邦集团的印章。决议的诸多瑕疵是招行知道或应当知道的，因此，招行对于法定代表人越权订立担保合同也是知道或应当知道的。据此，担保合同无效。决议上的四位股东印章为假章，振邦股份存在过错，招行未尽审查义务也存在过错，据此，振邦股份应当对振邦集团不能清偿部分的债务承担二分之一的赔偿责任。

招行不服一审判决，向辽宁省高院提起上诉。辽宁高院认为，依据《公司法》第十六条第二款、第三款的规定，债权人招行应对借款人提供的借款抵押合同及《股东会担保决议》等相关资料的真实性从程序上、形式上进行审查。决议上5枚印章均无效，决议事项未经股东会同意，担保合同无效。招行未尽审查义务，有过错。辽宁高院据此支持一审判决。

招行不服辽宁高院的上述判决，向最高法申请再审。最高法认为，关于合同效力问题，法律及相关司法解释均已明确了将违反法律或行政法规中效力性强制性规范作为合同效力的认定标准之一。《公司法》第一条和第十六条第二款的规定已然明确了其立法本意在于限制公司主体行为，防止公司的实际控制人或者高级管理人员损害公司、小股东或其他债权人的利益，故其实质是内部控制程序，不能以此约束交易相对人。因此，《公司法》第十六条第二款应理解为管理性强制性规范，违反该规定原则上不宜认定合同无效。并且，作为效力性规范认定将会降低交易效率和损害交易安全。

最高法进一步认为，招行已尽合理审查义务，主观上构成善意，保证人构成表见代表，理由如下：

（1）招行在接受担保人担保行为过程中的审查义务已经完成，其有理由相信作为担保公司法定代表人的周某良本人代表行为的真实性，因为：振邦股份提供给招行的股东会决议上的签字及印章与其作出担保行为当时提供给招行的签字及印章样本一致；振邦股份向招行提供担保时使用的公司印章真实，亦有其法人代表真实签名；案涉抵押担保在经过行政机关审查后也已办理了登记。

（2）就本案中招行作为债权人是否需要审查出决议存在的瑕疵问题，最高法指出："决议中存在的相关瑕疵必须经过鉴定机关的鉴定方能识别，必须经过查询公司工商登记才能知晓、必须谙熟公司法相关规范才能避免因担保公司内部管理不善导致的风险，如若将此全部归属于担保债权人的审查义务范围，未免过于严苛，亦有违合同法、担保法等保护交易安全的立法初衷。担保债权人基于对担保人法定代表人身份、公司法人印章真实性的信赖，基于担保人提供的股东会担保决议盖有担保人公司真实印章的事实，完全有理由相信该股东会担保决议的真实性，无须也不可能进一步鉴别担保人提供的股东会担保决议的真伪。"

本案入选《中华人民共和国最高人民法院公报》2015 年第 2 期（总第 220 期），是最高法关于公司未经决议提供担保问题的较早案例。本案中关于《公司法》第十六条性质的论述较为经典，后续多个案例均曾引用[①]。虽然认定《公司法》第十六条是管理性强制性规范，但法院也未直接因此而认定公司未经决议提供的担保行为有效，而是依据代表权限制说，分析代表公司签署担保合同的法定代表人是否可以构成表见代表。但是，本案中最高法认为相对人应尽的审查义务较为简单，即决议上的签字和印章与振邦股份提供给银行的样本一致，且提供担保时使用的印章和签名真实，抵押担保也经登记就可证明相对人已尽审查义务。关于决议的瑕疵问题即决议印章的真伪，最高法认为相对人没有能力进行审查。但值得注意的是，本案中印章的瑕疵并非普通人不能发现的问题，例如像公司名称的错误（有一个印章名称带有"责任公司"），以及其中一名股东的公司名称变更（而所盖印章显示的还是原来的名称），均可通过公开网络途径如国家企业信用信息公示系统查询知晓。相比本案判决作出的 2014 年，当前通过公开途径查询公司信息已经较为便利，相对人未能发现此类瑕疵是否还可认定为善意，似可探讨。

游某琼与福建省万翔房地产开发有限公司、翁某金等民间借贷纠纷案［（2016）最高法民申 733 号］

2009 年 8 月至 2010 年 2 月，翁某金陆续向游某琼借款人民币 245 万元。2014 年下半年，翁某金因资金周转困难，无法按时归还上述借款，又无法按照对方要求找到公司担保，便私自伪造了一枚"福建省万翔房地产开发有限公司"的印章，并在向游某琼出具的上述借款相关的借条、协议书、借款担保协议上盖此印章，作为担保使用。翁某金在使用该印章时是福建省万翔房地产开发有限公司（以下简称万翔公司）的董事长，但并非法定代表人。后因翁某金未按时还款，游某琼向法院起诉要求翁某金还款并要求万翔公司承担保证责任。一审支持了游某琼的主张，万翔公司不服一审判决提起上诉，但被二审法院驳回。万翔公司因此向最高法申请再审。

最高法认为，万翔公司是否应当承担保证责任须判断翁某金的行为是否符合《合同法》第四十九条关于表见代理的规定。根据《合同法》第四十九条的规定，构成表见代理必须符合两个条件：一是代理人表现出了其具有代

---

① 参见最高人民法院（2018）最高法民申 4686 号民事裁定书、（2016）最高法民申字 1006 号民事裁定书、（2016）最高法民再 24 号民事判决书等。

理权的外观；二是相对人相信其具有代理权且善意无过失，最高法认为翁某金的行为已经构成表见代理，万翔公司应承担担保责任，因为：

（1）虽然在作出对外担保行为时，翁某金并非万翔公司法定代表人而是董事长，但实践中董事长担任法定代表人是普遍现象，且董事长相较于其他管理人员享有更大权力，对外实施行为更能引起相对人的合理信赖。

（2）翁某金是万翔公司股东，签订担保合同时持有万翔公司公章，虽然该公章已被刑事判决认定为其私刻，但结合翁某金的职务和身份等权利外观，足以让相对人产生合理信赖，让相对人负有对公章的真实性进行实质审查的义务，对相对人过于严苛，不利于保护交易安全。

此外，最高法认为本案中的对外担保行为有效，因为：《公司法》第十六条第二款规定并非效力性强制性规定，违反该规定不必然导致合同无效；有限责任公司通常股东人数少，管理层与股东并未实质性分离，股东对公司重大事项仍有一定影响力，且有限责任公司等闭合性公司并不涉及众多股民利益保护、证券市场秩序等公共利益问题，违反上述规定并不会导致公共利益受损。

本案中，最高法采纳代表权说，提出了构成表见代理的两个要件，并据此判定时任董事长的行为构成了表见代理，因而，公司需要对时任董事长以其名义作出的担保行为承担责任。法院在本案中对表见代理构成要素的分析较为笼统，笔者将在后文分析最高法的另一个案例，其中对表见代理的构成要素有更为详细的分析①。

（三）股东会或董事会实质性同意

在某些情况下，公司对外担保行为虽然没有经过公司股东会或董事会决议批准，但如果可以证明该等对外担保行为实际经股东会/董事会同意或授权，法院也会支持该等对外担保行为有效。例如以下案例。

河北华安生物医药股份有限公司、以岭医药科技有限公司新增资本认购纠纷、买卖合同纠纷案［（2018）最高法民申5504号］

2014年12月30日，以岭公司与华安公司签订投资协议，约定以岭公司向华安公司增资10 000万元认购公司新增注册资本1100万元，占新增注册资

---

① 请见第二节中的江西宏安房地产开发有限责任公司、南昌县兆丰小额贷款股份有限公司企业借贷纠纷案。

本后的华安公司10%股权。同日，以岭公司与华安公司、井某敏、南某茹就投资有关事项又签订补充协议，约定如华安公司的利润未达到一定标准，以岭公司有权要求井某敏、南某茹回购以岭公司所持华安公司的全部股权，华安公司为井某敏、南某茹的回购义务承担连带保证责任。后因华安公司的利润未达到补充协议约定的标准，以岭公司于2016年12月19日向华安公司、井某敏、南某茹送达了律师函，该函要求三方依照补充协议的约定回购以岭公司的股权并支付回购款，井某敏、南某茹书面复函确认华安公司因山东疫苗事件遭受极大的损失，希望以岭公司可以体谅华安公司的困难，延长回购款项支付时间。以岭公司向一审法院请求判令华安公司对井某敏、南某茹应付款项承担连带责任。

一审法院认为，补充协议约定了华安公司对井某敏、南某茹的回购义务承担连带担保责任，且华安公司、南某茹均在补充协议上签字。井某敏虽未签字，但其为华安公司的法定代表人，且在后续曾在对以岭公司的复函中签字，应认为其明知并认可补充协议的约定。同时，井某敏和南某茹是华安公司的全部股东，二人的决定即为全体股东的决定，因此，华安公司承担保证责任不违反《公司法》第十六条第二款的规定。

华安公司、井某敏和南某茹不服一审判决，向河北高院提起上诉。河北高院认为华安公司提供担保不会损害公司利益，同时该公司只有井某敏和南某茹两名股东，为两名股东提供担保也不会存在损害其他股东利益的情况。河北高院未支持上诉人对公司为股东提供担保的约定应无效的主张。

华安公司不服二审判决，向最高法提起再审。最高法认为，补充协议约定了华安公司为井某敏、南某茹的回购义务承担担保责任，华安公司和南某茹在补充协议上签字确认，井某敏虽未签字，但其为华安公司的法定代表人，对华安公司的决策应当明知，在之后办理股权变更手续时以及给以岭公司的复函中均未表示异议，原审判决认定补充协议系井某敏真实意思表示，并无不当。华安公司虽未就为股东提供担保事宜形成股东会决议，但井某敏、南某茹系公司全部股东及实际控制人，二人的决定即为全体股东决议。因此，华安公司为井某敏、南某茹提供担保并最终承担保证责任，不违反《公司法》第十六条的规定。

本案中，公司提供对外担保虽未经股东会同意，但是由于案件证据足以表明公司股东均同意公司为股东回购义务提供担保，实际上符合《公司法》

第十六条第二款的规定，法院最终认为公司仍应承担保证责任。

和昌（福建）房地产开发有限公司、泉州台商投资区永亨小额贷款有限公司借款合同纠纷案［（2018）最高法民申314号］

2012年11月14日，陈某育作为借款人与永亨小贷公司签订了人民币额度借款合同，约定陈某育可向永亨小贷公司申请的最高借款额度为500万元，有效使用期自2012年11月14日至2013年11月13日止。该人民币额度借款合同的签章部分"保证人：和昌（福建）房地产开发有限公司"（以下简称和昌公司）处加盖了和昌公司的公章，潘某民在该"法定代表人"处签字捺印。同日，为担保陈某育债务的履行，永亨小贷公司与和昌公司、潘某民、何某民签订最高额保证合同。和昌公司是外商独资企业，其于2011年8月12日将公司法定代表人林某变更登记为潘某民，于2014年8月29日将法定代表人潘某民变更登记为吴某冰。本案人民币额度借款合同、最高额保证合同上加盖的"和昌（福建）房地产开发有限公司"的印章印文与和昌公司工商年检材料上的公司印章印文不是出自同一枚，与中国银行泉州分行和中国建设银行泉州分行的银行印鉴卡上预留的"和昌公司"的印章印文出自同一枚。因陈某育未按期还款，永亨小贷公司提起诉讼。

一审法院认为不能因为人民币额度借款合同、最高额保证合同上盖章印文与工商年检材料公司印章印文不一致而认定和昌公司在人民币额度借款合同、最高额保证合同的印章是不真实的。潘某民签字及加盖和昌公司公章对外产生相应公示效力，应认定和昌公司在本案中有担保的意思表示，应承担担保责任。《公司法》第十六条第一款不属于效力性强制性规定，公司是否对担保作出决议不影响对外担保法律效力。和昌公司不服一审判决，向福建省高院提起上诉。福建省高院未支持和昌公司的主张。和昌公司向最高法提起了再审。

最高法再审认为，《公司法》第十六条第一款的规定旨在确保"相关担保行为符合公司的意思，不损害公司、股东的利益"。"虽然和昌公司的章程规定为他人提供担保须经董事会决议，但考虑到案涉借款、担保行为发生之时，和昌公司的董事均由潘某民委派这一事实，可以认定和昌公司股东实际赋予了潘某民就公司经营中的所有事项作出决定的权力。故和昌公司关于案涉担保行为未经董事会决议、系潘某民越权私刻公章实施的申请理由，事实依据并不充分，本院不予支持。"

本案中，虽然公司法定代表人对外担保未经章程规定的董事会决议，但由于该公司董事实际由法定代表人委派，因此，法院认为股东实际上赋予了法定代表人就公司经营所有事项（包括为他人提供担保）作出决定的权力。

三、内部决议影响担保合同效力的情况

认定担保行为/担保合同无效与认定其不对公司发生效力在结果上有一定差别。如果认定为无效，公司存在过错，法院仍有可能判决公司承担赔偿责任，但如认定为对公司不发生效力，则公司无须再承担担保责任。

在部分案例中，法院直接认定法定代表人、公司员工在未经决议的情况下作出的担保行为、签署的担保合同无效。但在其他案例特别是在判定不构成表见代表、表见代理时，法院更多地认定相关担保行为或担保合同不对公司发生效力。

（一）无内部授权导致保证合同无效

大连科技学院、大连华通凯路实业有限公司金融借款合同纠纷案［（2018）最高法民终36号］

2014年4月25日，中国工商银行股份有限公司大连星海支行（以下简称工行）与大连科技学院签订了一份固定资产借款合同，合同约定借款金额为4亿元，借款期限为6年。2014年4月28日，工行与大连华通凯路公司签订保证合同，该份合同的乙方盖章处盖有“华通凯路公司”的印章，并有高某的签名。经鉴定，保证合同乙方盖章处的“华通凯路公司”公章印文与样本上的“华通凯路公司”公章印文不是同一枚。工行主张华通凯路公司应承担担保责任。

一审法院认为，高某是华通凯路公司的实际控制人，虽然保证合同上印章与样本公章印文出自不同印章，但华通凯路公司并未否认该保证合同上高某的签名，因此，高某代表华通凯路公司与工行签订的保证合同系华通凯路公司的真实意思表示，合法有效，华通凯路公司应承担相应的保证责任。华通凯路公司不服一审判决，向最高法提起上诉。

最高法二审认为，担保行为应否归属于华通凯路公司，应从高某是否有权代表华通凯路公司、工行签约时是否有理由相信高某有代表权等方面予以分析认定。根据一审查明的事实，2014年4月28日，高某以华通凯路公司的名义签订案涉保证合同时，其已不是公司的法定代表人（公司法定代表人和

股东已经发生变更)，对外不具有代表华通凯路公司的身份。高某在签订案涉保证合同时未向工行星海支行出具华通凯路公司的企业法人营业执照、法定代表人授权委托书、华通凯路公司同意担保的股东会决议等证明高某有对外担保签约权的文件，缺乏使合同相对人有理由相信高某有代表权或代理权的权利外观。因此，高某以华通凯路公司的名义签订案涉保证合同的行为，不符合表见代表或表见代理的特征，进而认定保证合同为无效合同，华通凯路公司不对大连科技学院的借款承担连带保证责任。最高法进一步认为，华通凯路公司对保证合同无效不存在过错，而债权人工行对此存在过错，故华通凯路公司也不应对保证合同的无效向工行承担赔偿责任。

罗某华、南昌绿地申人置业有限公司民间借贷纠纷案［（2018）最高法民申 5596 号］

2013 年 1 月 31 日以及 2013 年 11 月 8 日杨某分别向罗某华借款 2300 万元，针对以上借款，南昌绿地公司与罗某华、杨某签署借款协议，约定为签署借款提供连带责任担保。2014 年 8 月 19 日，杨某向罗某华出具借条，确认累计借款 2300 万元整，并明确尚欠款项、利息和还款日以及逾期不还的利息。同日，绿地公司出具盖章承诺函，同意对上述借条内容不持异议并继续为杨某所欠债务提供连带责任担保。罗某华向法院起诉要求杨某偿还欠款，同时要求绿地公司承担连带责任。绿地公司抗辩相关协议未经公司法人代表签字认可和股东会决议认可，有关借款协议及材料对绿地公司不具备法律效力。一审法院认为，绿地公司未提供证据证明其存在不承担担保责任的情形，绿地公司应按合同约定承担连带清偿责任。

绿地公司不服一审判决，向江西省高级人民法院提起上诉。江西省高院认为，杨某并非绿地公司的股东，也非《公司法》所指的实际控制人，只是绿地公司聘用的经理即其高级管理人员。按照绿地公司章程规定，杨某作为公司经理，其无权以公司名义对外提供担保。其签署案涉借款合同，以绿地公司名义为自己向罗某华借款提供担保，也未经股东会议或董事会同意，确实违反了公司章程和 2005 年《公司法》第一百四十九条的规定。根据《担保法司法解释》第四条，绿地公司为杨某向罗某华借款提供担保应确认无效。杨某作为绿地公司的公司经理信息经工商登记部门登记，该信息对外具有公示性，罗某华应当知道杨某系绿地公司的高级管理人员，且未要求绿地公司提供股东会或者董事会决议，故对案涉借款担保合同无效也存在过错，根据

《担保法司法解释》第七条的规定，绿地公司应对杨某不能偿还罗某华借款本金及利息、逾期违约金的部分，在50%范围内承担赔偿责任。

罗某华不服二审判决，向最高法提起再审。最高法认为，本案所涉借款合同未经绿地公司法定代表人签字，也未经公司股东会或董事会决议，而是仅以在罗某华、杨某签订的借款合同、借款协议书上加盖公司印章的方式为杨某个人债务提供担保，明显不当。罗某华对绿地公司所提供担保未尽合理审查义务，具有过错。二审判决适用2005年《公司法》第一百四十九条、《担保法司法解释》第四条的规定虽有瑕疵，但在判令绿地公司所提供担保无效的同时由绿地公司对于杨某不能偿还的部分在50%范围内承担赔偿责任，裁判结果并无不当。因此维持二审判决。

（二）保证合同不对公司发生效力

山东中通科技发展有限公司、浙商煤炭贸易有限公司保证合同纠纷案［（2017）最高法民终892号］

2010年12月5日，浙商公司与济南国铁签署煤炭供销合作协议，双方约定开展煤炭供销长期合作，约定浙商公司每月以预付款方式保证资金，在济南国铁未与浙商公司交割之前的资金安全由山东中通公司为济南国铁提供担保，协议有效期2年，自2010年12月5日至2012年12月4日止。2010年12月10日，李某坤（山东中通公司小股东、法定代表人）、山东中通公司向浙商公司出具担保函，承诺就济南国铁与浙商公司自2010年10月21日起2年内所签订的系列合同、协议以及所有业务向浙商公司提供担保，承担不可撤销的连带保证责任。

一审法院认为，李某坤加盖中通公司印章是否违反山东中通公司的公司章程或印章管理制度，由于该等章程和制度系山东中通公司的内部规定，在没有证据证明浙商公司知道或应当知道上述规定的情形下，李某坤是否违反上述规定不影响本案担保合同的效力。一审法院据此判决李某坤、山东中通公司对济南国铁应返还的款项承担连带清偿责任。

山东中通公司和李某坤不服一审判决，向最高法提起上诉。最高法认为，就本案中的担保合同是否有效问题，依据《公司法》第十六条第一款以及《担保法司法解释》第十一条，只有合同相对人是善意，即“不知道或不应当知道”行为人无权设定担保的情况下，该代表行为才有效，担保行为对公司发生法律效力。根据与本案相关的刑事判决认定的事实，王某团作为浙商公司总经理，对于本案所涉担保中山东中通公司印章系伪造、提供担保并非中通公司真实意思表示的事实十分清楚。而且主要涉案材料均是按照王某团的意志所形成，王某团在其中起主导作用，其行为目的难谓善意。因此，由于浙商公司总经理王某团明知李某坤无权代表中通公司提供担保，甚至在王某团主导设计山东中通公司提供担保的情况下，浙商公司不属于法定代表人越权担保中的善意相对人，李某坤的越权担保行为对山东中通公司而言不发生法律效力。

本案中，最高法的审判依据包括《担保法司法解释》第十一条，该条规定与《合同法》第五十条关于表见代表的规定基本一致。最高法否认本案中法定代表人代表公司提供的担保行为可以构成表见代表。但是根据以上规定，在表见代表不成立的情况下，不能得出越权担保无效的结论。此时，最高法认为应类推适用《合同法》第四十八条的规定，在公司不予追认的情况下，依据《民法总则》第一百七十一条的规定，担保合同不对公司发生效力[①]。本案也反映了前述观点。

四、总结

基于上述一些关于公司未经内部决议对外提供担保行为的案例的分析，可以总结出法院在认定该等担保的效力时通常采用如下标准。

1. 是否盖有公司公章，法定代表人是否签名或签章

在部分案例特别是早期案例中，法院会依据公司是否在合同上盖章，以及法定代表人是否签名来判断公司对外担保行为是否体现其担保意愿，如果两者皆具备，则有可能会据此认定公司有提供担保的意愿，进而认定公司需承担担保责任。例如，前述陈某等与杨某凤等民间借贷纠纷案以及薛某盟与山东兴康医疗器械有限公司、陈某旺等民间借贷纠纷案。此外，即使合同上加盖的公章很多时候不是公安批准制备的公章，如果在其他场合公司曾使用过该等印章，法院可能会推定公司对该等印章的认可。例如，前述薛某盟与山东兴康医疗器械有限公司、陈某旺等民间借贷纠纷案中的一审和二审法院，以及第二节中江西宏安房地产开发有限责任公司、南昌县兆丰小额贷款股份有限公司企业借贷纠纷案中的一审和二审法院。

① 参见贺小荣主编：《最高人民法院民事审判第二庭法官会议纪要——追寻裁判背后的法理》，人民法院出版社 2018 年版，第 201 页。

虽然大部分案例中法院不会单纯以合同上有公司公章以及法定代表人签字即认为公司应承担保证责任，而是会通过其他一系列因素综合认定，但即使是采纳代表权限制说的案例，在判定表见代表或表见代理时，合同上是否有公司公章及法定代表人签字也是一些法院的考量因素之一。例如，前述招商银行股份有限公司大远东港支行与大连振邦氟涂料股份有限公司、大连振邦集团有限公司借款合同纠纷案以及第二节中的亿达信煤焦化能源有限公司、刘某小额借款合同纠纷、民间借贷纠纷案。

2. 担保行为是否实际体现股东的意愿

在一些案例中，法院提及了《公司法》第十六条的立法目的。例如，招商银行股份有限公司大远东港支行与大连振邦氟涂料股份有限公司、大连振邦集团有限公司借款合同纠纷案中，法院认为《公司法》第十六条的立法本意是“限制公司主体行为，防止公司的实际控制人或者高级管理人员损害公司、小股东或其他债权人的利益”。江西宏安房地产开发有限责任公司、南昌县兆丰小额贷款股份有限公司企业借贷纠纷案中，法院认为《公司法》第十六条旨在“以决议前置方式限制法定代表人担保权限的立法安排，旨在确保担保行为符合公司意思，不损害公司、股东利益”。以上观点均肯定了《公司法》第十六条本质上是为保护公司、股东的利益不受损害。对于一般的公司来说，对外提供担保并非其常规经营行为，原则上应由公司所有者来决定，以保护股东和公司的利益。①

既然公司的对外担保行为本质上应由股东决定（在为股东提供担保的情况下则由其他股东决定），那么如果相关因素可以证明股东提供担保的意愿，则应该认定担保行为有效。合同上是否有公司公章、法定代表人是否签字，乃至公司是否出具决议均只是形式上的条件，这些条件的存在在某种程度上可以佐证股东有提供担保的意愿，但没有这些条件，也不意味着股东没有提供担保的意愿。

例如，在前述河北华安生物医药股份有限公司、以岭医药科技有限公司新增资本认购纠纷、买卖合同纠纷案以及和昌（福建）房地产开发有限公司、泉州台商投资区永亨小额贷款有限公司借款合同纠纷案中，均无决议，但是

---

① 对于该等观点有进一步的论述，可参见曹士兵：《中国担保制度与担保方法》（第 4 版），中国法制出版社 2017 年版，第 88 页。该书还提及，“即便通过公司章程的规定由公司董事会行使一般担保的决策权，本质上也是公司所有者对公司经营者的特别授权”。

法院都认定提供担保的行为符合股东意愿，从而认定公司应承担担保责任，体现了实质重于形式的原则。

3. 是否构成表见代表/表见代理

在可以确定公司对外担保行为不符合股东意愿时，应考虑行为人的越权担保行为是否构成表见代表或表见代理，如构成，公司也应该承担担保责任。对于表见代表和表见代理的构成条件，请参见下文第二节的分析。

第二节　表见代表和表见代理的认定

如前所述，对于公司未经决议作出对外担保的行为，法院可能会考量是否构成表见代表或表见代理，如构成，公司须承担相应的担保责任。

一、表见代表的认定

《民法典》继承了原《合同法》第五十条确立的表见代表规则，《民法典》第六十一条第二、三款规定："法定代表人以法人名义从事的民事活动，其法律后果由法人承受。法人章程或者法人权力机构对法定代表人代表权的限制，不得对抗善意相对人。"第五百零四条规定："法人的法定代表人或者非法人组织的负责人超越权限订立的合同，除相对人知道或者应当知道其超越权限外，该代表行为有效，订立的合同对法人或者非法人组织发生效力。"

一般认为，表见代表的构成要件具有信赖外观的客观存在、第三人必须是善意且无过失。[①] 也有认为表见代表的构成要件包括外观存在、外观赋予和外观依赖，并认为表见代表的构成与表见代理的构成法理基本一致。[②] 实践中，最高法案例中对于表见代表的构成要件有具体的分析。

（一）构成表见代表的情形

在认定构成表见代表的案例中，较为典型的有前文介绍的"招商银行股份有限公司大远东港支行与大连振邦氟涂料股份有限公司、大连振邦集团有限公司借款合同纠纷案"。该案中，最高法认为振邦股份公司的法定代表人超

---

① 参见李建华、徐中缘：《表见代表及其适用——兼评〈合同法〉第 50 条》，载《法律科学》2000 年第 6 期，第 80—81 页。

② 参见许明月：《企业法人目的范围外行为研究》，载梁慧星主编：《民商法论丛》第 6 卷，法律出版社 1997 年版。

越权限订立担保合同的行为构成表见代表，主要理由是债权人招行在接受作为非上市公司的振邦股份为其股东提供担保过程中，已尽到合理的审查义务，主观上构成善意，之所以认为招行构成善意，最高法从正反两方面进行了论述。从正面来说：（1）振邦股份提供给招行的股东会决议上的签字及印章与其为担保行为当时提供给招行的签字及印章样本一致；（2）振邦股份向招行提供担保时使用的公司印章真实，亦有其法人代表真实签名；（3）案涉抵押担保在经过行政机关审查后也已办理了登记。从反面来说，虽然决议上有瑕疵，但不能依此认定相对人不构成善意。但如前文所述，该案中的许多瑕疵目前可以通过公开查询公司信息进行比对发现，在这种情况下继续认定相对人善意无过失是否妥当值得商榷。

（二）不构成表见代表的情形

河北敬业担保有限公司与永年县圣帝隆房地产有限公司、邯郸市兆亿贸易有限公司等追偿权纠纷案［（2016）最高法民申2633号］

2013年10月21日，时任河北圣帝隆公司法定代表人谢某明代表圣帝隆公司向河北敬业担保公司出具反担保保证书，该保证书上有圣帝隆公司的公章以及谢某明本人的签字。经相关刑事案件判决书认定，反担保保证书上的圣帝隆公司公章系谢某明私刻后加盖，本案中，圣帝隆公司对于谢某明出具前述保证书的行为不予认可。一、二审判决认为圣帝隆公司就债务人对敬业担保公司所负债务不承担连带责任，敬业担保公司不服判决，向最高法提起再审。

最高法认为，根据《公司法》第十六条（现为第十五条）第一款规定，公司对外担保事项上对法定代表人的代表权进行了法定限制，在判断公司法定代表人违反该规定越权签订担保合同是否对公司有效时，应考察该行为是否构成表见代表。而是否构成表见代表要考察相对人是否尽到了合理审查义务，是否为善意。圣帝隆公司出具反担保保证书时未向敬业担保公司提供公司决议，“而敬业担保公司作为专门从事担保业务的专业机构，本应对谢某明是否越权尽到更为谨慎的审查义务，但其并未进行形式上的审查，因此不构成善意”。最后，最高法认为谢某明越权出具反担保保证书的行为不构成表见代表，该保证书对圣帝隆房地产公司不发生法律效力。

本案中，法院以公司未向相对人提供决议推定相对人未尽合理审查义务，也就无法构成善意。法院还特别提到，作为专业从事担保业务的机构，相对人应对行为人是否越权尽到更为谨慎的审查义务。

厦门元华资产管理有限公司、林某民间借贷纠纷案［（2017）最高法民再210号］

2012年10月8日、2012年12月26日和2013年2月8日，林某分别与包括林某华在内的多方签署《借款担保协议》，约定林某华向林某借款。其中，2013年2月8日签署的《借款担保协议》上出现了“厦门元华资产管理有限公司”字样的公章。2014年3月26日，林某与包括林某华、林某妍、元华资产公司（成立于2014年1月27日，成立时名为“厦门元华资产管理股份有限公司”）在内的多方签署《债权债务确认书》，确认了截至2014年3月26日，林某华欠林某的借款本息金额，元华资产公司在该等确认书中确认其对前述全部本息金额及违约金承担连带保证责任，保证期限至2016年3月26日止。《债权债务确认书》签订后，林某华、元华资产公司、林某妍等各方均未向林某支付借款本息及违约金。此外，一审委托司法鉴定中心鉴定，认定《债权债务确认书》中元华资产公司的印文非公安局批准刻制的印章所盖。

一审法院认为司法鉴定表明《债权债务确认书》中元华资产公司的印文非公安局批准刻制的印章所盖，因此，在该等文件中盖章的行为不能视为元华资产公司的行为，元华资产公司也未对该等确认书作出意思表示，确认书对元华资产公司不产生效力，林某不得依据《债权债务确认书》向元华资产公司主张连带担保责任。

林某不服一审判决，向福建省高级人民法院提起上诉。二审中查明2014年2月11日至2014年4月28日期间元华资产公司的法定代表人是林某妍。二审法院认为，尽管《债权债务确认书》上加盖的元华资产公司印章并非该公司在公安局批准刻制的印章所盖，但该等确认书上有时任元华资产公司法定代表人林某妍的签名确认。林某妍的签名、盖章行为既代表其个人对保证人身份的确认，也是履行法定代表人职务的行为。林某作为善意的签约方，基于对林某妍身份的信任，也完全有理由相信其代表元华资产公司作出的担保意思表示是真实的。二审法院据此认为林某妍签字、盖章的行为对元华资产公司具有法律约束力，元华资产公司应当承担连带保证责任。

元华资产公司不服二审判决，向最高法提起再审。就林某妍以元华资产公司的名义提供担保的行为效果是否应当由该公司承受，最高法认为：“在公司为他人提供担保这一可能影响股东利益的场合，立法规定了公司机关决议前置程序以限制法定代表人的代表权限。在公司内部，为他人提供担保的事项并非法定代表人所能单独决定，其决定权限交由公司章程自治：要么是由公司股东决定，要么是委诸商业判断原则由董事会集体讨论决定；在为公司股东或实际控制人提供担保的场合，则必须交由公司其他股东决定。这种以决议前置的方式限制法定代表人担保权限的立法安排，其规范意旨在于确保该担保行为符合公司的意思，不损害公司、股东的利益。对法定代表人超越法律、章程规定实施的越权担保行为，只有在相对人善意无过失的情况下，该担保合同的效果才归属于公司。”在认定林某妍有越权担保行为后，最高法进一步否认了相对人林某是善意无过失的，理由如下：

（1）2013 年 2 月 8 日签订的《借款担保协议》上虽然加盖了“厦门元华资产管理股份有限公司”的印章，但元华资产公司 2014 年 1 月 27 日才新设成立，因此，林某在接受担保之时，未核实保证人是否存在，根本未尽基本的核查义务。

（2）实际情况表明林某作为债权人知道《公司法》第十六条的规定，因为在 2012 年 10 月 8 日、2012 年 12 月 26 日的《借款担保协议》中，都特别约定将其他几家公司的股东会决议作为该协议附件，但对于元华资产公司却未作同样的要求，这种区别对待有违商业理性。

（3）2014 年 3 月 26 日《债权债务确认书》签订之时，洪某海系持有元华资产公司 90% 的登记股东，林某并未向洪某海核实元华资产公司是否愿意以自身资产为林某华的债务提供担保，而背景事实是实际债权人林某明和债务人林某华同为福清籍商人。

综上，最高法认为债权人林某在接受元华资产公司提供的担保时，对林某妍实施的损害股东利益的担保行为，至少存在应知而未知的重大过失。最高法最后认为“原审判决以印章真伪、法定代表人身份等形式要素来判断林某妍代表权的有无和第三人信赖利益的范围，对法律的理解并不准确”，并支持元华资产公司关于其不应承担担保责任的申请理由。

本案中，最高法的审判思路为先确认时任法定代表人以公司名义对外担保的行为构成越权担保，然后依据案件事实综合判断债权人至少存在重大过失。在判断债权人是否存在重大过失时，最高法并未如前案一样仅指出债权人未要求审阅公司决议，而是通过案情各方面因素进行综合考虑。依据最高法在该案中的思路，在认定越权担保效力（或相对人是否善意无过失）时，是否审查相关决议只是其中一种考量角度，除此之外，还可以综合各种因素进行考量。

二、表见代理的认定

表见代理的法律规定见于《民法典》第一百七十二条（原《合同法》第四十九条），即："行为人没有代理权、超越代理权或者代理权终止后，仍然实施代理行为，相对人有理由相信行为人有代理权的，代理行为有效。"

一般认为，表见代理的构成要件有四个，即代理人无代理权，无权代理人有被授予代理权之外表或假象，相对人有正当理由信赖该无权代理人有代理权，相对人基于此信赖而与该无权代理人成立法律行为[①]。下面笔者通过几个案例分析什么情况下构成表见代理，什么情况下不构成表见代理。

（一）构成表见代理

实践中，代理人无代理权一般容易判断，法院在探讨行为人的行为是否构成表见代理时一般会先判断该等行为构成无权代理，在此基础上讨论相对人是否有理由相信行为人有代理权。前述游某琼与福建省万翔房地产开发有限公司、翁某金等民间借贷纠纷案中，法院将表见代理的条件总结为"一是代理人表现出了其具有代理权的外观；二是相对人相信其具有代理权且善意无过失"。类似的还有如下案例。

亿达信煤焦化能源有限公司、刘某小额借款合同纠纷、民间借贷纠纷案［（2017）最高法民申524号］

2012年8月3日，刘某在担任亿达信公司总经理期间，向天行贷款公司借款。双方签订借款合同。在借款的同时，刘某向天行贷款公司提供了亿达信公司出具的授权书，其中载明"今授权我单位刘某，到你单位全权办理我公司在贵公司贷款事宜，特此授权"。同日，刘某代表亿达信公司与天行贷款公司签订保证合同，合同约定保证责任的方式为连带责任保证，合同加盖亿达信公司公章及该公司法定代表人名章。后刘某未按期还款，天行贷款公司向法院提起诉讼，要求刘某还款并要求亿达信公司对该笔贷款承担还本付息的连带责任。亿达信公司辩称，亿达信公司与天行贷款公司签订的保证合同

① 参见梁慧星：《民法总论》（第5版），法律出版社2017年版，第245—246页。

是为其他合同而不是刘某与天行贷款公司签订的借款合同提供担保。

一审法院认为，亿达信公司出具的授权书明确载明公司委托刘某为该公司办理贷款，天行贷款公司应当知道刘某的代理权限，刘某与天行贷款公司签订担保合同为个人借款提供担保是超越了公司的授权。一审法院最后依据《合同法》第四十八条第一款，未支持天行贷款公司要求亿达信公司承担连带责任的主张。

天行贷款公司不服判决，向黑龙江省高级人民法院提起上诉。黑龙江高院经审理后认为，刘某为亿达信公司股东和总经理，其持有亿达信公司公章及法定代表人名章，在此情况下，天行贷款公司有足够理由相信刘某有权代表亿达信公司签订《保证合同》。黑龙江高院据此依据《合同法》第四十九条关于表见代理之规定，判决支持天行贷款公司关于亿达信公司应对刘某案涉借款承担连带清偿责任之上诉主张。

亿达信公司不服黑龙江高院的判决，向最高法提起再审。亿达信公司认为，二审判决否认一审判决中不构成“表见”代理的意见明显违反了《公司法》第十六条的规定。根据该条规定，债权人在接受公司提供担保前有义务审查担保公司的章程及股东会决议。亿达信公司认为天行贷款公司在提供贷款时没有尽到注意义务，二审法院认定构成表见代理缺乏事实要件。

最高法基本重复了黑龙江高院的观点，即认为刘某的行为可以构成表见代理，因此裁定驳回亿达信公司的再审申请。

本案中，二审和最高法均认为债权人有理由相信刘某有权代表公司提供担保，而得出该等结论的原因是刘某作为公司股东和总经理，持有公司公章和法定代表人名章。本案与前述游某琼与福建省万翔房地产开发有限公司、翁某金等民间借贷纠纷案有相似之处，在认定行为人是否构成“表见代理”时，法院均考虑了行为人的身份（游某琼案中行为人是董事长和股东，本案中是总经理和股东），以及是否具备代理权外观（两案中行为人均持有公司公章）。

（二）不构成表见代理

在前述大连科技学院、大连华通凯路实业有限公司金融借款合同纠纷案中，最高法对行为人高某的行为是否构成表见代理有较为详细的分析。最高法认为，担保行为是否归属于华通凯路公司，应从两方面分析认定：一方面高某是否有权代表华通凯路公司；另一方面工行签约时是否有理由相信高某有代表权或代理权。

就第一个问题，最高法认为高某的行为构成无权代理，因为：首先，高某并非华通凯路公司的实际控制人（高某或者华通凯路公司用章须经现法定代表人在《公司印章、证照使用登记表》上签字同意）；其次，《公司法》第十六条的规定亦表明公司法定代表人、实际控制人不享有对外担保决策权，更遑论并非法定代表人和实际控制人的高某。

对于第二个问题，最高法认为，高某以华通凯路公司名义签订案涉保证合同的行为，不符合表见代理的特征。因为：（1）签约时高某未向工行提供营业执照、法定代表人授权委托书、华通凯路公司股东会决议等证明高某有对外担保签约权的文件，缺乏相对人有理由相信高某有代理权的权利外观；（2）依据《公司法》第十六条的规定，接受公司担保的相对人应尽谨慎注意义务，工行作为专业金融机构，更应尽必要注意义务，而工行未尽该义务（表现在华通凯路公司工商变更登记已完成，工行能够查询知晓高某不再是法定代表人，却未能发现；工行也未要求高某提供相关证明文件，事后也未核保），在主观上存在过失。

最高法先是认定高某的行为构成无权代表、无权代理，在进一步判断是否构成表见代表、表见代理时，最高法的处理与前述游某琼与福建省万翔房地产开发有限公司、翁某金等民间借贷纠纷案异曲同工，即先判定行为人是否表现出有代理权的权利外观，再判断相对人是否有理由相信有代理权且无过失。值得注意的是，本案中最高法将表见代表和表见代理放在一起论述，最终判定高某的行为不构成表见代理或表见代表。

除以上案例外，最高法在下述案例中对表见代理有更详细的论述。

江西宏安房地产开发有限责任公司、南昌县兆丰小额贷款股份有限公司企业借贷纠纷案［（2017）最高法民再209号］

2012年4月17日，南昌县兆丰小额贷款股份有限公司（以下简称兆丰公司）与罗某福签订借款合同，兆丰公司向罗某福提供金额为300万元人民币的借款。同日，兆丰公司与宏安公司签订保证/最高额保证合同，约定为保证兆丰公司债权的实现，宏安公司自愿向兆丰公司提供保证担保。一审法院认为，兆丰公司与宏安公司签订的保证/最高额保证合同系各方真实意思表示，内容并不违反法律、行政法规的强制性规定，应认定为合法有效。保证/最高额保证合同上所盖印章虽非宏安公司公开使用印章，但宏安公司也在公权力部门使用过该印章。一审法院最后判决宏安公司对借款承担连带清偿责任。江西省高院二审认为宏安公司的公章对外具有公示效力，能够使兆丰公司对该印章形成合理信赖，因此维持一审判决。

宏安公司不服二审判决，向最高法提起再审。最高法认为，宏安公司未授权张某生为罗某福的借款向兆丰公司提供担保，且事先也未获悉此事，因此，张某生以宏安公司名义与兆丰公司签订案涉保证/最高额保证合同系无权代理。最高法进一步认为，只有张某生的行为构成表见代理，保证合同的效果才能够归属于宏安公司并由其承担责任。关于兆丰公司是否有理由相信张某生有代理权，最高法认为应从三个方面综合考量。

1. 张某生是否具有表见代理权存在的外观

最高法认为，张某生不具有表见代理权存在的外观。理由如下：

（1）《公司法》第十六条的规定可以表明立法以决议前置方式限制法定代表人担保权限的立法安排，旨在确保担保行为符合公司意思，不损害公司、股东利益。因此，能够证明张某生具有表见代理权存在的外观证据只能是宏安公司的股东会决议或者执行董事授权，或者能够证明案涉担保行为是宏安公司真实意思的其他证据。

（2）张某生与宏安公司的挂靠关系，以及张某生因此持有印章、文件等事实均不足以彰显代理权限的存在。因为张某生享有的以宏安公司名义对外开展与特定项目开发有关的经营业务代理权外观不能延展至为他人提供担保事项。同时，作为专业放贷机构的兆丰公司在接受其他公司担保时均要求张某生提供公司决议，说明其已知晓相关法律规定，其获得了宏安公司相关材料后，也已经实际知道张某生既非宏安公司的股东，也非宏安公司的法定代表人，仅凭借张某生持有印章、贷款卡及自称为宏安公司法定代表人的姐夫的口头说明，并不足以证明张某生享有相应的代理权外观。

2. 兆丰公司对张某生代理权的信赖是否合理

最高法否认了兆丰公司对张某生代理权的信赖为合理的看法。理由如下：

（1）从兆丰公司与张某生的交易历史来看，兆丰公司在签订担保合同时有要求提供公司决议的做法，说明兆丰公司已经认识到提供担保行为须有公司决议决定，而非公司法定代表人单独决定。

（2）作为实际知道法律要求公司为他人提供担保需经决议的专业贷款机构，兆丰公司应知道公章不等于公司决议，但长时间以来并未向宏安公司核实张某生的代理权限，也未要求张某生出示委托书、公司决议等证明代理权存在的证据，兆丰公司未尽到通常情形下的注意义务，兆丰公司对张某生的无权代理行为至少属于重大过失而不知。

（3）张某生利用私刻公章办理其他项目中的抵押登记的事实也不能证明兆丰公司的合理信赖。因为本案担保合同于2012年4月27日签订，房产抵押登记时间为2012年9月28日。

3. 宏安公司作为被代理人对张某生的行为是否具有可归责性

最高法否认了宏安公司作为被代理人对张某生的行为有可归责性。理由如下：

（1）宏安公司与张某生的挂靠关系形成的授权外观只限于与项目开发相关的事务，而张某生私刻印章系为用于其与兆丰公司之间的贷款担保事宜，本案也无证据证明宏安公司同意张某生另行刻制印章或者对张某生私刻其印章对外开展民事活动存在放任不管的情形。因此，不能推定宏安公司对于张某生使用该枚公章对外从事民事活动是知晓的。

（2）宏安公司虽然在另案中对该案的贷款担保作出追认，但不能据此得出本案贷款担保也是有权代理。

最高法最后认为，兆丰公司关于其有理由相信张某生有权代理宏安公司为他人作保的诉讼理由不能成立，张某生的行为不构成表见代理，案涉保证合同对宏安公司不生效力。

上述案件中，最高法详细阐述了表见代理的构成要件，将法律规定的“相对人有理由相信行为人有代理权的”详细拆分为“行为人是否具有表征代理权存在的外观”“相对人对相关的权利外观的信赖是否合理”“公司作为被代理人对该权利外观的存在是否具有可归责性及其程度”三个条件，并展开论述，值得借鉴。

三、总结

基于以上案例，可以总结得出构成表见代表或者表见代理需要分别满足如下条件。

（一）表见代表

如前文所述，理论上一般认为表见代表的构成要件包括具有信赖外观的客观存在、第三人必须是善意且无过失。在实践中，法院在探讨表见代表行为是否成立时，一般都重点着眼于相对人是否善意无过失。如果相对人尽到了合理审查的义务，一般会认定相对人善意无过失。

这里的审查，主要包括对公司决议的审查，而且仅指形式上的审查。一般来说，如果相对人根据公司提供的或正常途径可以查到的资料能够证明公司担保的决议机关、决议程序和担保单笔限额符合《公司法》的相关规定，则可认为相对人尽到了合理审查义务，而至于印章和签名的真伪、决议程序是否违法、上市公司已经对外作出担保数额和公司总资产关系是否存在虚假，并非相对人审查能力所及，因此不做要求。①

在前述招商银行股份有限公司大远东港支行与大连振邦氟涂料股份有限公司、大连振邦集团有限公司借款合同纠纷案中，虽然提供了决议，但决议上的很多印章有伪造的嫌疑，法院认为决议的此类瑕疵并非相对人可以审查出来的事项，最后法院基于综合判断（担保人提供给相对人的股东会决议上的签字及印章与其作出担保行为当时提供给相对人的签字及印章样本一致；担保人向相对人提供担保时使用的公司印章真实，亦有其法人代表真实签名；案涉抵押担保在经过行政机关审查后也已办理了登记），认为表见代表行为成立。不过，如前所述，本案中的决议瑕疵目前可以通过公开查询信息进行比对而发现，此时，相对人未能发现此类瑕疵是否还可认定为善意，值得探讨。

除对决议进行审查外，对相对人是否尽合理审查义务还可以基于其他因素综合判断。例如，厦门元华资产管理有限公司、林某民间借贷纠纷案中，法院在考虑相对人是否善意无过失时并未限于其是否审查了决议，而是考虑到相对人未对保证人是否存在进行核查、有证据表明相对人明知公司提供对外担保需要决议、实际债权人与公司的大股东较为熟悉却从未向该股东核实其担保意愿，最后认为行为人越权提供担保的行为不构成表见代表。

（二）表见代理

就表见代理的构成条件问题，第一个条件是行为人的行为构成无权代理，这点在大连科技学院、大连华通凯路实业有限公司金融借款合同纠纷案和江西宏安房地产开发有限责任公司、南昌县兆丰小额贷款股份有限公司企业借

---

① 参见贺小荣主编：《最高人民法院民事审判第二庭法官会议纪要——追寻裁判背后的法理》，人民法院出版社2018年版，第200页。

贷纠纷案中均有体现。

在实务中，争议较大的是“无权代理人是否有存在代理权的外观”以及“相对人是否有理由相信无权代理人有代理权”，分述如下。

1. 无权代理人是否有存在代理权的外观

在认定无权代理人是否有存在代理权的外观时，有的法院认为判断因素包括无权代理人的职位、身份，以及是否持有公司印章。例如，在前述游某琼与福建省万翔房地产开发有限公司、翁某金等民间借贷纠纷案中，行为人在对外提供担保时的身份是公司股东，职位是董事长，且持有公司公章（虽然公章为私刻），法院认为表现出了有代理权的外观。同样，在亿达信煤焦化能源有限公司、刘某小额借款合同纠纷、民间借贷纠纷案中，行为人在公司提供对外担保时，既是公司股东，同时又是公司总经理，持有公司公章和法定代表人名章，法院也认为表现出了有代理权的外观。

但是，在江西宏安房地产开发有限责任公司、南昌县兆丰小额贷款股份有限公司企业借贷纠纷案中，法院却从《公司法》第十六条的立法本意出发，认为能够证明无权代理人具有表见代理权存在的外观证据只能是公司的股东会决议或者执行董事授权，或者能够证明案涉担保行为是公司真实意思的其他证据。这表明，在认定无权代理人是否具有代理权的外观时，不能仅考虑其身份、职位，或是否持有公司公章，最根本的还是要考虑是否有证据证明公司提供担保的意愿（最直接的证据就是公司决议）。

2. 相对人是否有理由相信无权代理人有代理权

本项可以表述为相对人的信赖是否合理，也即相对人的信赖是否善意无过失。法院对这项因素的判断与对表见代表的构成条件之一（相对人善意无过失）的判断基本一致，也即相对人是否审查决议，是否要求提供授权文件，是否明知公司提供担保需要提供决议，等等。

第三节　保证人的责任

在公司未经内部授权对外提供担保的行为被认定为有效，或者行为人越权担保的行为被认定为表见代表或表见代理的情况下，公司均须承担担保责任，这是比较清楚的。在构成表见代表或表见代理的情况下，在公司承担责任后，可以再基于法律的规定向代表人或代理人追偿。但在公司未经内部授权对外提供担保的行为被认定为无效或对公司不发生效力的情况下，虽然两者有共性，都是对该等行为效力的否认，但是在责任承担上却不太一样。

一、保证合同无效时保证人的责任

在保证合同被认定为无效时，保证人需要承担责任的前提是对保证合同的无效存在过错，如果保证人无过错则不承担责任。在保证人有过错的情况下，其承担责任的程度大小分为两种情况：一是在债权人无过错情况下，对于债权人的经济损失，应与债务人一起承担连带赔偿责任；二是在债权人有过错情况下，担保人应承担的民事责任部分，不应超过债务人不能清偿部分的二分之一。《民法典担保司法解释》和此前的《担保法司法解释》均采纳了这样的责任区分规则。本节讨论的情况不包括因主合同无效而导致保证合同无效的情形。在公司未出具同意保证的内部决议情况下，如果法院认定担保行为无效，一般很少会认定债权人无过错，而是往往会据此判断债权人存在一定过错。例如，前述罗某华、南昌绿地申人置业有限公司民间借贷纠纷案中，法院明确指出在借款合同无公司法定代表人签字且没有决议的情况下，债权人未尽合理审查义务，因此存在过错，最后维持二审判决，即公司对于债务人不能偿还的部分在50%范围内承担赔偿责任。但是在该案中，法院未明确探讨公司是否存在过错。在以下案例中，法院明确讨论了如何认定公司和债权人均存在过错。

甘肃苏鑫投资担保有限公司、甘肃武威宏业房地产开发有限公司民间借贷纠纷案［（2016）最高法民申3160号］

刘某头与章某星签订《借款协议》一份，协议中包含约定担保方为章某星归还欠款承担连带担保责任，落款时间为2012年8月16日。李某红在担保方处签字，甘肃苏鑫投资担保有限公司（以下简称苏鑫公司）在担保方处盖章。此外，苏鑫公司董事长张某森曾于2012年4月20日出具授权委托书一份，委托李某红全权代理其在苏鑫公司担任董事长（法定代表人）时的职务行为，具体内容和权限包括“代为洽谈业务、在需董事长（法定代表人）签字的各类合同、文件、凭据上签名，以及需要董事长（法定代表人）履行的各类职务行为；委托期限为2012年4月20日至2015年4月19日”。

刘某头向法院起诉要求苏鑫公司承担担保责任。一审法院认为，刘某头明知章某星为苏鑫公司的股东，在没有看到相关股东会决议文件时，对苏鑫公司在《借款协议》担保人处签章未提出异议，存在过错。苏鑫公司明知公司为股东提供担保，需要履行一定手续却未履行，对担保无效也应承担过错责任。因此，苏鑫公司应为章某星不能清偿部分的二分之一承担赔偿责任。

在二审中，江苏省高院认为，《借款协议》担保人处加盖苏鑫公司公章，且公章由代行公司董事长职责的李某红以及股东章某星经手，可以认为提供案涉担保是苏鑫公司的意思表示。依据《公司法》第十六条第二款的规定，"苏鑫公司为股东章某星提供担保未经股东会决议，故应当认定苏鑫公司担保无效。刘某头明知章某星为苏鑫公司股东，在未看到相关股东会决议文件时，对苏鑫公司提供担保行为未提出异议，存在过错。苏鑫公司加盖公章对外提供担保，但未履行股东会决议程序，也存在过错，据此，苏鑫公司应为章某星不能清偿部分的二分之一承担赔偿责任"。苏鑫公司不服二审判决，向最高法提起再审。最高法驳回了苏鑫公司的再审申请。

本案中，二审法院明确认为苏鑫公司和债权人刘某头存在过错，最高法在再审中虽未直接判定公司和债权人是否有过错，却支持了二审法院中判令苏鑫公司承担责任的方式，实质上认可了二审法院的判定。本案中，法院认定债权人存在过错的理由是其明知债务人是公司股东，未看到股东会决议也未对公司对外担保行为提出异议。

丁某与张某清、张某彬等民间借贷纠纷案［（2015）民申字第3236号］

2012年9月13日，丁某和张某清、张某彬签订《借款合同》，约定丁某借给张某清、张某彬1000万元人民币。同日，张某清、张某彬、丁某和金凤公司签订保证合同，约定金凤公司为张某清、张某彬和丁某之间的1000万元借款提供连带保证责任，金凤公司在合同上签章。张某清和张某彬均为金凤公司股东之一。

一审法院认为，保证合同上印章为真实备案印章，合同合法有效。同时张某清和张某彬为金凤公司股东，金凤公司为股东提供担保不违背股东一致，因此保证担保行为有效，金凤公司应对借款本息承担连带保证责任。金凤公司不服一审判决，向重庆市高级人民法院提起上诉。

重庆高院认为，保证合同上金凤公司的印章为真实印章，故合同是金凤公司的真实意思表示，但是未经决议提供对外担保违反《公司法》第十六条的规定，应属无效。债权人丁某在接受担保时未审查公司股东会决议，未尽到注意义务，因此具有过错。金凤公司对公司印章管理不善，在未经股东会同意情况下对外提供担保，也存在过错。据此，重庆高院判决金凤公司应当对张某清、张某彬不能清偿部分承担二分之一的赔偿责任。

债权人不服二审判决，向最高法提起再审。最高法基本肯定了重庆高院的意见，确认债权人和金凤公司均存在过错，因此二审法院判令金凤公司对张某清、张某彬不能清偿部分承担二分之一的赔偿责任，具有法律依据，法律适用并无不当。

本案中，法院对于债权人存在过错的理由是未要求公司提供决议，这与前述罗某华、南昌绿地申人置业有限公司民间借贷纠纷案以及甘肃苏鑫投资担保有限公司、甘肃武威宏业房地产开发有限公司民间借贷纠纷案中法院认定债权人存在过错的理由相同。而对于公司存在过错的理由，法院认为是公司印章管理不善，虽未展开论述，但该等结论的一个重要因素应该是保证合同上公司公章为公司真实印章。

二、担保不发生效力时保证人的责任

在公司未经决议对外提供担保的行为被认定为对公司不发生效力时，一般是法院否认行为人的行为构成表见代表或表见代理的时候。例如，前述第二节中不构成表见代表或表见代理的案例。此时，如公司不予追认，其已经确定不用承担责任。那么对于债权人而言，在这种情况下是否还有救济措施？

此时，如为无权代理，依据《民法典》第一百七十一条（原《民法总则》第一百七十一条），可分两种情况讨论。一是在债权人为善意时，其可请求作出越权担保的行为人履行债务或就其受到损害请求赔偿，但赔偿的范围不得超过被代理人追认时相对人所能获得的利益。二是在债权人并非善意，即知道或者应当知道行为人无权代理时，债权人和行为人按照各自的过错承担责任。

前文已述，在表见代表不成立情况下不能得出越权担保无效的结论，此时，最高法有观点认为应类推适用原《合同法》第四十八条的规定，在公司不予追认的情况下，依据原《民法总则》第一百七十一条的规定，担保合同不对公司发生效力①。而对于这种情况，债权人可以获得救济的措施，也应

① 参见第一节中的山东中通科技发展有限公司、浙商煤炭贸易有限公司保证合同纠纷案，也可参见第二节中的河北敬业担保有限公司与永年县圣帝隆房地产有限公司、邯郸市兆亿贸易有限公司等追偿权纠纷案。

类推适用原《民法总则》第一百七十一条的规定，由行为人和相对人根据过错程度承担责任。[①]

三、总结

在认定公司未经决议提供对外担保行为无效后，法院需要判断公司和债权人是否存在过错。从本节中总结的案例可以发现，在公司无决议情况下，法院一般都会认定债权人存在过错，其背后理由是《公司法》第十六条（现第十五条）的规定已经明确要求公司对外担保至少需要董事会决议。而对于公司是否存在过错的判断，如果合同上加盖公章为公司真实印章，法院也可能会依据公司公章管理不善判断公司存在过错[②]。

如前文所述，目前对于公司未经决议提供对外担保行为效力的认定，代表权限制说逐渐成为法院的主流观点。在可以确定公司对外担保行为不符合股东意愿时，则需要考虑行为人的越权担保行为可以构成表见代表或表见代理，如构成，公司也应该承担担保责任，如不构成，则该等行为对公司不发生效力。

因此，对于公司未经决议提供对外担保行为效力，未来法院很可能不会再直接认定为无效，也就不会依据是否存在过错来判断责任，此时再讨论何种情况下各方存在过错可能不太具有实践意义。之所以出现这种观点转变，是对公司对外担保价值取向的调整，避免公司在越权担保情形下被司法“二次伤害”。[③]

第四节　保证人内部授权注意事项

一、担保人应注意的事项

目前的审判趋势不再单纯依据合同有公司印章和法定代表人签字而直接

① 参见贺小荣主编：《最高人民法院民事审判第二庭法官会议纪要——追寻裁判背后的法理》，人民法院出版社 2018 年版，第 201 页。

② 例如前述（2015）民申字第 3236 号丁某与张某清、张某彬等民间借贷纠纷案。

③ 参见贺小荣主编：《最高人民法院民事审判第二庭法官会议纪要——追寻裁判背后的法理》，人民法院出版社 2018 年版，第 201 页。就公司对外担保的总体价值取向的相关论述，可参见该书第 195—196 页。

认定公司须承担担保责任，这对于公司而言是有好处的。即便如此，考虑到目前并未有明确的法律法规或司法解释对此作出规定，法院实践也未统一，因此建议担保人注意以下事项。

1. 严格规范管理公司公章和法定代表人名章

基于本章中引述的案例，可以发现实践中公司公章和法定代表人签字/签章仍然是法院认定公司应承担担保责任的重要因素。即使不至于直接据此认定行为人的越权担保行为对公司发生效力，也可能在判断行为人表见代表、表见代理行为是否成立时以此为考量因素。因此，公司必须严格管理公司公章、法定代表人等重要印章，尽量不将该等印章长时间地授予同一人管理，也应该严格限制公章外出的机会。

此外，实践中私刻公章的现象并不少见。除部分个人隐瞒公司私刻公司公章外，有时候出于种种考虑（如交易的便利性），除备案公章外，公司也会主动多刻一枚印章，或者默许一些个人私刻并持有、使用该等类似公章的印章。相关案例已经表明，即使合同上的印章并非公安机关批准刻制的公章，如果公司未对行为人使用私刻公章的行为进行否认（如行为人此前多次使用该等印章，而证据表明公司对此明知），也可能会变成法院判定公司须对相关行为承担责任的理由之一。因此，公司应规范管理公章，不应允许私刻公章的行为存在。

2. 在章程中就对外担保的程序进行约定

虽然《公司法》已经对公司对外担保须完成的内部程序进行了规定，但还是有必要在公司章程中就对外担保的程序进行明确规定。特别是在公司为非股东提供担保的情况下，《公司法》的规定是依据章程来判断须有股东会决议还是董事会决议。但是，实践中经常出现的情况是，公司并未对该等事项在章程中进行约定。此时，虽然可以引用《公司法》规定认为至少需要获得董事会决议或执行董事授权，但是规定的不明确往往还是会引起争议。

同时，需要注意，公司对外提供担保的决议程序不能从董事会这层再行下放。①

二、债权人应注意的事项

如前所述，目前法院的审判趋势是采纳“代表权限制说”，这就意味着债

① 参见曹士兵：《中国担保制度与担保方法》（第4版），中国法制出版社2017年版，第89页。

权人作为相对人在接受公司提供的担保时，需要尽到一定的注意义务。因此，建议债权人在接受公司担保时应注意如下事项。

1. 对担保人进行基本查询

在接受公司提供担保时，债权人应通过公开途径对担保人的公司情况进行基本查询，例如，通过在国家企业信用信息公示系统检索，债权人即可了解担保人的基本信息，包括法定代表人、股东、董事的信息等。此类查询最重要的意义是判断担保人是否真实存在。在现实交易中，债务人伪造主体可能没有那么常见，但有时候会遇到债务人提供的公司名称不准确的情况。此时，如果核对国家企业信用信息公示系统，可以尽早发现。

除此之外，了解担保人的基本信息对于债权人而言有很多其他益处。例如，债权人可以根据此类信息判断代表公司与债权人签字的行为人与公司的关系，进而推定是否有无权代理的可能性。债权人还可以从公司的股东情况判断公司是否在为股东提供担保，即其接受的担保是否依照《公司法》的规定必须有股东会决议。

最后，债权人也可以核对其获得的公司基本资料（营业执照、公司章程）与国家企业信用信息公示系统显示的信息是否一致，从而判断资料是否为真实有效。

2. 要求担保人提供公司基本资料

在接受公司担保时，债权人应要求担保人提供公司章程，依据公司章程来判断公司的此项担保行为的内部决议程序。如前所述，实践中许多公司的章程并不会明确约定对外担保的决议程序，此时，如债务人为股东，债权人应要求公司提供股东会决议，如债务人并非股东，债权人应要求公司至少提供董事会决议或执行董事决定。

3. 对决议进行形式审查

在拿到担保人提供的董事会/股东会决议后，债权人应该进行形式上的审查，核实其形式上是否符合《公司法》的相关要求，包括：

（1）是否依照《公司法》的规定以及公司章程的规定取得相关决议

这里主要是指是否在《公司法》规定的应取得股东会决议的情况下却只取得了董事会决议，如为此种情况，债权人应要求提供股东会决议。

（2）是否符合《公司法》的其他规定

《公司法》对于股东会、董事会的召集程序、表决方式、出席会议人数、表决权等也有相应规定。债权人在拿到公司章程和决议后，也应在这方面进行一定程度的审查。当然，会议的程序是否实际符合法律规定并非债权人能力所及，但债权人应至少确保决议形式上未违反法律规定。

（3）审查决议的其他细节

除以上注意事项外，债权人还应注意审查决议的其他细节，例如，法人股东是否盖章，自然人股东是否签字，股东名称或姓名是否与章程或国家企业信用信息公示系统上的信息一致，等等。

第五节　上市公司对外担保的特殊要求

一、上市公司对外担保公开披露的要求

《证券法》第八十条①和《上市公司信息披露管理办法》第二十三条②均对上市公司重大担保的披露义务作出了规定。《上市公司监管指引第 8 号——上市公司资金往来、对外担保的监管要求》（证监会公告〔2022〕26 号）延续了此前证监会《关于规范上市公司对外担保行为的通知》（证监发〔2005〕120 号），排除对外担保是否重大的考量，明确规定上市公司对外担保必须经董事会或股东大会审议。上市公司董事会或股东大会审议批准的对外担保，还必须在交易所网站和证监会指定信息披露媒体上及时披露，披露的内容包括董事会或股东大会决议、截至信息披露日上市公司及其控股子公司对外担保总额、上市公司对控股子公司提供担保的总额。交易所层面亦不区分对外担保是否重大的因素，规定了上市公司提供担保的审议和披露要求。

另外，针对上市公司向其控股子公司或合营/联营企业提供担保的情况，上海和深圳证券交易所发布的上市公司规范运作指引还规定：如每年发生数量众多、需要经常订立担保协议而难以就每份协议提交董事会或者股东大会

---

① 《证券法》第八十条："发生可能对上市公司、股票在国务院批准的其他全国性证券交易场所交易的公司的股票交易价格产生较大影响的重大事件，投资者尚未得知时，公司应当立即将有关该重大事件的情况向国务院证券监督管理机构和证券交易场所报送临时报告，并予公告，说明事件的起因、目前的状态和可能产生的法律后果。前款所称重大事件包括：……（三）公司订立重要合同、提供重大担保或者从事关联交易，可能对公司的资产、负债、权益和经营成果产生重要影响"。

② 《上市公司信息披露管理办法》第二十三条："发生可能对上市公司证券及其衍生品种交易价格产生较大影响的重大事件，投资者尚未得知时，上市公司应当立即披露，说明事件的起因、目前的状态和可能产生的影响。前款所称重大事件包括：（一）《证券法》第八十条第二款规定的重大事件"。

审议的，上市公司可针对满足特定条件的被担保人预计未来十二个月的新增担保总额度，并提交股东大会审议。前述担保事项实际发生时，上市公司应当及时披露，任一时点的担保余额不得超过股东大会审议通过的担保额度。

二、对上市公司对外担保审查的审慎义务

金融机构作为受益人需要审查担保人的内部授权，确保担保人提供担保符合法律和章程的规定。如果公司越权提供担保，则受益人的担保权益将无法得到保障。《公司法》第十五条确立了公司提供对外担保的基本原则，要求公司提供对外担保时需要根据其章程规定出具股东会或者董事会的决议。

此前的司法实践中，很多人对《公司法》第十五条（原第十六条）的规范性质有不同理解，有的认为公司法定代表人未经决议程序签署的对外担保不影响合同效力。为此，《九民纪要》中统一了裁判标准，明确《公司法》原第十六条属于限制性规范，限制公司法定代表人对外担保的权限。根据《九民纪要》，法院首先审查公司决议确定是否存在越权代表的情形。如若不存在越权代表之情形，则担保合同在无其他合同无效情形的情况下对公司发生效力。如若存在越权代表的情形，则落入表见代表的范畴，应判断相对人是否善意：如若相对人善意，则担保对公司发生效力；如若相对人非善意，担保对公司则不发生效力。《九民纪要》第十八条进一步明确了认定债权人是否善意的标准，要求债权人必须审查担保人适格的内部决议。对于上市公司，《九民纪要》第二十二条进一步要求债权人审查上市公司的董事会或股东大会决议。

《民法典担保司法解释》对上市公司对外担保的债权人提出了更高的要求，明确“无公告、不担保”，要求债权人必须看到上市公司公开披露的信息后才能与上市公司签订担保合同。《民法典担保司法解释》第九条规定：“相对人根据上市公司公开披露的关于担保事项已经董事会或者股东大会决议通过的信息，与上市公司订立担保合同，相对人主张担保合同对上市公司发生效力，并由上市公司承担担保责任的，人民法院应予支持。相对人未根据上市公司公开披露的关于担保事项已经董事会或者股东大会决议通过的信息，与上市公司订立担保合同，上市公司主张担保合同对其不发生效力，且不承担担保责任或者赔偿责任的，人民法院应予支持。相对人与上市公司已公开披露的控股子公司订立的担保合同，或者相对人与股票在国务院批准的其他

全国性证券交易场所交易的公司订立的担保合同，适用前两款规定。”

《民法典担保司法解释》对与上市公司订立担保合同的相对人提出了公开披露信息的审查义务要求。实践中，金融机构作为相对人，在为上市公司提供担保前，需要审查上市公司公开披露的关于担保事项已经董事会或者股东大会决议通过的信息，以防范担保行为的效力风险。

某仓储公司诉某物流公司、香港某投资公司、某货运代理公司国际货物买卖合同纠纷案［（2023）鲁民终634号］

山东高级人民法院审理认为：《民法典担保司法解释》第九条系对上市公司、上市公司公开披露的控股子公司及新三板挂牌公司对外提供担保的特别规定。新三板挂牌公司与上市公司均具有公众性，拥有数量众多的中小投资者，《民法典担保司法解释》第九条对中小投资者利益进行了倾斜保护，以倒逼债权人在接受上市公司、上市公司已公开披露的控股子公司及新三板挂牌公司这三类特殊主体提供的担保前尽到审查对外担保公告的义务，从而促进公司合规经营和治理水平的提高，保障证券市场的健康发展。根据特别规定优于一般规定的法律适用原则，本案应适用《民法典担保司法解释》第九条的规定。本案中，某物流公司为香港某投资公司、某货运代理公司提供担保，根据上述规定，相对人某仓储公司在接受某物流公司提供的担保前，须审查某物流公司就公司决议公开披露的担保公告。在某仓储公司未尽到审查义务的情形下，某物流公司主张担保合同对其不发生效力，其不承担担保责任，依法应予支持。

三、对上市公司对外担保信息披露的审查标准

上市监管机关和司法机关均要求上市公司披露对外担保，但是债权人在审查上市公司对外担保公告时应采用什么标准，仍可能存在争议。实践中，很多上市公司频繁对外担保，因此交易所的规则允许上市公司进行预披露。在《民法典担保司法解释》出台前，受益人基于上市公司年度对外担保预披露公告而签订合同的情形很常见。但是，从近年来的法院裁判文书来看，司法机关认为金融机构对上市公司对外担保的审查应该采用严格标准。一般而言，上市公司作出股东大会或董事会决议须公开披露，司法机关可根据相对人对作为担保人的上市公司公开披露信息的审查情况来反推相对人是否审查了上市公司对外担保的内部决策的真实性、合法性和有效性，从而判断相对

人是否善意。因此，仅审查上市公司预计担保公告，难以满足现行法律法规和监管规定下的相对人审查义务要求，在司法实践中可能会被法官认为未尽合理审查义务。

深圳赫美集团股份有限公司等与每克拉美（北京）钻石商场有限公司金融借款合同纠纷案［（2020）京民终 670 号］

深圳证券交易所上市公司赫美集团作为担保人，为其控股子公司每克拉美（北京）钻石商场有限公司提供担保时，向债权人盛京银行股份有限公司北京石景山支行（以下简称盛京银行）出具了董事会会议决议公告及股东大会决议公告，以证明赫美集团股东大会已同意赫美集团与控股子公司间在 60 亿元额度内互相担保。赫美集团另提供说明文件，确认案涉担保期间，其与控股子公司互相担保额未超出总额度。

北京市高级人民法院认为："在为他人提供担保方面，上市公司对外担保的合同必须要公开披露。根据深圳证券交易所和上海证券交易所的上市规则，上市公司所有为他人提供担保的事项，因影响到广大中小投资者的利益和整个证券市场的健康发展，都必须公开披露。因此，与上市公司订立担保合同的相对人是否善意的判断标准是相对人是否根据公开披露的担保信息订立担保合同……相对人没有根据公开披露的担保信息订立的担保合同，对公司不发生效力……盛京银行与赫美集团签订的《最高额保证合同》未经股东大会审议通过且未经公告。故在赫美集团没有公开披露《最高额保证合同》的情况下，即使担保事项已经持有赫美集团三分之二以上表决权的股东书面签字盖章同意，盛京银行与赫美集团签订的《最高额保证合同》，亦非善意，《最高额保证合同》对赫美集团亦不发生法律效力。"最终，在保证人已经向债权人提供了上述预计担保额度公告和担保额度情况说明的情况下，法院仍判定最高额保证合同对保证人不发生效力。

泉州安通物流有限公司、安通控股股份有限公司融资租赁合同纠纷案［（2020）皖民终 1157 号］

债权人安徽合泰融资租赁有限公司（以下简称安徽合泰公司）在接受上海证券交易所上市公司安通控股公司为债务人安通物流公司提供的担保前，审查了安通控股公司发布的预计担保公告，披露了安通控股公司拟为其全资子公司提供担保的数额。

安徽省高级人民法院认为：上市公司只要进行合规担保，依法均应发布公告……安通控股公司作为在上海证券交易所上市的股份有限公司，其经由董事会表决、股东大会审议通过的对外担保事项，必须公开予以披露……安徽合泰公司均未举证证明其在签订保证合同前已经通过公开市场信息核实相关担保事项已经安通控股公司董事会或者股东大会决议通过……法人或者其他组织的法定代表人、负责人超越权限订立的合同，除相对人知道或者应当知道其超越权限的以外，该代表行为有效。鉴于安徽合泰公司系长期从事融资租赁经营的专业机构，在郭某泽以安通控股公司名义与之签订案涉保证合同时，其应当根据法律就上市公司对外担保所作的特别规定合理履行审查义务。在未尽到该义务的情况下，安通控股公司主张郭某泽签署的保证合同系越权代表，该合同对其不发生法律效力，于法有据，本院予以支持。

四、上市公司的范围

上市公司实践中存在三种情况，即境内注册公司在境内交易所上市，境内注册公司在境外交易所上市，以及在境外注册公司在境外交易所上市。《民法典担保司法解释》中未明确上市公司是境内上市还是境外上市。《公司法》第二条规定："本法所称公司，是指依照本法在中华人民共和国境内设立的有限责任公司和股份有限公司。"第一百三十四条规定："本法所称上市公司，是指其股票在证券交易所上市交易的股份有限公司。"结合《公司法》的规定，境内注册并在境内交易所上市的公司显然适用《民法典担保司法解释》，境外注册并在境外上市的公司不适用《民法典担保司法解释》。

鉴于《公司法》和《民法典担保司法解释》对上市地点并没有进行限定，对于境内注册境外上市的公司是否适用《民法典担保司法解释》有待司法实践明确。在未有明确司法实践案例的情形下，如果公司所在交易所对上市公司有对外担保进行披露的要求，则债权人应当尽量采用从严审查的原则。

五、总结和建议

无论是法律法规层面还是交易所规定层面，均对上市公司对外担保的决议和交易内容的披露提出了要求。但是在实践中，上市公司常通过预计担保额度等方式概括性审议和披露担保交易，难以做到针对每一笔担保交易的逐笔审议和披露。金融机构作为上市公司的担保交易相对人，在审查担保交易时，为了满足"善意相对人"的审查要求，需要了解不同担保交易的审议方式和披露标准，做到有针对性审查。

当前的司法实践要求金融机构逐笔审查上市公司拟提供担保交易的公开披露信息，旨在否定违规担保，为资本市场健康发展提供制度保障。但是，这一严苛的要求并没有区分不同类型对外担保的性质，例如，上市公司为全资子公司的业务提供担保，属于正常的经营行为，上市公司对其具有绝对的控制权，如果其经营状况良好，该等担保并不会损害上市公司及股东的利益。由于上市公司公告过程时间的拖延，严格要求对外担保逐项披露将对交易效率产生负面影响。因此，笔者建议司法机关在审理案件时不应“一刀切”要求每一担保交易均需要逐项披露，而应该根据担保交易的性质区别对待。

第六章　保证人的追偿

第一节　向债务人追偿

一、追偿的法律依据

保证人追偿的法律依据包括法定追偿权、代位权以及行使反担保。

（一）追偿权

保证人的追偿权源于《民法典》第七百条的规定："保证人承担保证责任后，除当事人另有约定外，有权在其承担保证责任的范围内向债务人追偿，享有债权人对债务人的权利，但是不得损害债权人的利益。"根据这一规定，保证人行使追偿权的基础是：保证人已经对债权人承担了保证责任，主债务人在保证人履行范围内免责。

（二）代位权

《民法典》第七百条中"享有债权人对债务人的权利"属于代位权的规定。规定这一权利的唯一目的是保障保证人向债务人进行追偿。《民法典》第七百条规定的这一法定代位权是指债权的法定转移，是依据清偿代位而取得的，其产生的前提和基础是追偿权，其权利的内容包括债权人对债务人享有的抵押权、支付本息请求权、支付违约金请求权①。

代位权是《民法典》新增的内容。原《担保法》第三十一条规定："保证人承担保证责任后，有权向债务人追偿。"可见，原《担保法》时代法律仅规定了保证人的追偿权，并无保证人代位权的相关规定。此前的司法实践的主流观点认为，保证人代为清偿债务后，债权人的债权归于消灭，因此，保

---

① 参见最高人民法院民法典贯彻实施工作领导小组主编：《中华人民共和国民法典合同编理解与适用》，人民法院出版社 2020 年版，第 1391—1392 页。

证人没有行使代位权的权利基础。例如，在（2020）最高法民申343号案中，最高人民法院认为，因担保公司承担了保证责任，银行对债务人的债权消灭，作为主债权从权利的抵押权也随之消灭，不存在债权转让的问题，担保公司不能取得银行对债务人的债权。

（三）反担保

保证人行使追偿的另一个依据是反担保。《民法典》第三百八十七条规定："债权人在借贷、买卖等民事活动中，为保障实现其债权，需要担保的，可以依照本法和其他法律的规定设立担保物权。第三人为债务人向债权人提供担保的，可以要求债务人提供反担保。反担保适用本法和其他法律的规定。"因此，如果保证人在提供保证时要求债务人提供了反担保，保证人可以基于反担保的规定对债务人进行追偿。

二、追偿的范围

《民法典》第七百条规定，保证人承担保证责任后，除当事人另有约定外，有权在其承担保证责任的范围内向债务人追偿。根据《民法典》第六百九十一条的规定，"保证的范围包括主债权及其利息、违约金、损害赔偿金和实现债权的费用。当事人另有约定的，按照其约定"。在没有约定或约定不明的情况下，保证的范围要紧紧地从属于主债权债务之范围，追偿的范围也仅限于保证的范围。《民法典担保司法解释》对追偿范围作了补充，第十八条规定："承担了担保责任或者赔偿责任的担保人，在其承担责任的范围内向债务人追偿的，人民法院应予支持。"

（一）保证人和债务人之间有约定

对于专业提供保证的公司而言，债务人请求保证人提供保证担保时通常会签署委托保证合同。合同中对保证人承担保证责任后向债务人的追偿范围进行明确约定。这样的约定只要不违反法律强制性规定都会得到法院的支持。

宁夏某某塑钢制品有限公司、宁夏某某房地产开发有限责任公司等追偿权纠纷案［（2023）宁民申1059号］

该案再审审查的争议焦点在于宁夏某某担保集团有限公司主张的逾期担保费应否得到支持。宁夏某某担保集团有限公司与宁夏某某塑钢制品有限公司在案涉《委托担保合同》第五条"担保费"项下明确约定"如乙方未依约偿还《流动资金借款合同》项下的借款，乙方应向甲方支付逾期担保费，逾期担保费率在2.175%的基础上加收30%，逾期担保费自甲方通知其支付后三日内向甲方支付”。同时，宁夏某某房地产开发有限责任公司、宁夏某某石油制品有限公司、韩某华、韩某军、黄某清分别与宁夏某某担保集团有限公司在《保证反担保合同》中亦明确约定“保证反担保范围为：……2.《委托担保合同》项下，借款人应向原告支付的担保费、违约金及其他损失赔偿金”，上述约定系各方当事人的真实意思表示，其内容不违反法律、行政法规的效力性强制性规定，对当事人具有约束力。

西藏花玉措商贸有限公司、西藏财信融资担保有限公司等追偿权纠纷案［（2022）藏民终59号］

案涉《委托（担保）合同》第五条约定“乙方（财信担保公司）在履行了保证义务代甲方（西藏花玉措公司）清偿债务后，取得追偿权，即有权向甲方追偿……乙方为实现债权的费用和损失（包括诉讼费、律师费……）”，《反担保（保证）合同》第四条约定保证人的保证范围包括债权人实现债权所发生的一切费用（包括但不限于诉讼费、公证费、仲裁费、律师费等）。法院认为，上述协议系当事人真实意思表示，未违反法律、法规强制性规定，各方当事人应当依约予以履行。法院进一步认为，财信担保公司基于案涉《保证合同》约定，依约向上海浦发银行拉萨分行履行了担保义务后，在借款人西藏花玉措公司未向其履行还款义务前，双方形成债权债务关系，金钱之债产生的损失主要为资金占用的利息损失，因此依据法律规定和当事人之间的约定，西藏花玉措公司应当承担向财信担保公司支付代偿款利息之责任，该利息区别于财信担保公司向银行代偿西藏花玉措公司的借款本息中的利息，系西藏花玉措公司未及时向财信担保公司履行还款义务产生的利息之债，应当由西藏花玉措公司承担。

（二）保证人的损失

保证人承担保证责任后遭受的损失，主要体现为资金占用利息损失。资金占用的利息损失，依据法律规定和当事人之间的约定进行确定。如果约定过高，法院经当事人申请可以酌情调减。如果没有约定资金占用损失，通常有权主张按照同期贷款市场报价利率计算合理利息，但也存在法院不支持的可能。对于保证人主张资金占用损失之外的其他损失，法院一般不支持。

实践中比较常见的其他损失是保证人因介入诉讼聘请律师产生的律师费（不是保证范围中约定的债权人为实现债权而发生的律师费）。对于这一费用，如果保证人和债务人之间没有明确约定，往往得不到法院的支持，因为这不属于保证人承担担保责任的范围。

居然之家（天津）融资担保有限公司与赵某等追偿权纠纷案［（2023）京02民终153号］

本案中，根据《委托保证合同（最高额保证合同）》的约定，居然之家担保公司为张某在《最高额融资合同》项下的债务提供保证担保，在履行保证义务代为清偿债务后，有权就代为清偿的全部款项以及实际发生的其他费用和损失向乙方进行追偿。居然之家担保公司已代张某清偿，因此，依约享有向张某追偿该笔款项的权利。关于利息和违约金，法院认为，张某未依约履行代偿义务给居然之家担保公司造成相应损失，主要体现为资金占用损失。居然之家担保公司主张另有其他损失，但并未提交相应证据，不予支持。同时由于合同约定的利息和违约金计算标准明显超过居然之家担保公司所产生的损失，法院酌情调整利息标准为按全国银行间同业拆借中心公布的同期一年期贷款市场报价利率计算。

王某、蒋某追偿权纠纷案［（2021）皖01民终4534号］

该案中，王某为债务人蒋某、凯源建设滁州分公司的债务提供连带责任保证。因债务人未履约，保证人王某的房屋被拍卖，拍卖款140万元用于偿还债权人。后王某向债务人起诉追偿。该案的争议焦点之一是保证人王某履行保证责任后向债务人追偿的金额计算。

合肥中级人民法院认为，保证人向债务人追偿的追偿范围应当以保证人的清偿行为使主债务人所受利益为限，包括：在主债务范围内向主债权人清偿的债务额，为清偿行为所支出的必要费用。王某房产被司法拍卖，房产拍卖款140万元用于偿还债权人，故王某仅能追偿代偿款140万元。王某主张追偿代偿款148万元，未提供剩余8万元系代偿借款所支出的必要费用的证据，法院不予采信。关于代偿款资金占用损失，没有合同依据，法院不予支持。

（三）是否可以根据主合同约定的违约责任向债务人追偿

保证人根据《民法典》第七百条取得代位权后，是否可以根据主合同的约定要求债务人代偿违约利息或其他违约金，目前的司法实践有不同观点。根据《民法典》规定的代位权，保证人应当可以取得迟延利息或者违约金。迟延利息和违约金可以作为保证人享有的债权人对债务人的权利，因为“债权人对债务人的权利”中本身就包含迟延利息和违约金，而且资金占有具有成本，在不违反高利贷等强制规定的情形下，保证人当然可以主张①。然而，实践中仍然存在不同理解，一些法院可能认为，在保证人和债务人之间没有特别约定的情况下，保证人要求债务人按主合同约定的利率计算资金占用利息损失和其他违约金缺乏约定及法律依据。

库尔勒万金钢铁商贸有限公司、巴州绿建矿业科技有限公司等追偿权纠纷案［（2022）新民终58号］

本案中，保证人万金钢铁公司在承担保证责任后，主张按照借款合同中约定的月利率1.87%计算资金占用期间的利息。新疆高级人民法院认为，《民法典》第七百条规定的保证人代位权的规定与追偿权的规定并不矛盾，仍然是双方对追偿权范围及金额无约定情况下，其追偿范围及金额仅限于其担保责任范围之内。鉴于保证人和债务人就保证人承担保证责任后的追偿范围及追偿金额的确定问题，并未约定且事后亦未达成合意，保证人主张按借款合同约定的月利率1.87%计算资金占用利息损失，缺乏约定及法律依据，不予支持。法院判决，关于资金占用期间利息损失，应按照同期全国银行间同业拆借中心公布的贷款市场报价利率计算。

（四）是否可以行使债权人的担保物权

保证人在向债权人承担保证责任以后，虽然被清偿的债权本应归于消灭，但法律拟制债权继续存在，以保障保证人向主债务人进行追偿。因此，《民法典》第七百条规定的代位权显然包括债权人对债务人享有的担保物权。但是，法定代位权从属于追偿权，其目的是强化追偿权，追偿权不存在，则法定代位权也不产生；追偿权实现后，被移转的债权也告消灭。但是，需要注意的是，如果担保物权被解除或者无效，那么保证人将无法行使。因此，实践中需要特别注意，在保证人向债权人代偿后，应当要求债权人不要解除担保物权。

西藏第三极羊绒制品有限公司、西藏国有资本投资运营有限公司追偿权纠纷案［（2021）藏民终75号］

本案争议焦点为：西藏国资公司作为保证人履行代为清偿义务后，就借款人西藏第三极羊绒公司向债权人农行达孜支行提供的抵押财产是否享有优

① 参见黄薇主编：《中华人民共和国民法典释义》，法律出版社2020年版，第1327页。

先受偿权。西藏高级人民法院认为，西藏国资公司履行代为清偿义务后，就西藏第三极羊绒公司向农行达孜支行提供的抵押财产享有优先受偿权。理由如下：首先，《民法典》第七百条规定的追偿权系法定代位权，其目的在于鼓励保证人及时代偿债务和保障保证人追偿权利。该法定代位权包括但不限于债权人对债务人享有的抵押权、支付本息请求权、支付违约金请求权。其次，西藏第三极羊绒公司与农行达孜支行签借款合同时，西藏第三极羊绒公司已将其位于达孜工业园区的土地及房产作为抵押担保，使得债权人农行达孜支行就抵押物有优先受偿权。西藏国资公司向农行达孜支行代为清偿西藏第三极羊绒公司应偿还的债务后，而请求行使代位求偿权，即对抵押物行使优先受偿权，并不增加西藏第三极羊绒公司的还款义务和减损其权益。同时，在保证人履行代为清偿义务后，保障保证人就抵押物享有优先受偿权更符合立法本意和司法理念，更有利于维护社会和经济秩序。

（五）债权人免除个别保证人责任

司法实践中的主流观点认为，债权人免除个别连带共同保证人的保证责任的，其余保证人对被免除责任的保证人无追偿权。因为连带共同保证人之间的追偿权是基于共同保证而成立的，如果债权人免除个别保证人的保证责任，则债权人与被免除责任的保证人之间的保证法律关系因债权人的免除行为而归于终止，被免除责任的保证人不再属于共同保证的整体，对主债务无须承担清偿责任。此外，《民法典》第五百二十条第二款规定：“部分连带债务人的债务被债权人免除的，在该连带债务人应当承担的份额范围内，其他债务人对债权人的债务消灭。”根据这一规定，部分连带共同保证人的债务被债权人免除的，在该保证人应当承担的份额范围内，其他连带共同保证人无须对债务人承担责任。

冯某扬、罗某英等民间借贷纠纷案［（2022）苏04民终734号］

2018年4月19日，徐某（甲方）与孙某、冯某扬（乙方）、东方公司（丙方）以及张某、罗某英共同签订借款协议一份，约定：孙某与冯某扬作为共同借款人向徐某借款400万元，孙某与冯某扬承担连带还款责任。张某系孙某妻子、罗某英系冯某扬妻子，两人分别作为担保人在借款协议上签名。2020年7月17日，徐某与孙某签订协议一份，约定上述400万元借款中由孙某和张某归还200万元，40万元于协议签订当日支付，160万元于协议签订后一个月内付清，孙某、张某与徐某的借款纠纷就此结清，徐某不得再向法院主张要求孙某、张某归还此借款的任何要求，包括此借款产生的任何利息。

法院认为，《民法典》第五百二十条规定，部分连带债务人的债务被债权人免除的，在该连带债务人应当承担的份额范围内，其他债务人对债权人的债务消灭。据此，应认定徐某对于孙某、张某的债务份额范围内的免除效力及于冯某扬和罗某英。由于各连带责任人之间未就各自承担的份额进行约定，应按照平均承担责任的方式来确定各自最终应承担的责任。则孙某与张某作为占半数的连带债务人，最终应承担50%的债务份额。在徐某免除了孙某与张某的责任后，对冯某扬与罗某英的案涉400万元借款债务中的200万元的债务亦予以免除，而非免除了冯某扬与罗某英的全部债务。

三、追偿权的行使

原《担保法司法解释》第四十二条规定“人民法院判决保证人承担保证责任或者赔偿责任的，应当在判决书主文中明确保证人享有担保法第三十一条规定的权利”。这一规定的目的是使保证人在承担了保证责任后依据生效判决直接进入执行程序，不必再经过复杂的诉讼程序，减少当事人讼累。

但司法实践中对这一规定的适用存在以下问题：第一，部分法院判决主文未明确保证人的追偿权；第二，对保证人依据行使追偿权内容的判项的执行申请，部分法院以保证人在主合同诉讼中是案件被告而非原告为由不予受理；第三，当保证人提起追偿权诉讼时，部分法院以“此前生效判决已在判决主文中明确了本案原告（保证人）的追偿权”为由，裁定不予受理。为此，一些地方高级人民法院（如吉林、辽宁、广东）明确提出：保证人已经参加诉讼并被判定承担保证责任后，在同一判决中必须将保证人的追偿权预先一并以判决的形式固定化；如果判决中没有明确保证人追偿权，保证人另行诉讼主张权利的，人民法院应当依法受理。

四、债务人破产情况下的追偿

（一）保证人的清偿责任和求偿权的限制

债务人出现破产情况不影响保证人履行其保证责任。对此，法律和司法解释有明确规定。《民法典担保司法解释》第二十三条第一款明确规定：“人民法院受理债务人破产案件，债权人在破产程序中申报债权后又向人民法院提起诉讼，请求担保人承担担保责任的，人民法院依法予以支持。”《破产法》

第一百二十四条规定："破产人的保证人和其他连带债务人，在破产程序终结后，对债权人依照破产清算程序未受清偿的债权，依法继续承担清偿责任。"第九十二条第三款规定："债权人对债务人的保证人和其他连带债务人所享有的权利，不受重整计划的影响。"《最高人民法院关于印发〈全国法院破产审判工作会议纪要〉的通知》（法〔2018〕53号）第三十一条规定："保证人的清偿责任和求偿权的限制。破产程序终结前，已向债权人承担了保证责任的保证人，可以要求债务人向其转付已申报债权的债权人在破产程序中应得清偿部分。破产程序终结后，债权人就破产程序中未受清偿部分要求保证人承担保证责任的，应在破产程序终结后六个月内提出。保证人承担保证责任后，不得再向和解或重整后的债务人行使求偿权。"

可见，在债权人利益与保证人利益之间，法律优先保护债权人利益，只有在债权人受偿的金额超出其债权总额时，保证人才有可能在其承担的保证范围内进行追偿。债权人足额申报后，若其在破产程序中无法足额清偿，仍可以要求保证人继续承担责任，而承担保证责任的保证人则会因破产程序终结无法向债务人追偿。

中国银行股份有限公司武汉青山支行与武汉国裕物流产业集团有限公司、武汉江裕海运发展有限公司等借款合同纠纷执行复议案［（2023）鄂执复13号］

本案争议焦点为主债务人国裕集团公司破产时，应否中止对保证人的执行程序。法院认为，根据《破产法》第一百二十四条和第五十一条的规定，均不能得出主债务人国裕集团公司被人民法院裁定受理破产清算申请时，应当中止对保证人国裕贸易公司执行的结论。相反，根据《民法典担保司法解释》第二十三条的规定，债权人在破产程序中申报债权后，还可以向人民法院提起诉讼请求担保人承担担保责任；在债权人的债权未获全部清偿前，担保人不得代替债权人在破产程序中受偿。同时，该条明确规避了债权人双重受偿情况的发生。故国裕贸易公司请求中止的复议请求缺乏法律依据，不予支持。

安徽中安融资租赁股份有限公司、潢川县发展投资有限责任公司等保证合同纠纷案［（2022）豫民再87号］

本案再审的争议焦点为债务人华英农业公司的重整计划是否影响中安融资公司向潢川发投公司主张保证责任。法院认为，根据《破产法》第九十二条第三款的规定，债权人中安融资公司对保证人潢川发投公司享有的权利不受重整计划的影响。法律并未限定债权人必须在主债务人的破产程序终结后才能向保证人主张权利。如果债权人必须在破产程序终结后才能向保证人主张承担保证责任，尤其是破产案件周期较长的，那么一旦届时保证人下落不明或者丧失清偿能力，则势必影响债权人保证利益的实现。因此，债权人向保证人主张清偿的权利不应当受到破产程序的影响，在避免债权人重复受偿的前提下，债权人同时享有在破产程序中申报债权及向保证人主张担保责任的权利，更有利于债权人权益的实现。保证人潢川发投公司如果承担债务清偿责任，可依法代替中安融资公司在债务人华英农业公司的破产程序中受偿，或者就中安融资公司通过破产分配和实现担保债权等方式获得清偿总额中超出债权的部分，在其承担担保责任的范围内依法请求中安融资公司返还。

（二）保证人的追偿权是否因债权人申报债权而无法实现

《破产法》第五十一条规定："债务人的保证人或者其他连带债务人已经代替债务人清偿债务的，以其对债务人的求偿权申报债权。债务人的保证人或者其他连带债务人尚未代替债务人清偿债务的，以其对债务人的将来求偿权申报债权。但是，债权人已经向管理人申报全部债权的除外。"可见，保证人申报债权存在两种情形：（1）保证人已经替代债务人清偿债务，以其对债务人的求偿权申报债权；（2）保证人尚未替代债务人清偿债务，以其将来的求偿权申报债权。

按照《民法典》的规定，在保证人未履行保证责任的情况下，保证人暂不具备相应的追偿权。但由于债务人已经进入破产程序，若债权人在债务人破产程序中未对保证人进行主张，在破产程序终结后的一定期限内要求保证人承担保证责任，将会影响保证人的求偿权。因此，《破产法》赋予了保证人对其将来求偿权申报债权的权利。但这种情形下，如果债权人已经申报了债权，则保证人不能进行申报；否则，会造成同一笔债权重复申报的情形，损害其他债权人利益。

许昌恒源发制品股份有限公司、赵某栓保证合同纠纷再审审查案［（2020）最高法民申1676号］

本案争议焦点包括：债权人申报债权后，保证人的求偿权或追偿权能否实现问题；债权人中原银行应否按照破产重整计划放弃对担保人的追偿问题。

关于债权人中原银行已经申报债权，各保证人的追偿权或求偿权能否实现的问题。最高人民法院认为，虽然根据《破产法》的有关规定，在债权人已经申报债权且保证人未清偿债务的情况下，保证人不能以求偿权申报债权。但是，已向债权人承担了保证责任的保证人，可通过申请转付相应清偿份额的方式实现权利救济，并非再审申请人所称的其求偿权或追偿权已无法实现。

关于债权人中原银行应否按照破产重整计划放弃对担保人的追偿问题。最高人民法院认为，债权人设立担保旨在使债务人的保证人和其他连带债务人在债务人无力清偿，尤其是破产时承担责任。如因债权人在重整计划中不得已减免债务人的部分债务、变更清偿条件，便相应减轻保证人和其他连带债务人的责任，这与设立担保的宗旨相违背。重整计划依法定多数同意即可通过，经人民法院裁定批准的重整计划对债务人和全体债权人均有约束力。部分不同意的债权人也要受重整计划约束，如其债权设有保证担保，在他们不同意重整计划的情况下将债务人的保证人和其他连带债务人的责任也随之减免，不尽合理。《破产法》第九十二条第三款明确规定不因重整计划中对债权人的债权数额、清偿条件的调整而受到影响，仍应按照原有数额和条件进行清偿，该重整计划的效力不及于债务人的保证人和其他连带债务人，其不能以重整计划来对抗债权人的权利主张。虽然《许昌恒源发制品股份有限公司债权人重整计划（草案）》规定“债权人应在重整计划批准生效后放弃对担保人的追索……”，但该重整计划草案经人民法院审查后强制批准，中原银行并未参与表决，且在许昌市中级人民法院（2015）许中法破字第5—28号民事裁定书中写明了“经本院审查发现，该重整计划草案中的个别条款存在合法性争议，但是并不能否定重整计划草案的整体效力，对于上述个别条款应根据相关法律规定和当事人自愿原则在重整计划执行中予以处理”。因此，作为连带责任保证人的再审申请人不能以重整计划草案来对抗债权人的主张。

（三）保证债务是否停止计息

《破产法》第四十六条第二款规定：“附利息的债权自破产申请受理时起停止计息。”因此，债务人进入破产程序后，债权人申报债权时对债务人利息的计算应当于破产受理时停止。但这一规定是否适用于保证人，保证人承担的保证责任的范围是否包括主债务人进入破产程序后的利息？在《民法典担保司法解释》出台前，我国司法实务中大多认为债务人停止计息并不必然导致债权人对保证人应当停止计息。例如，《浙江省高级人民法院民事审判第五庭关于主债务人破产后保证人是否停止计息问题的解答》（浙高法民五〔2020〕1号）就曾明确“破产程序中针对债务人申报的附利息的债权自破产申请受理时起停止计息，但该停止计息的效力不及于保证人”。在（2020）最高法民终1322号案中，最高人民法院认为《破产法》第四十六条规定“并未明确规定担保债务自破产申请受理时停止计息”，一审判决保证人有色金属公司对债务人长富公司破产申请受理后的债务利息承担保证责任，并未违反当时的法律规定以及当事人合理预期。

《民法典担保司法解释》第二十二条明确规定：“人民法院受理债务人破产案件后，债权人请求担保人承担担保责任，担保人主张担保债务自人民法院受理破产申请之日起停止计息的，人民法院对担保人的主张应予支持。”鉴于保证担保的从属性，保证人承担的担保责任范围不应当大于主债务，因此保证人承担的债务和主债务一样停止计息是合理的。

第二节 担保人之间的追偿

一、共同保证人之间的追偿权

原《担保法》项下，连带共同保证与按份共同保证的保证责任分配形式的主要不同在于各保证人之间的追偿权。在按份共同保证中，由于各保证人之间具有区分利益，在各自的保证份额内承担保证责任，因此，即使一个保证人向债权人履行了保证责任，但其亦无权向其他按份保证人追偿，仅能在其履行保证职责的范围内对债务人行使追偿权。而在连带共同保证的情形下，由于各保证人之间承担的是连带责任，基于平等分担保证责任的出发点，原《担保法》允许已承担保证责任的保证人，就向债务人不能追偿的部分，要求其他承担连带责任的保证人分担。各保证人之间的追偿权的理论基础是：为了确保债权人更为高效、安全地实现债权，各保证人之间相互提供担保。

但《民法典》修改了这一规则，规定各保证人之间没有相互追偿权，除非当事人有特别约定。之所以作出这样的修改，其理论基础是：“若多个保证人之间没有特别的意思联络，意味着他们之间偶然性共同为债权人提供担保，在相互之间没有特别意思联络的情况下，保证人之间相互追偿缺乏法律上的请求权基础。”① 二人以上保证人提供共同保证时，各保证人可能基于共同的

① 参见黄薇主编：《中华人民共和国民法典释义》，法律出版社2020年版，第1325页。

意思表示，也可能仅形成共同保证的合意但对保证方式无约定或约定不明，还有可能没有共同保证的合意，而是分别与债权人约定保证责任。在复杂的情况下，甚至可以组成部分保证人达成合意，部分保证人无共同保证的意思表示。保证人之间是否达成合意是判断保证人相互之间是否有追偿权的关键。

《民法典担保司法解释》对共同保证人之间的追偿责任作了进一步细化，第十三条规定：“同一债务有两个以上第三人提供担保，担保人之间约定相互追偿及分担份额，承担了担保责任的担保人请求其他担保人按照约定分担份额的，人民法院应予支持；担保人之间约定承担连带共同担保，或者约定相互追偿但是未约定分担份额的，各担保人按照比例分担向债务人不能追偿的部分。同一债务有两个以上第三人提供担保，担保人之间未对相互追偿作出约定且未约定承担连带共同担保，但是各担保人在同一份合同书上签字、盖章或者按指印，承担了担保责任的担保人请求其他担保人按照比例分担向债务人不能追偿部分的，人民法院应予支持。除前两款规定的情形外，承担了担保责任的担保人请求其他担保人分担向债务人不能追偿部分的，人民法院不予支持。”

（一）共同保证人之间关于追偿的约定

《民法典》要求保证人之间需要有明确的约定才能进行追偿。值得注意的是，根据《民法典担保司法解释》，同一债务有两个以上第三人提供保证担保，如果各担保人在同一份合同书上签字、盖章或者按指印，就被视为担保人之间有相互追偿的约定。

刘某、胡某等追偿权纠纷案［（2024）新01民终4698号］

本案中，郭某与某新疆分公司签订借款协议时，刘某、吴某、胡某在借款协议的担保人处签字，约定担保责任为连带责任，对于各担保人之间的担保责任承担比例及方式并未明确约定。因某新疆分公司未履行还款义务，且在执行过程中无财产可供执行，法院划扣胡某3 445 100元，胡某已代某新疆分公司履行了还款义务，即已承担了保证责任。胡某承担了保证责任后，请求其他保证人吴某、刘某各按照三分之一比例分担债务人某新疆分公司不能清偿部分。一审法院依照《民法典担保司法解释》第十三条认为，胡某承担担保责任后，向某新疆分公司不能追偿的部分，应由各担保人按照比例分担。因此，刘某和吴某就胡某支出的代偿款3 445 100元在某新疆分公司不能清偿的部分承担三分之一的连带清偿责任。乌鲁木齐中级人民法院二审维持一审判决。

（二）追偿的前提条件

无论是之前的《担保法》还是《民法典》，保证人向其他连带共同保证人进行追偿，须满足两个基本前提：一是承担了保证责任；二是存在向债务人不能追偿的债务。

北方通和控股有限公司、内蒙古准兴重载高速公路有限责任公司等保证合同纠纷案［（2022）最高法民终250号］

2008年7月3日，蒲江公司、道隧公司、兴托公司、北方通和公司达成四方协议，并经四川省成都市中级人民法院作出民事调解书确认，道隧公司欠蒲江公司9968万元，兴托公司和北方通和公司对道隧公司偿还蒲江公司欠款承担连带付款责任。2010年7月12日，四川省成都市中级人民法院作出民事裁定书，将被执行人北方通和公司在长滩公司持有的23%的股权作价20 593.6万元直接抵偿给申请执行人蒲江公司以清偿部分债务。2010年7月14日，四川省成都市中级人民法院给内蒙古自治区鄂尔多斯市工商局下发协助执行通知书，请该局将北方通和公司在长滩公司持有的23%的股权过户至蒲江公司名下，蒲江公司被登记为长滩公司股东。北方通和公司在承担上述保证人保证责任后，未提交证据证明其曾向债务人道隧公司追偿。

在一审庭审中，一审法院要求北方通和公司就是否要求道隧公司承担责任，承担什么责任进行回应，北方通和公司明确表示：不追加道隧公司的责任。道隧公司在本案一、二审程序中始终否认北方通和公司的诉讼请求。在此情况下，因其未通过诉讼程序向本案主债务人道隧公司追偿过债务，在本案中亦未将道隧公司列为被告、对其提出诉讼请求，在一审法院释明后，依然坚持只将准兴重载公司列为被告，向其追偿应当承担的份额，使得本案中北方通和公司承担保证责任是否存在前提和对价、是否存在向债务人不能追偿的债务，以及上述债务的数额，均处于不确定状态。因此，最高人民法院判决：北方通和公司要求准兴重载公司作为连带共同保证人清偿其应当承担的份额的两个基本前提不能确定，故其向准兴重载公司的追偿请求，缺乏必要的事实基础和法律依据。

二、混合担保中的追偿权问题

同一债权上既有保证又有第三人提供物的担保的，为混合担保。原《担保法司法解释》第三十八条第一款规定："同一债权既有保证又有第三人提供物的担保的，债权人可以请求保证人或者物的担保人承担担保责任。当事人对保证担保的范围或者物的担保的范围没有约定或者约定不明的，承担了担保责任的担保人，可以向债务人追偿，也可以要求其他担保人清偿其应当分担的份额。"原《担保法司法解释》肯定了共同担保人的追偿权，但是后来的原《物权法》第一百七十六条修改了原《担保法司法解释》的规定，在前述情况下，仅说明提供担保的第三人承担了担保责任后，有权向债务人追偿，而未提及担保人之间的债务分担。仅从字面上理解，原《物权法》未承认混合共同担保人之间存在的法定追偿权，但也未明确否认。因此，学术界对于混合共同担保人之间的追偿权一直存在争议。

2019 年 11 月，最高人民法院在《九民纪要》中，就混合担保人的追偿权进行了说明。最高人民法院认为，《担保法司法解释》第三十八条明确规定，被担保的债权既有保证又有第三人提供的物的担保的，承担了担保责任的担保人可以要求其他担保人清偿其应当分担的份额，但原《物权法》第一百七十六条并未作出类似规定，基于原《物权法》第一百七十八条关于"担保法与本法的规定不一致的，适用本法"的规定，承担了担保责任的担保人向其他担保人追偿的，人民法院将不予支持，担保人在担保合同中明确约定可以相互追偿的除外。结合《九民纪要》对混合担保中担保人之间追偿权的解释方式，再回顾《民法典》对于共同保证人之间追偿权的规定，连带共同保证人的追偿规则已经全面更新。

从《民法典》的规定可知，在保证人未约定保证份额的情况下，债权人可以要求任何一个保证人在其保证范围内承担保证责任，但无法明确得出各保证人之间为连带责任关系的结论。《民法典》第三百九十二条规定担保人在承担担保责任后可以向债务人追偿，但没有规定可以向其他担保人追偿。而《民法典》第一百七十八条第三款明确规定，"连带责任，由法律规定或者当事人约定"。鉴于《民法典》明确规定连带责任必须由法律规定或者当事人约定，在混合担保各担保人之间没有约定的情况下，承担了担保责任的担保人不能向其他担保人追偿。

惠某公司、创某公司、融某公司等追偿权纠纷案［（2024）粤民终 425 号］

本案中，融某公司、惠某公司分别与某某支行签订保证合同和质押合同，为创某公司向某某支行的案涉借款提供连带责任保证和质押担保。被担保的债权既有保证，又有第三人提供的物的担保。广东省高级人民法院认为：虽然《担保法司法解释》第三十八条规定，承担了担保责任的担保人可以要求其他担保人清偿其应当分担的份额，但《物权法》第一百七十六条并未作出类似规定。根据《物权法》第一百七十八条“担保法与本法的规定不一致的，适用本法”的规定，承担了担保责任的担保人对其他担保人不享有追偿权，除非担保人在担保合同中明确约定可以相互追偿的。本案惠某公司与某某支行签订案涉质押合同时，融某公司已与某某支行签订了案涉保证合同，但案涉质押合同并未约定惠某公司对融某公司享有追偿权。一审法院根据《民法典担保司法解释》第十三条的规定，认定惠某公司对融某公司不享有追偿权，适用法律虽有不当（该案纠纷发生在《民法典》实施之前，所以不应适用《民法典担保司法解释》），但认定结论并无不当。惠某公司关于其对融某公司享有追偿权的上诉主张缺乏依据，依法不予支持。

三、向其他保证人追偿的范围

在《担保法》时代，连带共同保证中，保证人履行保证义务后，可以就超出其保证范围的部分向其他保证人追偿。连带共同保证人之间约定了份额的，按照其份额承担责任，未约定份额的平均分担。《民法典》时代也存在保证人之间追偿的情况，而且对追偿的范围作了明确规定。尽管保证人之间的责任分配比较清楚，但实践中仍然有可能发生争议。常见的争议包括：被追偿的保证人能否主张其保证责任已经被债权人免除，因此不向已经承担保证责任的保证人承担责任；追偿的范围是否可以包括其他费用。

苏州宝新无缝钢管有限公司诉苏州市同济钢管有限公司、孙某年等保证合同追偿权纠纷案［（2013）苏中商终字第0281号］

2011年8月15日，同济公司（借款人）与永诚贷款公司（贷款人）签订借款合同一份，约定同济公司向永诚贷款公司借款450万元用于资金周转，借期自2011年8月17日至2011年11月16日，月利率为2%。同日，朱某、宝新公司及孙某年、卞某扣、任某如作为保证人与永诚贷款公司签订保证合同一份，约定为同济公司的上述债务提供连带责任保证担保。保证合同担保的范围包括主合同项下的债务本金、利息、逾期利息、罚息、复利、手续费、违约金、损害赔偿金、实现债权的费用（包括但不限于诉讼费、执行费、保全费、鉴定费、律师代理费、差旅费等）和实现债权的其他一切费用。孙某年、卞某扣、任某如在合同尾部保证人处签字，朱某在保证人法定代表人处签字。宝新公司在保证人处加盖公章。因同济公司未按约还款，2011 年 12 月 20 日宝新公司向永诚贷款公司代偿了 450 万元。

二审法院认为：因各保证人提供的是共同的连带责任保证，且对保证份额没有约定，故应当平均承担同济公司的债务，即使朱某下落不明，其对同济公司债务的保证责任并未免除，故 5 个保证人应各承担 1/5。宝新公司向卞某扣、任某如追偿时不能超过卞某扣、任某如原应承担份额的 1/5。宝新公司在一审期间撤回对朱某的起诉，视为其在本案中放弃对朱某的追偿权。宝新公司要求其他保证人分担朱某的保证责任，加重了其他保证人的责任，没有相应的法律依据。因宝新公司与保证合同的其他保证人之间就承担保证责任后行使追偿权时发生的律师费负担无明确约定，故宝新公司要求卞某扣、任某如承担其行使追偿权时发生的律师费没有相应的法律依据。

下编　不同场景下的保证

第七章　最高额保证

第一节　概述

一、最高额保证的概念

随着经济社会的发展，交易主体之间逐渐出现越来越多的连续交易和频繁交易。为担保相关债权的实现，最高额保证制度应运而生。所谓最高额保证，就是债权人与保证人约定，对于债权人与债务人在一定期间内连续发生的债务，由保证人在最高限额内对债权人承担保证责任的保证方式。

我国担保法律制度体系中关于最高额保证的规定最早见于原《担保法》第十四条。《民法典》延续了原《担保法》的规定，在第六百九十条明确了最高额保证："保证人与债权人可以协商订立最高额保证的合同，约定在最高债权额限度内就一定期间连续发生的债权提供保证。最高额保证除适用本章规定外，参照适用本法第二编最高额抵押权的有关规定。"

最高额保证制度并非我国独创。域外的现代法律制度中亦存在相似的立法例。《日本民法典》所确立的"根保证"制度与我国的最高额保证制度较为类似。《日本民法典》第四百六十五条规定："以属于一定范围的不特定债务作为主债务的保证契约，包括于其债务的范围内以金钱的贷与或接受票据贴现负担债务等内容在内的契约保证人，就主债务的原本和与主债务相关的利息、违约金、损害赔偿及其他从属债务以及就其保证债务约定的违约金、损害赔偿额等，以其相关全部的最高额度为限，负有履行的责任。"① 除此之外，《意大利民法典》规定"对附条件的债务或可预见的未来的债务亦得提供担保，对后一种情形提供的是最大数额担保"②，《德国民法典》规定"对将

① 渠涛编译：《最新日本民法》，法律出版社 2006 年版，第 103 页。

② 费安玲等译：《意大利民法典》，中国政法大学出版社 2004 年版，第 584 页。

来的或附条件的债务，亦可以承担保证”[①] 等。

二、最高额保证的适用范围

最高额保证的适用范围，也即最高额保证下的被担保债权的范围或类型，事关最高额保证制度能否充分发挥其作用。我国法律在这一方面经历了从较为严格的限制到放开的过程。

原《担保法》第十四条规定的最高额保证是指“在最高债权额限度内就一定期间连续发生的借款合同或者某项商品交易合同订立”的保证合同。

虽然最高额保证制度的设立初衷主要是为了担保长期的商业交易，但随着社会经济的发展，即便出于维护交易安全的考虑，沿用严格限制的立法模式对最高额保证的适用范围加以规范将越来越有悖于该项制度的发展方向。实际上，立法机关已经意识到这一不足，通过原《物权法》的颁布施行完善了原《担保法》下与最高额保证制度相类似的最高额抵押制度。具体而言，原《物权法》第二百零三条将最高额抵押下的被担保债权规定为“一定期间内将要连续发生的债权”，从而突破了原《担保法》第六十条对最高额抵押适用于借款合同或商品交易合同之债的限制。

《民法典》进一步取消了最高额保证的适用范围限制。《民法典》第六百九十条关于最高额保证合同的规定已经删除了原《担保法》下对适用范围作出的限制，且明确了应参照适用物权编最高额抵押权的有关规定。因此，《民法典》实施后不再有上述最高额保证的适用范围问题。

三、最高额保证的特征

基于《民法典》关于最高额保证的规定，最高额保证具有以下特征：

1. 最高额保证合同中应当约定被担保债权的最高限额，保证人仅在最高限额内向债权人承担保证责任。如果被担保债权确定之前所发生的债权余额高于最高限额，保证人对高出的部分无须承担保证责任。当然，如果被担保债权确定之前所发生的债权余额低于或等于最高限额，保证人只对实际发生的债权余额承担保证责任。

2. 最高额保证下的被担保债权是一定期间内连续发生的债权，并不特定，

① 陈卫佐译注：《德国民法典》（第5版），法律出版社2020年版，第292页。

订立合同时无法确定具体数额。

3. 基于被担保债权的不特定性，被担保债权须全部或部分为将来可能发生的债权，即：保证人与债权人可以约定单纯就将来可能发生的债权提供最高额保证，也可以约定就已经发生的债权及将来可能发生的债权一并为最高额保证。

4. 最高额保证具有一定的独立性，其不从属于某一特定的债权，而是从属于基础法律关系。最高额保证合同可能对应的多个主合同中，单个主合同的无效、撤销或解除并不影响其存在和效力。而且，最高额保证所担保的并非债务人可能负有的多笔债务的简单累加，各笔债务的清偿期不会影响最高额保证的保证人承担保证责任。

南昌欧风置业有限公司、南昌茵梦湖置业有限公司民间借贷纠纷案［（2017）赣民终264号］

该案中，江西省高级人民法院认为，最高额保证的两个必要条件是：最高债权限额和确定期限之内发生的债权。缺少其中任何一个要件均不能构成最高额保证。若债权人和保证人没有约定最高债权限额，就不能成为最高额保证。《担保法司法解释》第二十三条关于“保证人应当对在最高债权额限度内就一定期间连续发生的债权余额承担保证责任”之规定，是最高额保证合同保证人具体承担最高额保证责任的依据。

在该案中，江西省高院审理发现2013年7月24日、2014年2月19日两份担保书既没有确定最高债权额，也没有确定担保的主债权发生的期限范围，因此不符合最高额保证的法定构成要件，均不能构成最高额保证担保。

四、最高额保证的作用

作为一类特殊的保证，最高额保证制度的价值主要体现在提高效率和保障安全两方面。

1. 提高效率

随着市场经济的发展，当事人之间的交易行为逐渐显现出连续、多次的特征。在此情形之下，如果当事人为保障交易安全仍需就每笔交易分别提供保证，势必因程序繁复而感到不便，且会造成资源浪费。最高额保证制度则有助于解决这一问题。具体而言，最高额保证制度能够使保证人为债权人与债务人之间一定期限内的连续交易行为提供保证，而无须就每笔债务分别对应一项保证，进而能够减少债权人与保证人之间就提供保证而需要采取的措施或办理的手续。尤其是从债权人角度，其能够免于在一定期限内就同一债务人和保证人进行重复征信，以及就同类型交易进行重复背景调查等。可见，最高额保证制度能够极大地提高交易效率，具备效率价值。

2. 保障安全

最高额保证是保证制度体系下与普通保证相对应的一种保证方式，目的同样在于保障债权人实现其债权。从保障交易安全的角度，最高额保证能够为未来发生的债权进行担保，弥补了普通保证只得对已经发生的债权进行担保的不足，从而进一步保障了债权的实现。而且，最高额保证所担保的是相对长时间的连续交易，通常需要保证人对债务人有一定的了解，甚至可能出现保证人与债务人实为利益共同体的情形。由此，该制度下保证人可能带来相对更高级别的增信。

除了对债权人的安全价值，最高额保证也保障了保证人的利益。这体现在该制度对被担保债权的金额与期限的限制，使得保证人能够简单明确地预计自身承担保证责任的范围。与之对比，如果保证人需要提供多个普通保证，其很可能无法轻易对自身将承担的保证责任作出准确判断。

第二节　最高额保证和类似担保的比较

最高额保证在从属性、被担保债权的性质等方面具有自身的法律特征。因同属人的担保，其值得与非最高额的保证担保（下称普通保证）进行比较；因同属最高额担保，其值得与最高额抵押进行比较①。另外，英美法系下存在一类不定额保证，其亦可与我国的最高额保证进行一番比较。

一、最高额保证与普通保证的比较

最高额保证与普通保证一样具有保证的法律特征。例如，从属性，指保证合同是主合同的从合同；补充性，指保证是对债务人信用的补充；单务性，指只有保证人一方负有给付义务；无偿性，指保证人不得从债权人处取得对价等。

---

① 《民法典》第四百三十九条（原《物权法》第二百二十二条）亦规定了最高额质权。鉴于最高额质权参照适用最高额抵押权的规定，在此仅对最高额保证和最高额抵押进行比较。

最高额保证作为一种特殊的保证，与普通保证相比具有以下特性：

1. 普通保证下的被担保债权数额只是实际发生的债权额，不存在“限额”一说；而最高额保证下的被担保债权数额存在“最高限额”。

2. 普通保证是针对已经发生的债权所设立的保证担保；而最高额保证通常可以针对未来发生的债权提供保证担保。

3. 普通保证从属于特定的债权，其效力会受到主合同效力的影响，因此具有较强的从属性；而最高额保证下，保证人应当就发生在保证期间内的，不超过最高限额的债务余额承担保证责任，不受某一笔交易效力的影响。而且，为确定保证人的保证责任，最高额保证下有“决算”的概念。

4. 普通保证下的保证人不享有单方终止保证合同的权利，因为其责任范围无论是在保证合同成立之时还是保证责任承担之时都可确定；而最高额保证下的保证人由于一般要为未来连续发生的债权提供保证，为保护其利益，其在特定情形下享有单方终止保证合同的权利。

中信银行股份有限公司天津分行与风神轮胎股份有限公司、河北宝硕股份有限公司借款担保合同纠纷案［（2007）民二终字第36号］

该案中，最高人民法院认为：最高额保证较之普通保证最大的区别就在于其与主债务的关系具有更强的独立性。最高额保证通常是为将来一定期间连续发生的债务提供保证，其中某一笔交易的效力并不影响最高额保证合同的效力。而普通保证则因主合同无效而无效。在最高额保证的情形下，即使主债务无效，基于主债务无效而确定的债务额也要作为最高额保证计算债务余额的基数。最高额保证人的责任是在订立合同时确立的，通过最高额保证期间和最高限额限定保证责任，不因为最高额保证期间发生的债务余额之增加而加重最高额保证人的保证责任。因此，只要是发生在最高额保证期间内，不超过最高限额的债务的余额，最高额保证人均应承担保证责任。

二、最高额保证与最高额抵押的比较

《民法典》第四百二十条（原《物权法》第二百零三条）规定：“为担保债务的履行，债务人或者第三人对一定期间内将要连续发生的债权提供担保财产的，债务人不履行到期债务或者发生当事人约定的实现抵押权的情形，抵押权人有权在最高债权额限度内就该担保财产优先受偿。最高额抵押权设立前已经存在的债权，经当事人同意，可以转入最高额抵押担保的债权范围。”结合前述法律条款规定可知，最高额保证与最高额抵押具有一定的相同点，例如，被担保债权均具有最高限额，被担保债权均不特定且通常为将来可能发生的债权，责任的承担均不受某一笔具体债权的影响。同时，最高额保证与最高额抵押又存在如下区别：

1. 最高额保证属于人的担保，即以人的信用担保债务人履行债务，本质属于合同之债；最高额抵押属于物的担保，即以物担保债务人履行债务，权利人享有担保物权。

2. 从设立的角度，基于合同自由原则，最高额保证的设立相对简单，需要债权人与保证人达成合意；而基于物权法定原则，最高额抵押的设立相对复杂，需履行公示程序，否则将导致抵押权未设立或不具有对抗第三人效力的后果。

3. 从担保主体的角度，最高额保证人只能是主债务人之外的第三人；而最高额抵押人既可以是债务人本人，也可以是第三人。

4. 原《担保法司法解释》第三十七条规定最高额保证没有约定债务清偿期限的，保证人有权单方终止。但是，该规定未被《民法典》和《民法典担保司法解释》所吸纳。而最高额抵押不涉及保证期间，抵押人对抵押合同也不依法享有单方终止权。

三、最高额保证与普通法中不定额保证的比较

普通法系中保证的类型较为丰富。以被担保债务是否特定为标准，则存在不定额保证（All Monies Guarantee）与定额保证（Specific Monies Guarantee）的划分。具体而言，前者是指保证人对主债务人所欠债权人的全部债务（无论该等债务如何产生）承担保证责任的保证方式，后者是指保证人仅对主债务人所欠债权人的特定债务承担保证责任的保证方式。①

我国担保法律体系下的最高额保证与英美法系下的不定额保证有一些相似之处，例如：被担保债务并不特定，无法确定具体数额；被担保债务的范围既涵盖债务人已经产生的债务，又涵盖债务人将来可能产生的债务；债务人所欠单笔债务的效力瑕疵不会影响保证人所提供的保证。然而，最高额保证与不定额保证亦存在两点重大差别：

---

① https：//uk. practicallaw. thomsonreuters. com/6－500－5886？transitionType＝Default&contextData＝（sc. Default）&firstPage＝true&bhcp＝1，最后访问日期2024年9月11日。

1. 最高额保证下的被担保债务数额存在“最高限额”，保证人仅在最高限额内向债权人承担保证责任；而不定额保证下的被担保债务数额是主债务人现在及未来所欠债权人的全部债务数额，不存在任何额度限制。

2. 最高额保证的保证人是对一定期间内连续发生的债务在最高限额内承担保证责任，即：只有在最高额保证“存续期间”内发生的债务才纳入被担保债务的范围；而不定额保证下没有“存续期间”的概念，债务发生时间的早晚并不会对保证人的责任承担产生影响。

第三节　最高额保证责任的确定

最高额保证的责任确定是该制度的核心问题之一，最高额保证责任如何确定对保证人和债权人都至关重要。在确定最高额保证的责任时，常见的问题是如何进行债权决算，最高额是本金最高额还是全部债权的最高额，这些方面经常出现争议，以下分别介绍。

一、债权的确定

（一）决算的概念及相关期间

最高额保证是保证人对于债权人与债务人在一定期间内连续发生的债务在最高限额内承担保证责任的保证方式。最高额保证的存续期间即为前述“一定期间”，其作用是对保证人承担责任的范围加以限定，只有在该期间内发生的债权才纳入被担保债权的范围。

与最高额保证的存续期间密切相关的是决算日[①]的概念，其又被称为债权确定日。《民法典》和《民法典担保司法解释》称之为“债权确定之日”。最高额保证的存续期间届满之日即为决算日，是最高额保证下的被担保债权实际数额确定之日。决算对于最高额保证制度至关重要，因为债权人向保证人主张权利的前提是通过决算行为将被担保债权特定化，实质是将最高额保证转化为普通保证。最高额保证的主债权未确定，不得向保证人主张保证责任。

① 理论及实务中又称“决算期”。鉴于其指代的是一个“日期”，为免产生“期限”或“期间”的误解，称之为“决算日”更为合适。

明光市富域玻璃有限公司、徐某某金融借款合同纠纷案［（2018）皖11民终959号］

该案中，安徽省滁州市中级人民法院认为："最高额保证所担保的是在一定期间内连续发生的债权，该保证在设定时，其担保的债权尚未发生或虽已发生却仍处于变动的不特定状态之中，债权额是不确定的，只有在存续期间届满，决算期届至，债权额才能确定，保证人的保证责任才能产生。因此，在最高额保证合同中，存在两个期间：一是保证人应对一系列债权承担责任的范围期间，即保证存续期间；二是在不特定债权额确定之后，债权人向保证人主张权利的期间，即保证责任期间。债权额的确定应当以决算期为准。决算期是保证人与债权人约定的被担保债权的决算日期，是确定最高额保证所担保的债权实际数额的时期，最高额保证存续期间的终点，即为债权额的决算期。"

烟台华联发展集团股份有限公司与烟台市商业银行芝罘支行保证合同纠纷上诉案［（2000）鲁经终字第590号］

山东省高院认为："所谓借款余额的决算主要是指长期借款合同或最高额借款合同在合同履行临近结束时由借贷双方对债权债务的清算，其法律意义在于债权债务关系的明确，维护市场交易的安全。如是最高额借款保证合同，对借款余额进行决算是债权人提起诉讼的先决条件之一，未经决算债权人不能向债务人保证人提出诉讼。"

（二）决算日/债权确定日的确定

关于最高额保证的存续期间的确定，当事人可以通过两种方式进行约定：一种是明确约定一个期间，例如"保证人对发生在某年某月某日起至某年某月某日止、不超过约定最高限额的债务余额承担保证责任"；另一种是以一笔交易的开始和完成分别作为存续期间的起止点，例如"保证人对发生在某笔交易开始之日起至该笔交易完成之日止、不超过约定最高限额的债务余额承担保证责任"。①

如果当事人没有明确约定最高额保证的存续期间或决算日，则应适用法律的规定。《民法典担保司法解释》第三十条规定："最高额保证合同对保证

① 王凤：《论我国最高额保证制度——以风神公司与中信银行最高额保证纠纷案为例》，西南政法大学2012年硕士学位论文。

期间的计算方式、起算时间等没有约定或者约定不明，被担保债权的履行期限均已届满的，保证期间自债权确定之日起开始计算；被担保债权的履行期限尚未届满的，保证期间自最后到期债权的履行期限届满之日起开始计算。前款所称债权确定之日，依照民法典第四百二十三条的规定认定。”根据这一规定，决算日根据债务是否到期分为两种：

第一，债务已经到期的，决算日根据《民法典》第四百二十三条规定的以下情况来确定：（1）约定的债权确定期间届满；（2）没有约定债权确定期间或者约定不明确，抵押权人或者抵押人自最高额抵押权设立之日起满二年后请求确定债权；（3）新的债权不可能发生；（4）抵押权人知道或者应当知道抵押财产被查封、扣押；（5）债务人、抵押人被宣告破产或者解散；（6）法律规定债权确定的其他情形。

第二，如果债务未到期的，决算日为最后到期债权的履行期限届满之日。

张某某、武某某等买卖合同纠纷再审案［（2023）浙民申6861号］

案涉两份担保函明确载明系最高额连带保证担保，张某某、武某某自愿以个人资产对内蒙古服务公司对杭州科技公司及其分支机构等公司自担保函签署之日前24个月至签署之日后24个月止之间签订的所有交易合同项下债权人的全部债权作不可撤销连带担保责任。本案内蒙古服务公司与杭州科技公司产品购销合同共计17份，其中最后签订的合同的付款到期日为2020年8月5日，即在约定的债权形成期间内，所有债务的履行期限均已届满。根据《民法典担保司法解释》第三十条的规定，保证期间应自债权确定之日起开始计算。该债权确定之日指的是保证人为一定期限内连续发生的债权提供保证中的“一定期限”到期之日，即“担保函签署之日后24个月”。因此，浙江省高级人民法院认为：原判认定保证期间的起算点分别为2022年4月24日、2022年4月23日，并无不当；保证函约定保证期间为2年，故杭州科技公司向一审法院起诉主张权利并未超过保证期间。张某某、武某某主张保证期间为6个月，并主张根据各份销售合同的付款时间分别计算保证期间的起算点，缺乏法律依据，不予支持。

就最高额保证的保证人应当承担保证责任的债务而言，该债务的履行期限是否应当在决算前届满，实践中存有争议。一种观点认为，只有已届清偿期的债权才应纳入决算范围，未届清偿期的债权需要在届满后根据债务人实际履约的情形确定；另一种观点认为，只要发生在存续期间的债权均应纳入决算范围，包括未届清偿期的债权、附停止条件的债权等。

如果按照第一种观点，最高额保证的当事人需要在约定存续期间的同时，另外考虑债务清偿期的问题，这无疑会使最高额保证制度更为复杂而不便操作。最高人民法院在2007年的一个公报案例中就支持了第二种观点。该案相关案情及裁判如下：

中信银行股份有限公司天津分行与风神轮胎股份有限公司、河北宝硕股份有限公司借款担保合同纠纷案［（2007）民二终字第36号］

中信银行与风神公司于2005年5月签署了最高额保证合同。风神公司向中信银行承诺，为宝硕公司自2005年5月16日至2006年5月16日期间发生的最高额度为7000万元人民币的授信提供担保，保证方式为连带责任担保。2005年5月至2005年10月间，中信银行与宝硕公司之间发生4笔融资业务，包括中信银行与宝硕公司于2005年10月21日签署的（2005）银贷字第HD0071号人民币借款合同项下的融资业务，借款金额为2170万元人民币，期限自2005年10月21日至2006年10月20日。由于宝硕公司和风神公司未能履行还款及担保责任，中信银行诉至天津市高级人民法院，请求判令宝硕公司和风神公司偿付所欠贷款本金7000万元及相应利息。

对于风神公司主张本案部分债务超过最高额担保合同的决算期问题［（2005）银贷字第HD0071号人民币借款合同项下的贷款于2006年10月20日到期，已超过了2006年5月16日］，天津市高级人民法院认为，从事实上看，本案所有债务形成于最高额担保合同约定的期间之内，并未超出担保合同约定的期间，风神公司的主张属于对最高额保证合同决算期的误解，其主张不能成立。风神公司对此不服，上诉至最高人民法院。

最高人民法院认为，《担保法司法解释》第二十三条规定了最高额保证范围为发生的债权余额，该余额为最高额保证期间已经发生的债权和偿还债务的差额，并非指最高额保证期间已到期的债权余额。从此意义上讲，本案讼争的2170万元贷款系发生于最高额保证期间，虽然其到期日超过最高额保证期间，仍应属最高额保证人应当承担保证责任的范围。此外，从最高额保证合同中上诉人风神公司向中信银行的承诺看，对2005年5月16日至2006年5月16日期间中信银行向宝硕公司授信而发生的一系列债权提供最高额7000万元的最高额保证。而本案所有债务都形成于最高额担保合同约定的期间之内，包括该笔贷款，并未超出担保合同约定的期间，所以不能认为该笔贷款超过了决算期。

（三）决算日前保证人是否承担保证责任

另一类存有分歧的问题是，在最高额保证的存续期间届满之前，就债务人对某笔债务的违约行为，债权人能否要求保证人承担保证责任？有观点认为，自最高额保证的被担保债权确定之日起，债权人方可向保证人主张权利，即使有单笔债务的履行期已经在此前届满，债权人不能先行就该笔债务要求保证人承担保证责任。例如，前述提及的明光市富域玻璃有限公司、徐某某金融借款合同纠纷案［（2018）皖11民终959号］中，法院认为，“只有在存续期间届满，决算期届至，债权额才能确定，保证人的保证责任才能产生”。

相反的观点认为，债权人不受最高额保证的决算的限制，如债务人就某笔债务违约，债权人可以提前确定该被担保债权，要求保证人承担保证责任，只是要在决算时将该债权排除在外。[①] 相较而言，后一种观点对保护债权人利益更为有利，并且得到了原《担保法司法解释》的起草人的认可。[②]

二、本金最高额与债权最高额

在《民法典担保司法解释》出台前，关于最高额担保的债权额是本金最高额还是债权最高额，一直存在争议。原《担保法司法解释》第二十三条规定：“最高额保证合同的不特定债权确定后，保证人应当对在最高债权额限度内就一定期间连续发生的债权余额承担保证责任。”但是，对于“债权余额”的理解，在理论界和司法实务界中有不同理解，其是否仅限于主债权存在争议，由此产生了“本金最高额说”和“债权最高额说”。

“本金最高额说”，是指仅有本金应纳入最高限额的范围，在本金不超过最高限额的情形下，保证人需另行承担利息、违约金、损害赔偿金、实现债权的费用等。将最高额限于本金明显有利于维护债权人的利益，而保证人最终承担的保证责任可能超出最高限额的范围。采纳这一观点有利于维护债权人的利益。

“债权最高额说”，是指本金、利息、损害赔偿金、违约金、实现债权的费用等应全部纳入最高额保证的最高限额范围。因保证人最终承担的保证责

---

① 颜茹玉：《最高额保证制度研究》，华东政法大学2014年硕士学位论文。

② 参见曹士兵：《中国担保制度与担保方法》（第3版），中国法制出版社2015年版，第147页。

任不会超出最高限额的范围，采纳这一观点有利于维护保证人的利益。

《民法典担保司法解释》最终采纳了“债权最高额说”。《民法典担保司法解释》第十五条规定：“最高额担保中的最高债权额，是指包括主债权及其利息、违约金、损害赔偿金、保管担保财产的费用、实现债权或者实现担保物权的费用等在内的全部债权，但是当事人另有约定的除外。登记的最高债权额与当事人约定的最高债权额不一致的，人民法院应当依据登记的最高债权额确定债权人优先受偿的范围。”

（一）当事人未约定

在最高额保证合同中未明确“最高限额”所含范围的情形下，“债权最高额说”将更接近保证人的真实意思。因为在最高额保证制度下，保证人与债权人约定的最高担保额度应当是保证人明确能够接受的限额。如果该限额只包含本金这一主债权，而不包含利息、损害赔偿金、违约金、实现债权的费用等从债权，可能导致被担保债权数额实际突破了最高限额，事实上成为无最高限额，与最高额保证制度的立法目的相背离。而且，如不把从债权纳入最高限额范围，就超出保证人担保能力部分的债权而言，债权人很可能面临无法追偿的风险。正是基于这一考虑，《民法典担保司法解释》最终采纳了“债权最高额说”。

湖南天行健置业有限公司与交通银行股份有限公司湖南省分行等借款合同纠纷案［（2014）湘高法民二终字第43号］

该案中，天行健公司与交通银行省分行签订了最高额保证合同，合同约定：天行健公司作为保证人为交通银行省分行与博雅眼科医院在2011年12月12日至2012年4月12日期间签订的全部主合同提供最高额保证担保，主合同是指交通银行省分行与博雅眼科医院因流动资金借款而订立的授信业务合同；保证人担保的最高债权额为4000万元；主债权确定日前（包括当日）发生的主债权及其持续至保证人承担责任时产生的利息（包括复利、逾期及挪用罚息）、合同约定的债权人实现债权的费用及其他相关费用均属该合同保证的范围。

长沙市中级人民法院在一审判决中采纳的是“本金最高额说”，认为，最高额保证合同的签订是双方真实意思表示，内容合法有效，天行健公司依法应当承担相应的保证责任，对交通银行省分行要求天行健公司对博雅眼科医院所欠交通银行省分行债务在本金4000万元范围内承担连带清偿责任的诉讼请求予以支持。天行健公司不服，提起上诉称：保证合同约定的最高额担保的债权为4000万元，一审判决其对债务人超过4000万元的债务承担连带责任不符合合同的约定。

湖南省高级人民法院在终审判决中肯定了“债权最高额说”。湖南省高级人民法院二审认为，最高额保证合同约定天行健公司担保的最高债权额为4000万元，根据《担保法司法解释》第二十三条的规定，天行健公司应当在4000万元范围内承担保证责任。一审判决天行健公司对债务人借款本金3804.741622万元及利息338.025671万元承担连带保证责任，已超过了最高额保证合同约定的担保债权最高额为4000万元的约定。故二审法院支持了天行健公司的该项上诉理由。

（二）当事人有约定

如果最高额保证合同的当事人将“最高限额”明确约定为本金，法院大多认为应当尊重当事人的意思自治，从其约定。但也有个别法院认为本金最高额不符合法律规定，因此合同中约定的本金最高额应被视为债权最高额。以下列举几个案例予以说明。

哈尔滨银行股份有限公司天津东丽支行、天津中天盛通科技有限公司等金融借款合同纠纷案［（2021）最高法民申4464号］

哈尔滨银行东丽支行与中天宏大公司、马某英分别签订的《最高额保证合同》均约定，合同所担保的主债权为中天盛通公司与哈尔滨银行东丽支行之间所产生的全部债务，其中敞口余额最高不超过4000万元，合同担保范围为主合同项下全部债务，包括但不限于本金及利息（包括因债务人违约计收的复利和加收的罚息）、违约金、损害赔偿金、手续费、保险费及其他为签订或履行本合同而发生的费用以及哈尔滨银行东丽支行实现担保权利和债权所产生的费用。故哈尔滨银行东丽支行关于敞口余额系指其发放的借款本金余额，主张全部借款本金、利息、违约金及实现债权的费用等，与合同中约定的敞口余额最高不超过4000万元明显不符。根据《民法典担保司法解释》第十五条的规定，二审改判，限定担保人承担担保责任以4000万元为限，有事实和法律依据。虽然各方当事人均未就中天宏大公司和马某英承担的保证责任超出4000万元的部分提出上诉，但债权人要求担保人承担担保责任应有事实和法律依据，不能因担保人未到庭应诉即额外增加其承担担保责任的负担。

四川佑兴贸易有限公司、赵某华等保证合同纠纷案［（2022）鲁民终639号］

案涉个人借款最高额保证合同、个人借款最高额抵押合同明确约定担保范围包括最高本金限额700万元及相应利息等。根据个人借款最高额保证合同、个人借款最高额抵押合同第一、四、六条约定内容可以看出，两份最高额担保所约定的最高限额仅系为本金设定的最高额，而非为全部债权设定的最高额。同时，该两份最高额担保又明确约定，除借款本金外，其利息、罚息、复利、违约金、损害赔偿金、债权人实现债权的费用等均属于担保范围之内。因此，山东省高级人民法院认为，本案所涉两份最高额担保的担保范围为最高本金限额700万元以及相应利息等，相应利息等不包括在最高本金限额范围之内。上诉人主张其仅应在最高债权余额700万元限度内承担担保责任，与合同约定不符。

中国光大银行股份有限公司温州分行、松尼电工有限公司金融借款合同纠纷再审案［（2017）浙民再26号］

浙江省高级人民法院认为，本案争议的焦点为最高额担保合同的当事人对最高限额约定为本金时，利息是否应当包含在最高限额之内。虽然在最高额担保合同中，当事人如约定担保范围为最高借款数额，对最高借款数额是仅仅指本金还是指本金加利息之总额，在理论和实务中有不同认识。但若当事人对最高债权额度已经在最高额担保合同中有明确约定的情况下，应尊重当事人的意思自治，从其约定。本案中，贷款人与各保证人签订的最高额保证合同中已经明确约定担保范围为“主债权最高本金余额”的情况下，一、二审法院将本金和利息一起计算在“最高本金余额”之内，将减少当事人约定的最高额担保范围，不符合当事人之间的合同约定。既然本案最高额保证合同双方当事人已经约定担保范围为“主债权最高本金余额”，则说明双方当事人在缔结最高额保证合同时，双方对最高担保额度的限定仅仅是针对本金，以一定期间内发生的本金余额作为双方决算的依据。在双方未有相反约定的情况下，根据《担保法》第二十一条的规定，本案保证人应当对最高本金余额之内所对应的利息和罚息承担连带责任。

第八章　共同保证

第一节　共同保证概述

一、共同保证的法律规定

共同保证是交易中常见的风险控制措施，在专业、复杂的融资、境内外投资交易中，共同保证的情形更是广泛适用。所谓共同保证，是指两个和两个以上的保证人为同一债务关系提供保证。共同保证中涉及两个法律关系：（1）保证人和债权人之间的保证关系；（2）共同保证人之间的关系。前者可以是连带责任保证，也可以是一般保证；后者可以分为按份承担各自的保证责任，也可以是连带承担全部保证责任。

关于共同保证人之间的关系，我国立法有调整。原《担保法》第十二条规定："同一债务有两个以上保证人的，保证人应当按照保证合同约定的保证份额，承担保证责任。没有约定保证份额的，保证人承担连带责任，债权人可以要求任何一个保证人承担全部保证责任，保证人都负有担保全部债权实现的义务。已经承担保证责任的保证人，有权向债务人追偿，或者要求承担连带责任的其他保证人清偿其应当承担的份额。"根据这一规定，各保证人与债权人没有约定保证份额的，各保证人之间为连带共同保证。这种情况下，债权人可以要求任何一个保证人承担全部保证责任；连带共同保证的保证人相互之间约定各自承担的份额不能对抗债权人；连带共同保证的保证人承担保证责任后，向债务人不能追偿的部分，由各连带保证人按其内部约定的比例分担，没有约定的，平均分担。

《民法典》对原《担保法》的规定进行了调整。《民法典》第六百九十九条规定："同一债务有两个以上保证人的，保证人应当按照保证合同约定的保证份额，承担保证责任；没有约定保证份额的，债权人可以请求任何一个保证人在其保证范围内承担保证责任。”第七百条规定：“保证人承担保证责任后，除当事人另有约定外，有权在其承担保证责任的范围内向债务人追偿，享有债权人对债务人的权利，但是不得损害债权人的利益。”可见，《民法典》删除了原《担保法》关于“已经承担保证责任的保证人有权要求承担连带责任的其他保证人清偿其应当承担的份额”，即删除了共同保证人之间当然的追偿权，除非当事人之间有约定。

同时，《民法典》在合同编的第四章对共同债务进行了规定，区分为按份债务和连带债务，基本规定如下：

（1）债务人为二人以上，标的可分，按照份额各自负担债务的，为按份债务。按份债务人的份额难以确定的，视为份额相同。

（2）债务人为二人以上，债权人可以请求部分或者全部债务人履行债务的，为连带债务。

（3）连带债务人之间的份额难以确定的，视为份额相同。实际承担债务超过自己份额的连带债务人，有权就超出部分在其他连带债务人未履行的份额范围内向其追偿，并相应地享有债权人的权利。

（4）部分连带债务人的债务被债权人免除的，在该连带债务人所应承担的份额范围内，其他债务人对债权人的债务消灭。

共同保证通过分散债务风险对债权的偿付保障进行了强化，同时纾解了单一保证人履行保证责任的压力，可以满足交易方的现实需求和理论上的经济利益。但实践中，共同保证的具体适用情形可能复杂且难以认定，只有在确定了共同保证具体分类的情况下，才能明确共同保证中各当事方的责任范围和追偿规则。

二、共同保证的特点

共同保证属于一种特殊的保证。保证行为原则上属于任意性规范，共同保证法律关系本质上也是当事人共同或各自基于合同自由的基础订立，除非违反法律的强制性规定，否则共同保证的当事方可以通过约定对法律规定加以变更。除此之外，共同保证还有以下三个特征。

1. 多个保证人

共同保证的保证人必须是两人或两人以上。保证主体可以是自然人、法人、非法人组织。各保证人之间是否就共同提供保证达成合意，共同缔约或分别缔约等对于共同保证的成立并无影响，共同保证人可以基于合意约定共同保证，也可以分别与债权人就同一债务约定单独的保证，只是保证人之间的合意或缔约方式可能对于按份共同保证和连带共同保证的认定产生影响。

2. 保证债务的同一性

在共同保证中，各保证人的保证行为所保证的债务基于同一法律关系，这是认定共同保证的基本标准，否则只能构成不同法律关系的单独保证行为，而非共同保证。当然，如果是数个保证人对同一债务的一部分提供担保，其仍符合同一性要求，可以构成共同保证。

3. 法律关系的复杂性

多个保证人和债务同一性这两个特征，同时导致共同保证相关法律关系的复杂性。就保证人的角度而言，共同保证涉及保证人之间的内部关系，以及保证人和债权人债务人之间的外部关系。基于债务人与保证人之间的外部关系，保证可以分为一般责任保证和连带责任保证；基于保证人之间的内部关系，共同保证可以分为按份共同保证和连带共同保证。保证人和债务人之间的连带责任，与各保证人之间的连带责任显然是不同的。

不同的保证类型存在竞合、交叉的情形，若混淆共同保证的内外关系，不区分共同保证的类型和适用情形，将造成共同保证的错误适用，从而损害当事方的利益。因此，在出现争议时必须厘清争议事项的法律关系。

三、共同保证的法律关系

如上所述，共同保证具有复杂的法律关系。可以从内部和外部两个方面对共同保证的法律关系进行分析。内部关系是指保证人之间的法律关系，外部关系包括保证人与债权人之间的法律关系、保证人和债务人之间的法律关系。

（一）保证人之间的关系

共同保证区别于其他保证的一个重要特点就是有多个保证人，因此，这些保证人之间是什么法律关系就非常重要。

从保证人之间关系的角度，我国法律将共同保证分为按份共同保证与连带共同保证。保证人在保证合同中约定各自承担的保证份额的，为按份共同保证；保证人在保证合同中约定承担共同连带保证责任的，为连带共同保证。

连带共同保证和连带责任保证的概念容易混淆。“连带共同保证”是指各个保证人之间的连带，即各保证人共同对债权人承担连带保证责任；“连带责任保证”是指保证人与债务人之间连带，即保证人与债务人共同对债权人负连带责任。若将基于保证人之间的关系而适用的连带共同保证和基于保证人与债务人的关系而适用的连带责任保证混为一谈，则可能在基本概念上错误理解共同保证的责任分配与追偿。

值得注意的是，连带共同保证中，各个保证人并不必然承担连带责任。也就是说，保证人也可能承担一般保证而非连带责任保证。同样地，按份共同保证中保证人可能承担一般保证，也可能承担连带责任保证。基于此，共同保证可以分为四种：（1）按份共同一般保证：保证人按份额承担保证责任，各保证人均承担一般保证责任；（2）按份共同连带责任保证：保证人按各自份额承担保证责任，各保证人均和债务人承担连带责任；（3）连带共同一般保证：保证人一起承担保证责任，各保证人均承担一般保证责任；（4）连带共同连带责任保证：保证人一起承担保证责任，各保证人均和债务人承担连带责任。

（二）保证人和债权人之间的关系

1. 一般保证和连带责任保证

保证人的责任可以分为一般保证责任和连带保证责任。我国法律规定保证的方式包括一般保证和连带责任保证。一般保证与连带责任保证的最大区别在于，保证人是否有先诉抗辩权。当债务人不能履行债务时，才由保证人承担保证责任的，为一般保证；保证人与债务人对债务承担连带责任的，为连带责任保证。该等规定是以保证人和债务人之间清偿主债务的顺序来区分，从另一个角度来说，也就是从保证人与债务人的外部关系来区分。

对于共同保证而言，其亦适用于一般保证和连带责任保证的规定。共同保证的保证人可以仅提供一般保证，也可以仅提供连带责任保证，甚至可以约定混合型共同保证，即部分保证人为一般保证，部分保证人为连带责任保证。根据适用的不同情形，共同保证可能分为适用一般保证的按份共同保证、适用连带责任保证的按份共同保证、适用连带保证责任的连带共同保证、适用混合保证责任的按份共同保证、适用混合责任的连带共同保证等。在不同的分类结构中，保证人与保证人或债务人之间的权利义务关系存在明显差异。

2. 限额共同保证和全额共同保证

限额共同保证是指共同保证的保证人对同一债务的部分份额或不同份额

提供保证。限额共同保证可以是按份的，各保证人就同一债务的不同部分提供保证，但限额共同保证也可以是连带共同保证，例如，各保证人约定就同一债务的同一部分提供连带共同保证。因此，需注意将限额共同保证与按份共同保证区别对待，限额共同保证的重点在于保证责任是全额还是限额，按份共同保证的重点则在于保证人之间是否就保证份额进行区别和划分，不能错误理解为限额共同保证一定就是按份共同保证。

全额共同保证是指共同保证的各保证人就同一债务的全额提供保证，在一定程度上，全额共同保证与连带共同保证的范畴是重合的。因为若共同保证的各保证人就全部保证份额提供保证，则各保证人之间的保证份额并没有区分，债权人可以主张任何一个保证人就保证范围内的全部份额承担责任，相应地也就构成了连带共同保证。因此，我们可以简单地理解为，全额共同保证应当认定为连带共同保证，但是连带共同保证不一定是全额共同保证，连带共同保证的保证人可以仅就保证份额的某一部分提供连带保证。

《民法典》第六百九十九条规定“没有约定保证份额的，债权人可以请求任何一个保证人在其保证范围内承担保证责任”，将原《担保法》第十二条“全部保证责任”修改为“保证人的保证范围内”。这一修改在一定程度上厘清了连带共同保证与全额/限额共同保证的关系：

（1）原《担保法》第十二条及《担保法司法解释》第十九条所规定的连带保证，是对主债务所设立的全额连带共同保证。

（2）连带共同保证不仅限于全额共同保证，也可以是限额共同保证。即使数个保证人仅就债务的一部分提供保证，该等共同保证也可能是连带共同保证，例如，两个以上的保证人就同一债务的某一相同部分提供连带担保而产生的限额连带共同保证。

（3）连带共同保证并不必然导致各保证人之间承担全额连带责任，保证人之间如何分配责任，应当由保证人之间约定，没有约定的则等比例分担，即视为各保证人份额相同。

（三）保证人和债务人之间的关系

保证人根据债务人的请求为债权人提供保证。尽管我国法律对合同没有对价要求，但实践中保证人提供保证都有利益诉求，例如，收取担保费，要求债务人提供反担保，或者为了所属的集团公司的整体利益，等等。

从法律关系看，保证人和债务人之间重要的是保证人承担保证责任后向债务人的追偿权。在保证人收取担保费或者债务人向保证人提供反担保的情况下，保证人和债务人之间一般会签署协议，协议中可能会对追偿问题作出约定。除此之外，实践中保证人和债务人之间往往没有就提供保证事项签署专门的协议。尽管没有协议约定，原《担保法》和《民法典》均规定保证人在履行保证责任后有权向债务人追偿。

第二节　共同保证人的保证责任

一、按约定份额承担保证责任

按份共同保证最直接也最显著的特点是，按份共同保证的保证人对其保证份额进行了划分。因此，每个保证人仅需就划分的保证份额承担保证责任。同时，在保证人向债权人偿还保证份额内的债务人债务后，其无权向其他按份共同保证人追偿自身已承担的保证责任。

实务中，按份共同保证之“份额”，可以表现为按比例和按数额两种，即按比例承担责任的各保证人，应对未偿还部分的债务按约定比例承担保证责任，而按数额承担责任的保证人，则应按该数额承担未偿还部分的债务。

（一）保证人在其约定的份额内承担保证义务

按份共同保证中，保证人已经在其份额内履行保证义务的，将不再承担保证责任。

中国银行股份有限公司乐山分行、保定天威保变电气股份有限公司与乐山电力股份有限公司、乐山乐电天威硅业科技有限责任公司金融借款合同纠纷案［（2016）川民终172号］

该案中，保证人乐山电力和天威保变公司按照份额对中国银行承担连带责任保证，法院判决：依据涉案保证合同约定，保证人应按比例承担保证责任，乐山电力承担的担保责任比例为51%，担保责任份额为74 988 254元×51%＝38 244 009.54元，现乐山电力承担担保责任的本金共计3825万元，已经超过其应该承担的担保责任份额。而天威保变公司未履行任何担保责任，故保证人乐山电力在本案中就乐电天威公司未偿还的主债务，不再承担保证责任。

（二）份额重叠部分的责任

基于各保证人的保证份额与债务总额的关系，会形成三种不同的情形：

其一，各保证人的保证份额总额与债务总额相等；其二，各保证人的保证份额总额小于债务总额；其三，各保证人的保证份额总额大于债务总额。

当共同保证人的保证份额总额等于或小于债务总额时，各保证人的保证份额并未重合，保证人之间无须进一步就保证份额进行协商和确认；但是，在各保证人的保证份额总额大于债务总额的情形下，各保证人的保证责任就出现了部分重叠。当债务人部分清偿主债务时，就会出现这种情况。此种情况下保证人之间如何划分各自的保证责任，实践中往往出现争议。

安徽金信融资担保有限公司、中国农业发展银行霍邱县支行金融借款合同纠纷案［（2018）最高法民申 2916 号］

2009 年 5 月 26 日，庆发柳编公司作为借款人与农发行霍邱支行签订借款合同，约定由农发行霍邱支行向庆发柳编公司提供借款 1800 万元。海发担保公司、金信担保公司与农发行霍邱支行分别签订了保证合同，约定海发担保公司、金信担保公司分别为前述借款合同项下的借款本金 1000 万元及利息、罚息、复利和借款本金 800 万元及利息、罚息、复利等提供连带责任保证。庆发柳编公司于 2009 年 6 月 30 日提款 1800 万元，2011 年 5 月 27 日庆发柳编公司偿还本金 225 万元，2012 年 5 月 29 日偿还本金 450 万元，2014 年 8 月 30 日由金信担保公司代偿 500 万元，2015 年 11 月 4 日农发行霍邱支行从海发担保公司账户直接扣款 107 万元。尚欠本金 518 万元未能偿还。二审判决海发担保公司对前述 518 万元的债务本息承担连带清偿责任，金信担保公司对借款本金 300 万元及利息承担连带清偿责任。

金信担保公司不服二审判决提起再审申请，其认为案涉的担保为按份共同保证关系明确，共同按比例保证的比例分配，不仅可以通过明确的比例约定体现，也可以通过共同保证数人对同一笔借款本金总额项下担保金额的分担比例而得以明确。海发担保公司、金信担保公司的两份保证合同是同日（2009 年 5 月 26 日）签订的，且两个保证份额（金信担保公司 800 万元，海发担保公司 1000 万元）正好覆盖借款合同总额。因此，这两个公司应当分别对主债务的 4/9 和 5/9 承担按份连带保证责任，二者之间不存在交叉、连带关系。此外，金信担保公司特别主张，在未约定最高额保证的情况下，主债务人已偿还的部分债务应当相应地按比例解除按份保证人担保责任，对于本案总额原 1800 万元贷款，基于债务人实际已清偿 675 万元（225 万元 + 450 万元）事实，保证人需代偿的未偿债务为 1125 万元。而金信担保公司应承担的保证份额为债务总额的4/9，即500万元，对此数额金信担保公司已于2014年8月10日向债权人支付代偿，因此金信担保公司不应当再承担保证责任。

最高人民法院在该案的再审判决中认为，当事方争议的焦点是庆发柳编公司与农发行霍邱支行签订的借款合同项下的款项，金信担保公司和海发担保公司应当按比例承担保证责任还是按照保证合同约定数额承担连带清偿责任。最高人民法院驳回金信担保公司的再审申请，并从三个方面进行了论证和说明。

首先，按比例保证系对债权人保证利益具有重大不利影响的事项，必须有债权人与两个保证人之间明确的，按照特定比例就债务人未偿还的债务承担保证责任的意思表示。金信担保公司和海发担保公司一起为庆发柳编公司的一笔1800万元的借款向农发行霍邱支行提供了足额保证，但是由于债务人庆发柳编公司的部分清偿而变成了“非因约定而发生的超额保证”，若按照比例承担保证责任，则事实上将超额保证变成了没有重合份额的、对剩余债务的足额保证，变相赋予了保证人本不应存在的分割抗辩权，减轻了保证人的责任，同时也加重了债权人实现债权的成本和债权无法实现的风险。本案中，金信担保公司无法证明其在签订合同时已经与海发担保公司、庆发柳编公司和农发行霍邱支行达成共识，金信担保公司和海发担保公司就该笔款项分别按4/9和5/9的比例承担保证责任；合同虽然是同时同地签订的，但系两份彼此独立的合同，欠缺四方当事人共同意思表示的证据，且所谓“4/9和5/9的比例”也缺乏明确约定，仅仅是通过保证的数额反推得来。况且金信担保公司提供的证据反映了与其主张相反的事实，即金信担保公司与农发行霍邱支行之间的保证合同明确约定，金信担保公司为本金数额为800万元的债权全额承担连带保证责任，无论被保证的债权是否具有物的担保。此项约定既明确了金信担保公司愿意就800万元债权全额承担保证责任而非按4/9承担未受偿部分的事实，又透露出即使债权人找到了物的担保作为超额保证，也愿意为800万元债权承担保证责任，举重以明轻，在债权人有优先受偿权的物的担保的情况下金信担保公司依然愿意全额承担保证责任，那么在存在其他保证人提供的1000万元连带保证的情况下更是有全额承担保证责任的意思。因此，不宜认定金信担保公司和海发担保公司应当按照比例承担保证责任。

其次，共同保证不只有按份共同保证和连带共同保证两种形式，在实务中还存在各种复杂的保证形态。而按份共同保证也并非如金信担保公司所述是简单的“按比例”共同承担保证责任，还具有不同的细分类型，本案中的按份共同保证应被认为是“分别缔约所成立的按份额连带共同保证”，保证人应当按照约定的份额及担保范围承担连带保证责任。

最后，本案因债务人的部分清偿而导致“非因约定而发生的超额按份共同保证”，且各保证人均无先诉抗辩权和顺序利益，因此保证人应当对超额部分（1800－1125＝675万元）在各自的保证份额内承担连带清偿责任，即债权人有权就超额部分向任一保证人主张承担其限额内的保证责任，此时保证人无理由主张按清偿比例缩减其保证份额。如果认为在发生保证份额重合时各保证人的保证份额应按比例缩减至债务总额之内，实际上等同于禁止了超额按份共同保证的发生，进而在事实上否认了全额共同保证的连带清偿责任制度，明显有悖于我国的立法精神。

二、连带共同保证人的责任

原《担保法司法解释》第十九条第一款规定：“两个以上保证人对同一债务同时或者分别提供保证时，各保证人与债权人没有约定保证份额的，应当认定为连带共同保证。”《民法典》和《民法典担保司法解释》均没有沿用这一条款。根据《民法典》第五百一十九条“连带债务人之间的份额难以确定的，视为份额相同”的规定，如果保证人之间没有约定份额或者约定不明，则应当视为等额。因此，在《民法典》时代，保证合同中必须明确说明是各保证人承担连带共同保证，否则，各保证人会被视为按照等额份额承担保证责任。

连带共同保证中，债权人可以要求任何一个保证人承担保证责任。因此，连带共同保证人的责任不限于某个特定的份额，而应在全部的保证范围内承担责任。其承担的保证责任可能是主债务的全部金额，也可能是按照保证合同约定的某一个部分债务。连带共同保证人的责任有以下特点：

1. 债权人可以要求个别或者全部保证人承担保证义务，即债权人有选择由哪个保证人履行保证义务的权利。

2. 连带共同保证的保证人内部之间的约定不能抗辩债权人。保证人只能向债权人履行保证以后才能根据保证人之间的内部约定向其他保证人主张责任。

三、不同保证人的责任区分

（一）一般保证和连带责任保证

根据上文介绍，按份共同保证的保证人承担的保证责任也可以分为一般保证和连带责任保证；连带共同保证的保证人承担的保证责任也可以分为一般保证和连带责任保证。根据保证人是否有先诉抗辩权，连带共同保证也可以分为一般保证的连带共同保证和连带责任的连带共同保证。

根据《民法典》的规定，保证合同未约定保证方式的为一般保证。

顾某丽、于某波等民间借贷纠纷案［（2023）辽 0682 民初 2171 号］

该案中，被告 X 浩源与被告 X 林森在涉案借据的担保人处签字，该份借据中双方未对保证方式进行明确约定。因此，法院认为，X 浩源与 X 林森二人愿意为原告与借款人之间的主债权债务提供保证担保，且两位保证人应当承担共同一般保证责任。法院判决 X 浩源、X 林森在借款人的财产依法强制执行仍不能履行债务的范围内承担共同清偿责任。

（二）最高额保证与特定债务保证

有多人提供最高额保证时，即使单笔借款合同仅明确约定由部分保证人承担保证责任，其他保证人亦应就该借款合同项下债务承担保证责任。

中国银行新疆维吾尔自治区分行与新疆金邦钢铁有限公司、新疆金邦房地产开发有限公司等票据纠纷上诉案［（2005）民二终字第 32 号］

2003 年 6 月 17 日，国标经贸公司向中行新疆分行出具一份不可撤销的还款担保书。该担保书载明：就金邦钢铁公司在中行新疆分行不高于 2000 万元的债务提供担保。本担保书是连续性的担保，对本担保书开出之日起至 2004 年 6 月 17 日前签订的《借款合同》及开出的信用证、银行承兑汇票、各类保函及其他融资业务有效，保证期限自全部合同项下约定的债务履行期间（包括展期）届满之日起 2 年。同日，世达物资公司向中行新疆分行出具一份不可撤销的还款担保书。该担保书载明：世达物资公司同意为金邦钢铁公司在中行新疆分行余额不高于 4000 万元的贷款或信用证、银行承兑汇票、各类保函等融资业务提供担保。其他内容与国标经贸公司出具的担保书基本一致。此外，2003 年 7 月 24 日，世达物资公司与中行新疆分行又签订一份最高额保证合同，合同约定：担保的债权为自 2003 年 7 月 24 日起至 2004 年 7 月 24 日债权人与债务人金邦钢铁公司之间所产生的全部债务，本金金额不超过 4000

万元；担保方式为连带责任担保。后因金邦钢铁公司未按约定向中行新疆分行偿付票据垫款、押汇垫款的本金和利息，中行新疆分行于2003年12月30日向原审法院提起诉讼，要求金邦钢铁公司履行付款义务并要求世达贸易公司和国标经贸公司承担相应保证责任。

最高人民法院认为，2003年6月17日，国标经贸公司向中行新疆分行出具不可撤销的还款担保书，明确承诺同意为金邦钢铁公司在中行新疆分行余额不高于2000万元的贷款或信用证、银行承兑汇票、各类保函及其他融资业务提供连带责任担保。中行新疆分行接受该担保书并且未表示不同意见，据此，应认定国标经贸公司与中行新疆分行之间保证法律关系成立。国标经贸公司以中行新疆分行未与其另行签订保证合同为由主张其与中行新疆分行的担保关系尚未成立的观点不予支持。虽然，金邦公司的欠款由与国标经贸公司同期向中行新疆分行出具过4000万元额度不可撤销的还款担保书的另一保证人世达物资公司承担保证责任，但因世达物资公司和国标经贸公司未对金邦公司的债务约定分担的份额进行其他区分，中行新疆分行也没有以任何明示的方式表示放弃对国标经贸公司担保债权，故仅以中行新疆分行与金邦公司在主合同中对一项担保债权作出进一步约定的事实不能推定其系对另一项担保债权的放弃，中行新疆分行在请求世达物资公司承担担保责任的同时有权请求国标经贸公司承担相应的担保责任。因此，最高人民法院判决：国标经贸有限公司在2000万元额度范围内、世达物资有限公司在4000万元额度范围内共同对金邦公司所负债务承担连带保证责任。

温州银行股份有限公司宁波分行与宁波婷微电子科技有限公司、浙江创菱电器有限公司等金融借款合同纠纷案［（2014）浙甬商终字第369号，最高人民法院指导案例57号，（2015）浙民申字第433号］

2010年9月10日，三位保证人哈德公司、婷微公司、岑某锋分别与温州银行签订最高额保证合同，约定：保证人自愿为温州银行与借款人创菱公司在2010年9月10日至2011年10月18日期间签署的所有主合同项下各笔债权提供最高额连带保证；本合同的决算日为2011年10月18日，若主合同中最后到期的债权的到期日晚于上述日期，则决算日以主合同中最后到期的债权的到期日为准；保证人担保的最高债权余额为1100万元。2010年9月16日，温州银行与创菱公司签署一份编号为00690号的借款合同，借款500万元，借款期限自2010年9月16日至2011年9月16日。该借款到期后创菱公司全额归还了贷款本息。

2011 年 10 月 12 日，温州银行与岑某锋、塑模公司分别签署最高额保证合同，约定岑某锋、塑模公司自愿为创菱公司在 2011 年 10 月 12 日至 2013 年 10 月 12 日期间签署的所有主合同项下各笔债权提供最高额连带保证；本合同的决算日为 2013 年 10 月 12 日；保证人担保的最高债权余额为 550 万元。2011 年 10 月 14 日，温州银行与创菱公司签署一份编号为 00542 号的借款合同，约定温州银行向创菱公司发放贷款 500 万元，借款到期日为 2012 年 10 月 13 日，合同由以下担保人提供担保（担保合同另行签订），担保人分别为岑某锋、塑模公司、哈德公司，担保方式为保证。而婷微电子公司签订的最高额保证合同未被选择列入其中。该笔借款发生违约。

婷微公司辩称：温州银行与创菱公司签订的编号为 00542 号的借款合同所约定的担保合同并不包含温州银行与婷微公司签订的最高额保证合同，故婷微公司对温州银行诉请款项不应承担保证责任。

一审法院判决：岑某锋、塑模公司、婷微公司在各自签署的最高额保证合同约定的担保范围内，对 00542 号的借款合同项下创菱公司的债务承担连带清偿责任。本案经过二审和再审，均维持原判决。首先，温州银行与婷微公司签订的最高额保证合同系双方当事人的真实意思表示，内容不违反法律、行政法规的强制性规定，合法有效，双方均应按约履行。其次，该案诉争借款合同签订时间及贷款发放时间均在婷微电子公司签订的最高额保证合同约定的决算期内，债权人向婷微电子公司主张权利并未超过合同约定的保证期间。最后，未有证据证明温州银行曾明示放弃婷微公司对创菱公司贷款提供的连带保证责任；00542 号借款合同中担保人一栏未列明婷微公司，不足以证明温州银行已经放弃婷微公司提供的连带担保责任。

第三节　共同保证中的常见纠纷

一、部分清偿债务是否缩减保证人的义务

按份共同保证中，比较常见的是约定每个保证人所承担的保证责任的金额，保证人在该约定的金额范围内承担保证人责任。在所有保证人承担的保证金额之和等于或者小于主债务金额的情况下，每个保证人承担的保证责任

以其约定金额为限，保证人往往不会有争议。但是，如果债务人部分清偿了债务，使得各保证人承担的保证金额之和大于未清偿的主债务金额，那么保证人是否仍在其约定的保证金额范围内承担责任，还是按照比例相应缩小其保证责任，实践中往往发生争议。

从公平的角度，允许各保证人按照比例缩小其保证责任，这是一种比较好的选择。如果按照约定的金额且不允许按比例缩小保证人的责任，那么债权人就有可能获得超过未清偿主债务金额的债权。根据债权人不能因债务人违约而获利原则，债权人不能足额要求所有保证人承担其约定金额的保证责任。如果债权人要求某个保证人足额承担保证责任，那就不能要求其他保证人足额承担保证责任，债权人的这一选择权可能引发保证人之间的保证责任分配纠纷。

以下案例就涉及这一问题，四川省高院和最高法就采纳了不同的观点。

中国长城资产管理公司成都办事处、成都倍特发展集团股份有限公司与托普集团科技发展有限责任公司借款担保合同纠纷案［（2006）民二终字第178号］

2001年9月20日，托普集团与滨江工行签订固定资产借款合同。合同约定：托普集团向滨江工行借款5000万元，借款期限为36个月，自2001年9月20日起至2004年9月5日止。在固定资产借款合同签订的当日，托普软件公司、倍特公司分别与滨江工行签订保证合同。两份保证合同分别约定：托普软件公司为托普集团上述借款中的3000万元提供连带责任保证担保；倍特公司为托普集团上述借款中的2000万元提供连带责任保证担保。担保范围包括主合同项下的借款本金、利息、复利、罚息、违约金、赔偿金、实现债权的费用和所有其他应付费用。至2004年3月30日，托普集团已归还借款本金总额为1145.124397万元，尚欠借款本金3854.875603万元。

四川省高级人民法院在一审判决中认为：滨江工行分别与托普软件公司、倍特公司签订的保证合同约定，托普软件公司对托普集团5000万元借款中的3000万元承担连带保证责任；倍特公司对5000万元借款中的2000万元承担连带保证责任。而托普软件公司、倍特公司各自应承担保证责任的具体组成部分，在托普集团5000万元借款中并没有特定，应认定托普软件公司、倍特公司都是为托普集团的同一笔5000万元借款分别提供连带责任保证，故该两份保证合同的性质为按数额担保的按份共同保证。托普软件公司、倍特公司应当按照保证合同约定的数额，分别对托普集团的债务承担连带保证责任。

最高人民法院认为：原审判决以5000万元借款及利息为基数，未考虑借款人已还1145.124397万元借款的事实。已还贷款部分不存在承担保证责任问题，故应按托普集团未清偿的借款本息作为托普软件公司和倍特公司承担保证责任的基数。倍特公司的该项上诉主张本院予以支持。因托普软件公司和倍特公司分别对托普集团的5000万元借款承担3000万元和2000万元的保证责任，故该保证为按份保证。上述两公司应依所保证的份额对托普集团的尚欠借款本金3854.875603万元及利息分别按60%和40%承担连带保证责任。故托普软件公司应承担的保证数额为：3854.875603×60% =2312.925362万元。因债权人将托普集团已还贷款1145.124397万元均视为托普软件公司保证部分的还款，在原审的诉讼请求和二审上诉请求中仅要求托普软件公司对托普集团的贷款在本金1854.875603元及利息范围内承担保证责任，而要求倍特公司对2000万元贷款本息承担保证责任，故最高人民法院只能确定托普软件公司应承担的保证数额为1854.875603元及相应利息。倍特公司因债权人承担10%的民事责任，其应承担的保证数额为：3854.875603×40% ×90% = 1387.755217万元及相应利息。

上述案件中，一审法院认为每一保证人在其约定的数额内承担保证义务，无论债务人是否已经清偿部分债务，债权人都可以要求保证人在其保证的数额内承担保证责任。但是，最高法认为这样没有考虑已经清偿的债务，保证人承担的保证义务应当以未清偿的债权余额为基础，按照保证人保证的数额和全部债务的比例进行计算，也就是说，保证人的保证数额会因为部分清偿主债务而相应减少。

但是近年的司法实践发生了新的变化。最高人民法院在审理按份共同保证时，还会考察是否为分别签署的按份额连带责任保证。如果是保证人分别提供连带责任保证，并约定了确定的保证金额，那么保证人在该约定金额内承担连带责任保证，不因主债务部分偿还而按比例缩减保证金额。

二、特定清偿债务是否解除特定保证人的义务

在一些共同保证中，某些保证人可能会提出要求提前终止其保证责任。如果债权人同意，保证人和债权人达成一致，解除该保证人的保证责任。由于保证人承担的是按份保证，解除一个保证人的保证份额不会增加其他保证

人的保证份额。

下面的案例中，共同保证中一位保证人要求提前解除其保证，债务人提前清偿了相应金额的主债务。但是保证人并没有就此和债权人签署相应的解除文件。因此，保证人主张债务人的这一定向提前清偿债务解除了其承担的保证责任，没有得到法院支持。

云南大业融资担保有限公司与中国农业发展银行安宁市支行金融借款合同纠纷案［（2017）最高法民申3395号］

2012年7月31日，农发行安宁支行与惠嘉公司签订固定资产借款合同，约定农发行安宁支行向惠嘉公司发放贷款1900万元，借款期限为60个月，即自2012年7月31日起至2017年7月30日止。2012年7月31日，农发行安宁支行与陶某华、大业公司、天茂公司分别签订《保证合同》，约定陶某华、大业公司、天茂公司分别为上述全部债务、本金400万元、700万元提供连带责任保证担保。大业公司的《保证合同》第8.2条约定："本合同生效后，除本合同约定外，保证人、债权人双方任何一方均不得擅自变更或解除本合同，如需变更或解除本合同，均应当书面通知对方，并经双方协商一致，达成书面协议。"惠嘉公司于2013年1月21日还本金80万元，7月19日还320万元，2014年1月20日还本金190万元，7月21日还190万元，2015年2月2日还110万元，6月25日还3万元，7月31日还5万元，9月30日还3万元，共偿还借款本金901万元；尚欠本金999万元，利息和复利485 546.18元。

大业公司主张，惠嘉公司于2013年1月21日、7月19日共还款400万元，系为解除其与大业公司的担保业务而为清偿，因此大业公司不应当继续承担保证责任。

二审法院认为，依本案查明的事实来看，双方均未提交证据证实双方就变更或终止该连带保证责任达成书面协议。虽然期间发生大业公司向农发行安宁支行提交撤销银行结算账户申请书，并经农发行安宁支行审核予以确认，结合农发行安宁支行向云南省政府信访局出具的反馈意见以及合同变更协议综合分析，双方曾就保证金账户解除后又重新设立了保证金质押担保关系。在合同变更协议中约定"变更0007号动产质押合同项下第四条质物、第五条质物的交付内容"，经审查，该协议并未涉及变更2012年7月31日大业公司与农发行安宁支行签订的保证合同项下相关内容。故在案证据不能证实本案当事人大业公司与农发行安宁支行针对诉争借款的保证合同关系终止，亦不能证实双方已经达成合意将原连带保证关系变更为质押担保合同关系。大业公司认为惠嘉公司已经还款的数额中有400万元系解除大业公司对惠嘉公司的担保，但惠嘉公司出具的情况说明并未对此事实予以明确。大业公司亦认可，其与农发行安宁支行并未就解除保证责任形成书面材料。此外，大业公司二审提交证据，证实其与农发行安宁支行重新办理质押担保的40万元保证金系由惠嘉公司支付。本院认为，该保证金由惠嘉公司支付不能推翻建立质押担保关系的主体系农发行安宁支行与大业公司，亦不能证实大业公司与农发行安宁支行解除了此前保证合同约定的连带责任保证。综上所述，大业公司与农发行安宁支行就惠嘉公司借款400万元的连带保证责任并未解除，大业公司仍应按保证合同约定承担保证责任。一审判决对此认定事实错误，应予纠正。大业公司应在《保证合同》约定的本金400万元及相应利息、逾期利息、复利和律师费范围内承担连带还款责任。

再审裁定中，最高人民法院认为，本案中惠嘉公司并未明确其所归还的400万元系对大业公司所担保的400万元借款而清偿。最高人民法院进一步就按份共同保证中保证人的保证责任进行了明确，按份保证所言之按份，是在对债务人不能履行的部分，在约定的份额内承担保证责任。故债务人对保证份额所为之清偿，并不能当然免除按份保证人的保证义务。本案中大业公司系在惠嘉公司对农发行安宁支行所欠的债务之上，在本金400万元及相应利息、逾期利息、复利和律师费范围内承担保证责任。在未得到农发行安宁支行同意的情况下，惠嘉公司所偿还的400万元借款，仅系对固定资产借款合同项下的债务所为之清偿，而非为解除大业公司担保义务。故二审认定大业公司应在《保证合同》约定的本金400万元及相应利息、逾期利息、复利和律师费范围内承担连带还款责任，并无不当。

三、未被主张责任的保证人是否不再承担责任

债权人需要在保证期间向保证人主张保证责任，否则，保证人将不再承担保证责任。保证期间经过，保证责任应相应灭失。在共同保证中，由于存在多个保证人，债权人可能没有向每个保证人主张保证责任。这种情况下，未被主张承担保证责任的保证人是否可以主张保证期间已过，不承担保证责任？

在按份保证中，保证人承担约定份额内的保证义务，和其他保证人之间

不存在连带关系。因此，如果按份保证人未被要求承担保证义务，那么保证期间届满后其将不承担保证责任。实践中发生争议的往往是连带共同保证。在连带共同保证的情形下，共同保证的保证期间适用存在特殊情形，债权人向连带共同保证人的一人或者数人主张保证责任后，有权要求其他保证人清偿应当承担的份额，不受债权人是否在保证期间内向其他保证人主张过保证责任的影响。

《民法典》实施之前，《最高人民法院关于已承担保证责任的保证人向其他保证人行使追偿权问题的批复》（法释〔2002〕37号，现已失效）明确规定："承担连带责任保证的保证人一人或者数人承担保证责任后，有权要求其他保证人清偿应当承担的份额，不受债权人是否在保证期间内向未承担保证责任的保证人主张过保证责任的影响。"《诉讼时效司法解释》第十五条第二款规定："对于连带债务人中的一人发生诉讼时效中断效力的事由，应当认定对其他连带债务人也发生诉讼时效中断的效力。"也就是说，在连带共同保证中，保证人是作为一个整体共同对债权人承担保证责任，债权人向共同保证人中的任何一人主张权利，都是债权人要求保证人承担保证责任的行为，其效力自然及于所有保证人。

湖北神农磷业科技股份有限公司、湖北三新磷钙有限公司企业借贷纠纷再审案［（2019）最高法民申6893号］

2014年8月26日，张某弢（乙方）与三宜贸易公司（甲方）签订《借款合同》（编号：201408260001），张某弢与三新磷钙公司、神农磷业公司签订保证合同，约定："……第一条 被担保的主债权 本合同所担保的主债权为张某弢与三宜贸易公司签订的编号为201408260001合同或协议所确立的主债权。第二条 保证方式 本合同保证方式为连带责任保证。本合同项下有多个保证人，各保证人共同对债权人承担连带责任。……第四条 保证期间（一）若主合同为借款合同，则本合同项下的保证期间为：自主合同项下的借款期限届满之次日起两年；乙方根据主合同之约定宣布借款提前到期的，则保证期间为乙方向借款人通知的还款之次日起两年。……"2017年8月25日，湖北三峡律师事务所受张某弢的委托分别向三宜贸易公司、三新磷钙公司、神农磷业公司通过顺丰速运邮寄送达律师函，律师函要求履行保证责任。三份律师函由"邹某"于2017年8月26日"批量签收"。根据神农磷业公司工商信息，邹某系该公司监事。

关于三新磷钙公司未直接签收律师函是否承担保证责任，一审法院认为：根据案涉保证合同关于“本合同保证方式为连带责任保证。本合同项下有多个保证人的，各保证人共同对债权人承担连带责任”之约定，三新磷钙公司、神农磷业公司系连带共同保证责任人，而在连带共同保证中，保证人是作为一个整体共同对债权人承担保证责任，债权人向共同保证人中的任何一人主张权利，都是债权人要求保证人承担保证责任的行为，其效力自然及于所有的保证人。退而言之，即便邹某在签收律师函后未将之送达三新磷钙公司，神农磷业公司在保证期间内已受领了债权人要求保证人承担责任的意思表示的效力也及于三新磷钙公司。故三新磷钙公司应向张某弢承担连带保证责任。这一判决得到了二审法院的支持。

最高人民法院再审认为：根据保证合同的约定，神农磷业公司、三新磷钙公司是连带共同保证责任人，在连带共同保证中，债权人可以要求任何一个保证人承担全部保证责任，保证人都负有担保全部债权实现的义务。由于任一保证人都有义务承担全部担保责任，所以在保证期间，债权人向任一保证人主张保证权利都意味着其向其他承担连带保证责任的共同保证人主张了保证权利，因此即使邹某签收律师函的行为不能代表三新磷钙公司，但张某弢在保证期间内向神农磷业公司主张权利的行为，应视为张某弢已向三新磷钙公司主张了权利。综上，神农磷业公司、三新磷钙公司主张其不应再承担连带保证责任的理由不能成立。

陕西弘瑞丰贸易有限公司、西安华海酒店投资股份公司民间借贷纠纷案［（2018）最高法民终1241号］

该案中，弘瑞丰公司自2011年9月起自行委托中行咸宁路支行向华海公司发放多笔贷款。2013年2月27日，弘瑞丰公司、中行咸宁路支行（甲方）与东方资管公司西安办事处（乙方）签订债权转让协议，约定东方资管公司西安办事处按债务人华海公司的请求，收购中行咸宁路支行在人民币委托贷款合同项下对债务人华海公司享有的债权资产。2013年2月22日，华海公司（甲方）、半坡湖公司（丙方）、黄某海、黄某华、黄某宾、程某爱（丁方）与弘瑞丰公司（乙方）签订协议书一份，约定半坡湖公司、黄某海、黄某华、黄某宾就华海公司承担的义务承担连带保证责任，但未约定保证期间。后华海公司违约。一审法院认为，弘瑞丰公司在主债务履行期届满之日的2013年7月30日起6个月内未要求半坡湖公司、黄某海、黄某华、黄某宾等保证人承担保证责任，保证人半坡湖公司、黄某海、黄某华、黄某宾依法免除保证责任。

在案件二审中，弘瑞丰公司主张其在保证期间内曾多次向华海公司、黄某海、黄某华等人主张过权利，华海公司则主张弘瑞丰公司在借款到期后仅向华海公司主张过还款责任，与黄某海多次沟通协商也仅要求华海公司还款，不等于向保证人主张担保权。

该案的一个焦点问题在于，弘瑞丰公司向华海公司、黄某海主张权利的行为，能否产生向保证人主张权利的效果。最高人民法院认为，对债权人来说，无论是行使债权还是担保权，其诉求实质上是一样的，即希望债务得到清偿。在弘瑞丰公司向华海公司、黄某海主张权利期间，黄某海同时是债务人华海公司和保证人半坡湖公司的法定代表人，自己亦是保证人，在这种情况下，如要求弘瑞丰公司必须明确区分其催收和协商行为是针对债务人还是保证人、是行使债权还是担保权，未免苛刻，亦不利于保护债权人利益，难言公平。故弘瑞丰公司向华海公司、黄某海催收借款的行为，应视为其向保证人黄某海和半坡湖公司主张了权利。

四、多个担保人的过错认定

上海津葳经贸有限公司与常熟市天铭物资有限公司、龚某芳等企业借贷纠纷再审案［（2015）民申字第680号］

该案中有多名保证人，主合同名为购销合同，实际上为企业间借贷。由于案涉资金并非出借人的自有资金，而是利用银行资金进行非法盈利，故被法院认定案涉企业之间借贷合同无效。该案中，债权人前后分别与八名担保人（包括债务人在内）签订七份独立的担保合同分别为其提供担保。各位保证人对于债务人以订立连环购销合同的方式借款的事实均系明知，在明知主合同无效的情形下仍对主债务提供担保，显然具有过错。

保证人津葳公司认为各担保主体应当依据其相应的过错程度承担赔偿责任，而不是应共同承担赔偿责任，每一担保人应承担不超过债务人不能清偿部分的三分之一的赔偿责任。最高人民法院认为，《担保法司法解释》第八条所称的担保人应指全体担保人，而无论担保人为一个主体还是多个主体，也无论担保人提供了何种担保方式。最高人民法院驳回津葳公司再审申请。

第九章　政府保证

政府保证是指政府机关（或者其组成部门）作为保证人向债权人提供的保证担保。这类保证依赖于政府的信用，且以政府财政作为还款支持。政府保证又称为主权担保，在国际融资中较为常见，国内融资中也偶尔涉及。实践中的政府保证可以基于其所涉融资项目是否跨境而简单划归为两大类：一类是国内融资中涉及的由政府提供的保证，另一类是跨境融资中涉及的由东道国政府提供的主权担保。因此，本章内容将分为两大部分：一是基于我国法律法规以及相关案例，就实践中我国政府机关提供保证的合法性、认定方法、效力和法律后果进行分析与阐释；二是结合项目经验和有关资料，介绍跨境融资中主权担保的适用范围、出具流程、风险点与关注点，以及东道国政府在不提供主权担保时可能签署的“安慰函”。

第一节　国内政府机关的保证

在我国金融实践中，由政府机关（特别是地方政府机关）作为保证人提供保证或者类似的信用支持的情形并不少见。由此常产生四大问题，即：政府依法能否提供保证？如何认定政府提供了保证？政府提供的保证是否有效？如果政府保证无效，将产生怎样的法律后果？结合法律法规和相关案例，以下对这四个常见问题逐一分析并解答。

一、政府机关保证的合法性

根据《宪法》的相关规定，国家机构应包括国家权力机关、国家元首、国家行政机关、国家司法机关、国家监察机关和国家军事机关等。鉴于政府的职责是依法行使其职权以管理国家事务，且其财产和经费应用于管理国家事务的活动，因此我国法律对政府担保有严格限制。原《担保法》第八条规定：“国家机关不得为保证人，但经国务院批准为使用外国政府或者国际经济组织贷款进行转贷的除外。”这一规定确立了政府不得为保证人的原则。与此同时，原《担保法》亦规定了政府可以作为保证人的例外情形，即为确保外国政府或者国际经济组织贷款的按时偿还（该等贷款一般用于交通运输、能源、环保等方面的基础设施建设），在满足以下特定条件时，政府才可以作为保证人：第一，政府提供保证的债务应是外国政府或者国际经济组织的贷款；第二，政府为保证人应发生在中央政府将筹借的外国政府或者国际经济组织贷款转贷给地方政府使用的情形；第三，政府为保证人应经国务院批准。

上述基本原则和例外得到了《民法典》的认可。《民法典》第六百八十三条规定：“机关法人不得为保证人，但是经国务院批准为使用外国政府或者国际经济组织贷款进行转贷的除外。”可见，《民法典》对相关概念进行了调整，将政府不得提供保证明确为机关法人不得作为保证人。根据《民法典》第九十七条的规定，机关法人为有独立经费的机关和承担行政职能的法定机构。

原《担保法》确立政府不得提供担保的原则后，实践中仍出现不少因政府（尤其是地方政府及其下属部门）违反上述规定提供保证而引起的纠纷。对此，后续出台的法律法规和规范性文件再三明令禁止地方政府违规提供保证的行为，这些法律法规和规范性文件包括但不限于：

（1）《预算法》第三十五条第四款：“除法律另有规定外，地方政府及其所属部门不得为任何单位和个人的债务以任何方式提供担保。”

（2）《国务院关于加强地方政府融资平台公司管理有关问题的通知》（国发〔2010〕19 号）第四条：“……要严格执行《中华人民共和国担保法》等有关法律法规规定，除法律和国务院另有规定外，地方各级政府及其所属部门、机构和主要依靠财政拨款的经费补助事业单位，均不得以财政性收入、行政事业等单位的国有资产，或其他任何直接、间接形式为融资平台公司融资行为提供担保。”

（3）《国务院关于加强地方政府性债务管理的意见》（国发〔2014〕43 号）第四条第三款：“地方政府及其所属部门……不得违法为任何单位和个人的债务以任何方式提供担保……”

至于地方政府违规提供保证担保的表现形式，《关于贯彻国务院关于加强地方政府融资平台公司管理有关问题的通知相关事项的通知》（财预〔2010〕412 号，已失效）和《关于制止地方政府违法违规融资行为的通知》（财预〔2012〕463 号，已失效）曾经进行了总结，主要包括：

（1）出具担保函、承诺函、安慰函等直接或变相担保协议；

（2）为其他单位或企业融资承诺承担偿债责任；

（3）为其他单位或企业的回购（BT）协议提供担保；

（4）承诺在融资平台公司偿债出现困难时，给予流动性支持，提供临时性偿债资金；

（5）承诺将融资平台公司的偿债资金安排纳入政府预算。

当然，以上所列部分事项因没有明确的承担保证责任或代债务人还款的意思表示，并不构成法律规定的保证，详见下文分析。

二、政府机关保证的认定

如上所述，政府机关原则上不得作为保证人而向债权人提供保证。那么应该如何判断政府机关提供了保证担保呢？该问题的提出主要是基于实践中存在一些政府机关为促进项目融资而向金融机构出具“承诺函”的情况。作为一项增信措施，该等“承诺函”可分为两类：一类是直接或者间接承诺为项目融资而向金融机构提供保证；另一类则承诺在有关项目债务人出现偿债困难时提供协助、支持等。

（一）法律规定

根据原《担保法》第六条的规定，保证是指当债务人不履行债务时，由保证人按照其和债权人的约定，履行债务或者承担责任的行为。对于保证人和债权人约定的方式，原《担保法司法解释》第二十二条明确规定，保证人单方以书面形式向债权人出具担保书，债权人接受且未提出异议的，保证合同成立；主合同中虽然没有保证条款，但是，保证人在主合同上以保证人的身份签字或者盖章的，保证合同成立。此外，根据原《担保法》第二条的规定，保证应适用于借贷、买卖、货物运输、加工承揽等经济活动中，该范围限定排除了政府机关的公共事务管理活动。

《民法典》没有定义保证，而是定义了保证合同，是指为保障债权的实现，保证人和债权人约定，当债务人不履行到期债务或者发生当事人约定的情形时，保证人履行债务或者承担责任的合同。《民法典》第六百八十五条进一步明确：“保证合同可以是单独订立的书面合同，也可以是主债权债务合同中的保证条款。第三人单方以书面形式向债权人作出保证，债权人接收且未提出异议的，保证合同成立。”

（二）相关案例

关于政府出具的“承诺函”是否构成法律规定的保证担保，最高人民法院曾在多起案件中表明了观点，即应根据政府出具“承诺函”的背景、“承诺函”的名称、“承诺函”的内容以及查明的其他事实情况，综合认定该政府是否作出了承担保证责任的意思表示，或者对债务人的债务代为清偿的意思表示。如果该等答案是肯定的，则相关“承诺函”构成原《担保法》规定的保证担保；如果该等答案是否定的，则相关“承诺函”不构成原《担保法》规定的保证担保。以下摘录并整理最高人民法院的三起相关典型案例所作出的判决、裁定。

佛山市人民政府与交通银行香港分行担保纠纷案［（2004）民四终字第5号］

佛山市政府于1996年先后向交通银行香港分行（以下简称香港交行）出具了三份承诺函，函中均有相同的表述：“本政府愿意督促该驻港公司中亚公司和景山公司切实履行还款责任，按时归还贵行贷款本息。如该公司出现逾期或拖欠贵行的贷款本息情况，本政府将负责解决，不让贵行在经济上蒙受损失。”香港交行向中亚公司和景山公司出具的授信函中，承诺函被列入“抵押品及法律文件”项下，且被进一步列入区别于“保证”的“其他”文件项下。

佛山市政府与香港交行之间有三次座谈会。根据座谈会的会议纪要，佛山市政府承诺将协调好有关方面，采取有效措施，帮助企业渡过难关，相对原有授信条件合理地以不同方式偿还银行贷款。此外，佛山市政府将在适当时机对企业进行资产重组，通过组建新公司，注入优质资产，提高企业的经济效益，解决原有债务。为解决中亚公司、景山公司等拖欠香港交行贷款事宜，佛山市对外经济贸易委员会以佛经贸发〔1998〕42号文件向三角洲发展有限公司作出批复，“同意将其持有百花广场的30%股权权益作抵押给香港交行，并作为该等公司债务重组”。

关于佛山市政府向香港交行出具的承诺函是否构成《担保法》规定的保证担保，最高人民法院二审判决认为，从以下几个方面分析来看，佛山市政府从向香港交行出具的书面文件，到实际的行动上，从未有过承担保证责任或代所属企业还款的意思表示，其向香港交行出具的承诺函并不构成我国《担保法》意义上的保证。

首先，从名称来看，承诺函并非担保函，对于其是否能构成担保应根据其内容来认定。

其次，从承诺函的内容来看，“负责解决”“不让贵行在经济上蒙受损失”并无明确的承担保证责任或代为还款的意思表示。

再次，在香港交行向中亚公司和景山公司出具的授信函中，在“抵押品及法律文件”项下，除佛山市政府的承诺函外，还有不动产的抵押、保证及存单的质押等，且承诺函均在这些授信函中被列入区别于“保证”的“其他”文件项下，这说明香港交行明知承诺函并非保证函。

最后，为解决包括中亚公司、景山公司在内的佛山市直属企业拖欠香港交行贷款事宜，佛山市政府与香港交行之间有三次座谈会并形成会议纪要。从这三份纪要的记载来看，香港交行从未要求佛山市政府承担保证责任或代中亚公司、景山公司还款，佛山市政府也未作出过承担保证责任或代企业还款的意思表示，而双方谈到的解决途径均是政府在适当时机对企业进行资产重组，以解决原有债务。佛山市政府亦于1998年11月12日以佛经贸发〔1998〕42号文件批复同意了佛山市有关企业与香港交行商定的企业重组计划，以解决中亚公司、景山公司等企业拖欠香港交行贷款的问题。

中国银行（香港）有限公司与台山市电力发展公司、台山市人民政府、台山市鸿基石油化工有限公司、台山市财政局担保合同纠纷再审案［（2011）民申字第1209号］

台山市政府于1997年向原新华银行香港分行（以下简称新华银行）出具一份承诺函，主要内容为：台山市政府知悉新华银行同意向仁伟企业有限公司（以下简称仁伟公司）提供一般开出信用证额度不超过港币1750万元，包括其项下之信托提货额度不超过港币1750万元，透支额度不超过港币50万元的银行便利或贷款。台山市政府承诺以下事项：……3. 将竭尽所能，确使仁伟公司履行其在新华银行所使用的银行便利或贷款的责任和义务。并在贵行要求时全部承担借款人的有关责任和义务。4. 如仁伟公司不能按新华银行要求偿还任何债务，台山市政府将负责解决仁伟公司拖欠新华银行的债务，不让新华银行在经济上蒙受任何损失。

新华银行于2001年并入中国银行（香港）有限公司（以下简称中银香港），新华银行的债权和债务由中银香港承继。台山市政府与中银香港、南洋商业银行有限公司、金现有限公司于2002年签署《和解协议》，约定在台山市政府作为还款人分期偿还港币5200万元后，中银香港等三家债权人免除包括仁伟公司在内的 12 家债务人拖欠的总欠款本金约港币 1.5 亿元的还款责任。且《和解协议》前言部分第一条载明:“附表二所列的信贷人士则分别为有关债务人偿还有关授信提供了抵押、质押、保证及其他担保(统称授信担保,详见附表二)。”该附表二中列明了台山市政府出具的承诺函。台山市政府随后按《和解协议》的约定偿还了第一笔款项港币 520 万元。

关于案涉承诺函的性质,最高人民法院认为应当根据台山市政府出具承诺函的背景情况、承诺函的内容以及查明的其他事实情况进行认定。

首先,台山市政府在 1997 年 1 月 22 日出具的承诺函中载明:“3. 我市人民政府将竭尽所能,确使借款人履行其在贵行所使用的银行便利/贷款的责任及义务。并在贵行要求时,全部承担借款人的有关责任和义务。4. 如借款人不能按贵行要求偿还就上述银行便利/贷款下产生的任何债务,我市人民政府将负责解决借款人拖欠贵行的债务,不让贵行在经济上蒙受任何损失。”该承诺函系针对特定数额的银行便利/贷款出具,并已经清楚表明台山市政府承诺在银行要求时,将全部承担借款人有关责任和义务的意思表示,应当属于保证性质。根据《担保法司法解释》第二十二条第一款的规定,第三人单方以书面形式向债权人出具担保书,债权人接受且未提出异议的,保证合同成立。本案中,台山市政府单方出具的承诺函为中银香港所接受,双方之间成立保证合同关系。

其次,台山市政府作为还款人,与中银香港等债权人于 2002 年 5 月 28 日签订《和解协议》。《和解协议》中的前言部分第一条载明:“附表二所列的信贷人士则分别为有关债务人偿还有关授信提供了抵押、质押、保证及其他担保(统称授信担保,详见附表二)。”该附表二中明确列明了台山市政府出具的承诺函。台山市政府在该《和解协议》上签字盖章,并且已经按照协议约定偿还了第一批应还款项 520 万港元,表明台山市政府对其保证责任是明知,也是认可的,并且已经开始履行担保人的还款责任。

综上,台山市政府出具的承诺函具有保证合同的性质,原审判决认定不构成保证缺乏充分的事实和法律依据。

中国银行(香港)有限公司与辽宁省人民政府、葫芦岛锌厂保证合同纠纷案[(2014)民四终字第 37 号]

辽宁省政府于 1996 年向新华银行(2001 年并入中银香港)出具一份承诺函,内容为:“我省人民政府知悉贵行同意向我驻港附属机构中辽有限公司

（以下简称中辽公司）提供及/或继续提供银行便利/贷款（以下简称‘银行便利/贷款’）：一般开出信用证额度共港币伍仟万元整，包括其项下之信托提货额度共港币伍仟万元整；我省人民政府在此承诺以下事项：……3. 我省人民政府将竭尽所能，确使借款人履行其在贵行所使用的银行便利/贷款的责任及义务；4. 如借款人不能按贵行要求偿还就上述银行便利/贷款下产生的任何债务，我省人民政府将协助解决借款人拖欠贵行的债务，不让贵行在经济上蒙受任何损失。”金杜律师事务所深圳分所受中银香港委托，分别于2003年和2004年以特快专递方式向辽宁省政府发出律师函，要求辽宁省政府对中辽公司欠付本金6 967 153.28港元、12 093 281.63美元及利息、费用等履行承诺，不让中银公司受到经济上的损失。

最高人民法院认为，辽宁省政府出具的承诺函是否构成保证担保应当依据其名称和内容确定。从本案承诺函的名称与内容看，辽宁省政府仅承诺“协助解决”，没有对中辽公司的债务作出代为清偿责任的意思表示，承诺函不符合《担保法》第六条有关“保证”的规定，不能构成法律意义上的保证。从金杜律师事务所深圳分所代表中银香港寄送给辽宁省政府的两份律师函内容看，该分所或者中银香港也没有要求辽宁省政府承担代为清偿债务的责任，而是仅要求其履行承诺不让中银香港受到经济上的损失。可见，承诺函所涉辽宁省政府与中银香港双方对案涉债务并未达成保证担保的合意，不能在双方之间形成保证合同关系。故辽宁省政府有关承诺函不构成保证担保的主张符合双方当事人的真实意思表示，中银香港依据承诺函要求辽宁省政府承担保证责任于法无据，本院不予支持。

三、政府机关保证的法律效力

我国法律规定，政府机关原则上不得为保证人。原《担保法》和《民法典》中的该等条款应为效力性强制性规定，违反效力性强制性规定提供的保证合同或者具有保证担保性质的“承诺函”无效。

郭某凤、河北汇源炼焦制气集团有限公司与鹤岗市东山区人民政府、鸡西龙嘉投资集团有限公司合同纠纷案［（2016）最高法民终623号］

案涉项目转让委托协议约定鹤岗市东山区人民政府（以下简称东山区政府）保障项目承接人分期支付5100万元转让款，如承接人不能按约支付，则东山区政府以财政收入代偿。最高法基于这一约定认定东山区政府对5100万元转让款的义务属于保证义务，而非代为履行或者债务加入。随后，最高法根据《合同法》第五十二条和《担保法》第八条的规定，指出《担保法》第八条的规定为效力性强制性规定，并因此认定项目转让委托协议关于东山区政府对 5100 万元转让款承担保证义务的约定因违反法律的效力性强制性规定而无效。

江苏省金陵建工集团有限公司与沛县汉之源商贸有限公司、沛县国有资产经营有限公司等建设工程施工合同纠纷案［（2016）最高法民终 687 号］

该案中，沛县人民政府向金陵建工集团（承包人）出具特别承诺函，承诺对案涉工程竣工后所欠 60% 的工程款，若沛县汉之源公司（发包人）不能按期及时偿还，则由沛县政府用财政资金支付。一审法院认为该承诺系担保意思表示，根据《担保法》第八条和《担保法司法解释》第三条的规定，沛县人民政府作为政府对案涉工程款不具有担保主体资格，故沛县人民政府所作的承诺为无效担保。

该案上诉到最高法，最高法认为，根据《担保法》第五条的规定，案涉建设工程施工合同无效，沛县国资公司为该无效合同提供担保的条款作为从合同亦应无效。一审法院根据沛县国资公司的过错，判令其承担不超过汉之源公司不能清偿部分的三分之一的责任，符合《担保法司法解释》第八条的规定。沛县人民政府作为机关法人，不具备为案涉工程合同提供担保的主体资格，其所作担保承诺自始无效，一审法院依据沛县人民政府、金陵建工集团各自的过错程度，判令沛县人民政府对汉之源公司的欠付工程款承担部分赔偿责任符合《担保法》第五条第二款的规定。综上，金陵建工集团关于因建设工程合同有效，沛县国资公司、沛县人民政府应就汉之源公司工程欠款及利息承担全部赔偿责任的请求不能成立，本院不予支持。

四、政府保证无效的法律后果

（一）政府机关的民事责任

违反法律规定提供的保证合同无效。此前的《担保法》《担保法司法解释》以及现行的《民法典》都规定，债务人、债权人和保证人根据其过错情况承担责任。

这种情况下过错责任的认定，实践中通常法院会认定担保人和债权人均有过错，理由如下：

从政府机关角度来说，我国多部法律和行政法规明确规定政府机关不得违规提供保证担保，政府机关对此应当明知。

从债权人角度来说，金融监管机关亦有明确要求严禁接受地方政府担保兜底。例如，《中国银监会关于银行业风险防控工作的指导意见》（银监发〔2017〕6号）中明确规定了“银行业金融机构要认真落实《预算法》和《国务院关于加强地方政府性债务管理的意见》（国发〔2014〕43号）要求，不得违规新增地方政府融资平台贷款，严禁接受地方政府担保兜底”。债权人对于政府不得违规提供保证担保的规定一般也应当明知。

以下请见笔者选取的最高人民法院所作判决、裁定中对政府机关违规提供担保的过错责任认定。

郭某凤、河北汇源炼焦制气集团有限公司与鹤岗市东山区人民政府、鸡西龙嘉投资集团有限公司合同纠纷案［（2016）最高法民终623号］

该案中，最高法认为，在主合同有效的基础上，东山区政府作为政府，明知其不能提供保证担保，故意违反《担保法》第八条的规定为案涉5100万元转让款提供保证担保，显然存在过错。一审法院依据《担保法司法解释》第七条的规定判决东山区政府对受让人不能清偿的5100万元转让款及相应利息承担二分之一给付责任，具有事实和法律依据。

石河子经济技术开发区财政局、中国信达资产管理股份有限公司新疆维吾尔自治区分公司保证合同纠纷案［（2017）最高法民终84号］

建行石河子分行与新疆天盛公司签订了5份人民币流动资金贷款合同，约定天盛公司向建行石河子分行借款本金合计18 711万元。为保证上述借款合同的履行，建行石河子分行与新疆石河子开发区经济建设总公司（以下简称建设总公司）等人在上述借款合同签署之日分别签订了5份保证合同、最高额保证合同。此后，石河子经济技术开发区财政局（以下简称开发区财政局）向建行石河子分行出具承诺函，承诺对天盛公司在该行的各类信贷业务余额18 753万元及建设总公司就转贷本息提供的连带责任担保承担连带贷款本息还款责任。建行石河子分行还与信达新疆分公司签订协议，约定将其在上述人民币流动资金贷款合同、最高额保证合同中享有的主合同债权和从合同权利自2014年4月21日转让给信达新疆分公司。

关于该案诉争的借款合同效力，一审法院认为，银监会发布的《流动资金贷款管理暂行办法》并非强制性效力规范，建设总公司以借款人天盛公司违反该办法，所贷款项未作流动资金使用而用于还贷，而贷款人未尽审查义务为由，主张该案主合同无效，因既无事实根据亦无法律依据而不能成立。故应确认该案借款合同合法有效，对各方当事人均有法律约束力。依照《担保法》第五条第二款，《担保法司法解释》第三条、第七条的规定，开发区财政局作为政府以担保人身份为债务人和保证人提供担保，其向债权人出具的承诺函即担保合同违反法律规定应属无效。而原债权人建行石河子分行明知开发区财政局作为政府提供担保违反法律规定，仍予以接受，故对该担保合同的无效亦有过错，据此，担保人开发区财政局应在债务人不能清偿债务18 753万元部分的二分之一范围内，向主合同债权人即信达新疆分公司承担连带赔偿责任。

二审中，最高法认为开发区财政局作为国家行政机关，对于自己能否作为保证人应当明知，其与接受担保的债权人建行石河子分行对双方之间形成的保证合同无效负有同等的过错责任，一审法院认为开发区财政局应当以主债务人天盛公司和担保人建设总公司不能清偿债务 18 753 万元的二分之一即9376.5 万元为限，承担连带赔偿责任，并无不当。

（二）政府的赔偿责任有可能被进一步限定

关于政府违法提供保证应承担的民事责任，除按照过错承担责任外，政府的责任可能会受到进一步限制。

中国信达资产管理股份有限公司甘肃省分公司等与北京鼎泰亨通有限公司金融借款合同纠纷案［（2014）高民终字第1606号］

该案中，北京市高级人民法院确认凉州区财政局作为政府出具的保证函应认定为无效后，认定国家开发银行作为债权人和凉州区财政局对于保证函的无效均有责任。故按照《担保法司法解释》第七条的规定，凉州区财政局应当在其承诺的2100 万元范围内，对债务人甘肃皇台酿造（集团）有限责任公司不能清偿债务部分的二分之一承担赔偿责任。但是北京市高级人民法院进一步认为，鉴于凉州区财政局为政府，其承担责任的财产受到限制，应当以其预算外资金和行政结余为限。应当注意的是，该判决是在 2014 年 12 月 3 日作出的。在该判决作出后，2015 年 1 月 1 日生效的《预算法》（2014 年修正）中增加了第四条，其第二款规定："政府的全部收入和支出都应当纳入预算。"［现行《预算法》（2018 年修正）未对该规定进行修改］因此，目前政府应已不存在“预算外资金”。但按照该判决的精神，当下政府就其违规提供保证而承担的责任应以其预算的结余资金为限。

第二节　跨境融资中的主权担保

一、主权担保的概念和特征

主权担保，也称为主权保证，是政府作为保证人出具的一项承诺，在发生某些事件或情形而导致债务人不能清偿债务或者偿债能力出现重大不利时，由保证人来履行义务。主权担保是典型的融资保证担保，由政府提供，而不是由银行或公司等私人机构提供。

与银行或者企业等私人机构作为保证人提供的保证担保相比，主权担保以政府财政收入和政府信用为依托，具有更高的可信赖性，因此在跨境融资中尤其受到债权人的青睐。主权担保的主债务往往是有关项目的具体融资，因此，主权担保相当于给提供融资的债权人一个选择权，将其持有的债权出售给政府。

二、主权担保的作用和适用范围

主权担保是项目融资的基石之一。在跨境国际项目融资中，特别是一些发展中国家，政府为了支持项目建设促进本国发展，往往愿意提供主权担保。项目融资最有吸引力的一个特征是：其允许项目发起人为一个特殊目的项目公司的义务进行担保，而不是发生直接的债务。作为或有债务，担保通常不需要反映在担保人的资产负债表内，而是在财务报表的脚注中公示。事实上，评级机构经常关注发起人的或有债务，尤其是重大的或有债务。尽管如此，这种担保对发起人信用档案的影响比同等的在资产负债表下的直接债务轻微很多。

一般而言，从项目目的、用途的角度，主权担保多为政府公用事业项目的项目融资和贷款而出具，例如，电力等能源项目，道路、铁路、港口和航运基础设施项目，电信项目等。不过在私人项目会给国家带来福祉的前提下，政府也可能基于本国法律的规定而为该等项目提供主权担保。[1] 由此可见，是

① 任谷龙：《国际融资法律实务指南》，法律出版社2018年版，第329页。

否符合本国的公共利益是政府提供主权担保的一项重要判断标准。

如果项目是解决即将发生的危机的，如能源危机、水供应危机、本国银行金融危机等，那么政府会比较愿意批准提供主权担保。

三、主权担保的出具流程

各国出具主权担保需要根据其宪法或者政府债务相关法律所规定的流程进行，大体上包括三个步骤：一是由相关政府管理部门对拟提供主权担保的项目进行评审；二是由该国的立法机关（例如议会）对于是否提供主权担保作出决定；三是由国家元首（或者财政部有权签字人）对主权担保保函签字批准，通常财政部代表政府签署比较常见。

根据东道国的相关法律，项目的主管部门首先评估主权担保所担保的项目，然后向议会提出出具担保是否可行。在议会决定环节，如果该届议会的任期即将结束，通常情况下其只会同意向政府项目提供主权担保，而不会同意向私人项目提供主权担保。

主权担保会受到东道国法律的限制，并不能轻易出具。并且，主权担保构成政府或有外债，还会受到该国政府债务上限的限制，包括该国国内的债务上限规定以及国际货币基金组织对该国债务上限的指导性规定。如果政府负债达到该国法定上限，则政府将不能对外提供主权担保。

四、主权担保的风险点与关注点

就主权担保的条款设计而言，项目投资者尤其需要关注以下方面。

（一）担保的风险范围

主权担保所涵盖的风险范围，发展中国家和发达国家之间存在一定的认识分歧。前者认为主权担保涵盖的风险范围应只包括政治风险和商业风险，而后者认为该等范围应更广泛，即还应包括对不可抗力的保证等。[①] 无论如何理解，主权担保需要覆盖的一项重要风险是外汇风险，即东道国中央银行改变该国的外汇管理制度，使得以外汇计价的合同的价值显著下降。一般而言，如果一项商业风险或者政治风险在东道国政府可以控制的范围内，那么该项

① 陈永亮：《欧洲主权债务危机中的担保问题研究》，辽宁大学2012年硕士学位论文。

风险应当包含在主权担保的范围内①。

（二）主权担保的授权

主权担保的出具应经过该国立法机关的审批，以使主权担保能够纳入该国经审批的财政预算，获得对该国履约能力的财政支持。对此，主权担保可包含相应的陈述与保证条款，例如："保证人有权订立、履行并交付本保函，且已采取全部必要措施以授权其订立、履行并交付本保函。为使保证人能够合法地订立本保函、行使其在本保函中的权利并履行其在本保函中的义务，以及为使本保函在各相关司法管辖区可被接受为证据所需的全部授权均已获得或生效并且完全有效。"

（三）被担保债务的范围

不同项目的主权担保范围依据其适用的法律法规可能存在差异。一般而言，主权担保所保证的范围包括主债权和利息。有些情形下，该范围可能缩小至只包括主债权，或者扩大至包括除主债权、利息之外的借款人在融资文件项下的其他义务，该等条款可参照以下表述：

"保证人特此不可撤销且无条件地（A）向贷款人保证，借款人按时履行融资文件项下的全部借款人义务；（B）向贷款人承诺，每当借款人未依照融资文件规定的货币按时向贷款人或其合法承继人支付借款人或其合法承继人应付的所有款项时，保证人应立即在收到贷款人的书面付款请求后，如同其作为主要义务人一样，支付该等款项；（C）向贷款人表示同意，如果其保证的任何义务成为不可执行、无效或非法，作为一项独立的主要义务，其将在贷款人提出要求时立即赔偿贷款人因借款人未支付任何款项（如无该等不可执行、无效或非法，本应由借款人根据融资文件在到期日支付的任何款项）而造成的任何费用、损失或责任。"

（四）主权豁免的放弃

在与国家及国家控制的企业进行交易时，尤其需要关注主权豁免问题。主权豁免是一项国际法原则，指未经一国同意，其行为和财产不受另一国家立法、司法和行政的管辖。关于主权豁免有两种理论主张，即绝对豁免主义和相对豁免主义。前者是指国家的一切行为和财产无论其性质均享有豁免，

---

① 参见 https：//corporate. findlaw. com/business – operations/sovereign – guarantees – in – project – finance. html，最后访问日期：2024 年 9 月 19 日。

而后者是指只有国家主权行为及用于政府事务的财产才享有豁免。在东道国享有主权豁免的情况下，项目投资者通常只能将争议提交至东道国国内法院解决，东道国国内法院基于属地原则取得对案件的管辖权。但由此产生的很可能是对项目投资者不公平的判决结果。目前，越来越多的国家为了吸引外商投资而不断加强对外国投资者权利的保护，包括有限度地放弃主权豁免。

中国内地和香港特别行政区在主权豁免方面曾采取绝对豁免主义的立场。在 FG Hemisphere Associates LLC 诉刚果民主共和国及其他人案中，中国外交部驻香港特派员公署在致香港政制及内地事务局的信中指出："我国的一贯原则立场是，一国国家及其财产在外国法院享有绝对豁免，包括绝对的管辖豁免和执行豁免，从未适用所谓的'限制豁免'原则或理论。"[①] 香港终审法院对该案作出的终局判决则确立了香港与中央政府的国家豁免立场保持一致，即采用绝对豁免。2023 年 9 月 1 日，第十四届全国人大常委会第五次会议表决通过了《中华人民共和国外国国家豁免法》（以下简称《外国国家豁免法》），自 2024 年 1 月 1 日起施行。《外国国家豁免法》明确了我国的外国国家豁免政策由绝对豁免转向相对豁免，接受了《联合国国家及其财产管辖豁免公约》中规定的除"参加公司或其他集体机构"和"国家拥有或经营的船舶"之外的所有限制豁免情形，即在这些情形下中国法院可以对涉及外国国家及其财产的纠纷行使管辖权。这些限制豁免情形包括：（1）明示同意管辖；（2）主动参加诉讼；（3）商业交易；（4）雇佣合同；（5）人身伤害和财产损害；（6）财产的所有、占有和使用；（7）知识产权。

主权担保作为一国政府出具的保证，为保护项目投资者利益，也应依据其适用法律的规定含有明确的放弃主权豁免的条款。例如，某适用英国法的主权担保包含以下保证人豁免条款："保证人特此不可撤销且无条件地放弃其自身或其资产或收入在任何司法管辖区内可能享有的全部豁免（包括主权豁免权或其获得的任何豁免权），包括但不限于其自身或其财产在任何时候于任何诉讼、任何仲裁机构或仲裁庭的管辖、仲裁程序、程序性特权、判决、仲裁裁决、向其或其代理人送达诉讼文书、判决或仲裁裁决的执行、抵销、判决或裁决前的扣押等有权享有的任何豁免。"

---

① 罗燕明：《香港特区"刚果（金）案"与全国人大常委会第四次解释〈香港基本法〉研究》，载中华人民共和国国史网，http：//www. hprc. org. cn/gsyj/yjjg/zggsyjxh_ 1/gsnhlw_ 1/d12jgsxslw/201310/t20131019_ 244914. html，最后访问日期：2024 年 9 月 13 日。

与主权豁免相关的还有争议解决地的选择问题。项目投资方一般应事先关注东道国政府在海外是否有可供执行的财产，并以该等财产所在地作为争议解决地，以便在发生争议后对该等财产进行查封及执行。但是，投资方应尽量避免选择适用绝对豁免主义原则的国家或地区作为争议解决地。

（五）“安慰函”

在不予提供主权担保的情形下，东道国政府可能愿意签署一份在内容、效力等方面均相对“弱化”的文件，通常称为“安慰函”或“谅解备忘录”。这类文件所涵盖的事项一般包括东道国政府的政策声明，其中承认有关项目对国家经济的重要性，并支持境外投资开发、建设和运营该项目。在此基础上，其内容可能进一步包括以下事项：东道国政府对因其任何机构签署或交付的任何协议、许可证、文书或其他文件的任何条款无效或不可执行而使任何项目参与者遭受的任何损失进行赔偿；东道国政府保证，如果环境、税收、进出口或其他法律和监管框架的变更将对项目或项目投资方或贷款人在项目中的权利产生重大不利影响，则相关变更不适用于该项目等。① 不过，东道国政府出具的该等文件的法律性质和效力存疑，需要根据该等文件的内容和形式等具体判断。

五、部分国家主权担保简介

结合项目经验及有关资料，下面将以埃塞俄比亚联邦民主共和国（以下简称埃塞俄比亚）、俄罗斯联邦（以下简称俄罗斯）、柬埔寨王国（以下简称柬埔寨）、马尔代夫共和国（以下简称马尔代夫）、斯里兰卡民主社会主义共和国（以下简称斯里兰卡）和越南社会主义共和国（以下简称越南）为例，介绍这些国家提供主权担保的相关制度。

（一）埃塞俄比亚

根据埃塞俄比亚法律，联邦政府可以为不同政府机构的债务提供担保。如果公共企业的债务是因人民代表院批准的政府优先开发计划中的项目而产生的，联邦政府可以担保该公共企业的债务。

《埃塞俄比亚联邦政府财政管理局条例》（2009 年第 648 号，简称《财政

① 参见 https：//corporate. findlaw. com/business – operations/sovereign – guarantees – in – project – finance. html，最后访问日期：2024 年 9 月 13 日。

管理条例》）（Federal Government of Ethiopia Financial Administration Proclamation No. 648/2009）授权联邦政府根据部长理事会（Council of Ministers）颁布的《财政管理条例》出具担保。该条例第 49 条第（1）款明确向联邦政府进行了授权，规定“财政部部长可以保证债务的履行，前提是该保证符合由部长理事会颁布的条例”。

部长理事会颁布的《财政管理条例》（2010 年第 190 号）（Council of Ministers Financial Administration Regulations No. 190/2010）规定了联邦政府为债务提供保证之前必须满足的特定条件。具体而言，该条例第 45 条第（1）款第（a）和（b）项规定，“经适当考虑提供保证的必要性和从中获得的利益，以及保证被执行的可能性和后果”，保证人可以为债务的履行提供保证。该条例第 45 条第（2）款详细规定了何时需要出具保证，以及从中获得的利益，即“贷款资金用于资助经人民代表院批准的政府优先开发计划中的项目”。因此，如果所涉项目是经人民代表院（House of People’s Representatives）批准的政府优先开发计划中项目，且借款人有偿债能力，则联邦政府可以直接提供保证而无须人民代表院的进一步批准。

（二）俄罗斯

俄罗斯的主权担保法律体系，主要由预算法典、政府预算、联邦政府和地方政府制定的关于主权担保的配套行政法规和部门规章，以及民商事法律中适用于担保法律关系的相关规定组成。预算法典作为俄罗斯各级政府财政预算和政府债务的基本法律，设置了主权担保的专门规定，从宏观层面对主权担保的主管机构、担保债务币种、年度规划编制、审批流程、担保期限、责任范围等重要内容作出原则性规定。政府预算由各级政府每年以法案形式提交立法机关批准。相应年度的主权担保规划也将作为政府预算附件，一并提交立法机关审议通过。联邦政府、各级政府制定的关于主权担保的配套行政法规或部门规章则从具体操作层面，对提供主权担保的项目要求、被担保人和债权人资格条件、审批主管部门、申请和审批流程、主权担保责任范围和期限、主权担保执行程序等内容作出具体规定。

俄罗斯主权担保年度规划中，按照预算货币的币种，将主权担保划分为本币主权担保和外币主权担保。根据适用的项目类型，主权担保年度规划将本币主权担保和外币主权担保进一步细分。中国投资人或融资机构一般可能取得的主权担保类型，主要是普通投资项目和优惠贷款投资项目的主权担保。

其中，普通投资项目是指符合《俄罗斯联邦主权担保贷款或债券融资投资项目的项目和被担保人遴选条例》（1016 号令），对俄罗斯联邦具有重大意义，符合俄罗斯系列经济社会发展战略，由企业实施的重大工业、市政、交通等建设运营项目，以及提高工业和社会公共领域能源效率的项目。以该类项目为例，联邦政府提供主权担保需要经历项目审批和担保审批两个阶段。

就项目审批而言，审批机构是经济发展部牵头成立的普通投资项目审批部际委员会（以下简称审批部际委员会），其负责在项目行业主管部门意见基础上，参照相关指标对有关项目、被担保人进行审批。通过项目审批后，审批部际委员会将审批决定移交财政部，并启动担保审批。财政部将根据审批部际委员会的审批决定，向联邦政府提交主权担保决定草案，由联邦政府正式颁布。此后，政府预算中指定的联邦政府代理机构将对被担保人财务状况、资信情况等予以审核评估，与被担保人就主权担保合同或保函进行协商谈判，并根据谈判情况出具保证合同缔约可行性意见。财政部在该保证合同缔约可行性意见的基础上，作出保证合同缔约决定，并代表俄罗斯联邦政府，与债权人签订保证合同并向债权人出具书面保函。①

（三）柬埔寨

在柬埔寨，根据 2007 年《特许权法》（Law on Concessions）② 开展的基础设施项目可以获得主权担保。《特许权法》第 16 条规定："被特许权人应自负风险和费用，在对政府签约方无追索权的前提下，为实施基础设施项目进行融资。在特殊情况下，政府签约方仅可依据相关金融监管法律法规规定的程序作出一项保证（The Concessionaire shall finance for the implementation of the Infrastructure Project, at its own cost and risk and without recourse to credits or guarantees made by the Contracting Institutions. In exceptional circumstances, a guarantee can be granted but only in accordance with procedures specified in the related financial management laws and regulation）。"至于"政府签约方"，他们可能是有权根据《特许权法》签订特许经营权合同的机构。基于先例，除政府提供的担保函外，另有两份额外文件以证明政府的承诺。一份文件是由内阁

---

① 参见田文静等：《揭开俄罗斯主权担保制度的面纱》，载中国贸易金融网，http：//m. sinotf. com/News/index/id/203778，最后访问日期：2024 年 10 月 8 日。

② 参见 https：//cdc. gov. kh/wp - content/uploads/2022/04/Law - on - Concessions - Full - Text_071019. pdf，最后访问日期：2024 年 9 月 13 日。

会议授权财政部部长签署支付款项的政府担保的全权证书；另一份文件是经国会批准，涉及向特定企业提供政府担保的法律性文件，并由国王以敕令形式颁布。这两份文件从侧面表明政府提供担保所需的程序基本和柬埔寨颁布法律的程序相同：由首相和各部长组成的内阁会议批准授权财政部出具担保函，其授权出具的担保函提交国会辩论和批准，之后经国王以敕令形式颁布。

虽然《特许权法》规定的涉及基础设施等公共项目的范围较广，但实践中符合政府可提供担保的项目是严格而有限的。例如，在 BOT 模式的电力项目中，没有发现财政部曾在电力公司订立的电力购买合同下向业主出具过担保函（2007 年亚洲开发银行融资的输电线项目除外）。财政部部长和副部长不止一次在正式场合回答关于要求政府对一些开发项目出具主权担保的询问，给出的均是否定答案。

（四）马尔代夫

马尔代夫的主权担保的主要法律依据是 2006 年《公共财政法》（Public Finance Act 2006）、2009 年《公共财政条例》（Public Finance Regulations 2009）、2013 年《公共财政责任法》（Public Finance Accountability Act 2013）以及 2017 年《出具主权担保指引》（Guidelines for the Issuance of Sovereign Guarantees 2017）①。

《公共财政法》第 5 条介绍了主权担保的审批部门与主要审批程序：所有主权担保的申请均应提交财政部部长，由其评估该主权担保对马尔代夫经济和公共金融的影响；最终由马尔代夫总统基于财政部部长的评估结果批准主权担保。马尔代夫总统通常会授权财政部部长代表马尔代夫政府签署该等主权担保文件。《公共财政条例》第 11 章规定，所有关于主权担保的申请都必须提交财政部部长。该等申请应包括的信息是：接受贷款或出具主权担保的目的；贷款或担保的经济效益；与贷款有关的成本费用；有关该等担保或贷款对马尔代夫经济和公共财政造成的影响的研究。另外，主权担保无登记要求，但根据《公共财政法》，财政部部长应当就已授予的主权担保维持一份登记册。

---

① 参见 https://www.finance.gov.mv/public/attachments/IpEntQTB4enZNUE3dmztewu2vE6HPJINt6UwN1oZ.pdf，最后访问日期：2024 年 9 月 14 日。

《公共财政责任法》规定，财政部部长必须确定每5年与国内生产总值相关的债务最高限额。出具主权担保，不得超过年度预算中列明的额度，并符合《公共财政责任法》第32条的规定。财政部部长必须在出具主权担保函后30天内将该等信息提交至议会的公共财政委员会。

《出具主权担保指引》中列明了主权担保的有关要求、申请文件以及财政部评估主权担保申请的程序等：第一，主权担保的债务人须为马尔代夫国有企业或在马尔代夫注册的公司；第二，申请人仅能就为其以下项目借用的贷款申请主权担保：旅游业开发项目、社会住房项目（且需要满足政府的有关要求与标准）、政府认为具有优先性的其他开发项目；第三，主权担保所担保贷款的实际利率（effective rate）不得高于3.5%，实际利率是指贷款下除偿还本金之外的所有收费，既包括利息，也包括管理费、承诺费等。财政部在批准主权担保的程序中会评估和确认贷款的实际利率。

出具担保的所有行政安排都将由财政部执行。在评估担保申请人提供的所有文件后，如果财政部部长决定出具担保，该决定将提请总统批准，并在总统批准后出具主权担保。担保申请在任何阶段被拒绝，都会通知担保申请人。一旦出具主权担保，未经财政部书面批准，借款人不得进行以下事项：进一步借款；为获得任何其他贷款或担保而提供任何资产或证券作为担保；处置或剥离自身资产或证券；或将股份转让给第三方。

若不能偿还被担保贷款，在执行任何担保之前，主权担保的受益人和申请人应尽早将该等事宜告知财政部。此外，如果政府因为主权担保而被请求支付任何款项，政府支付的款项将成为政府与申请人之间的贷款。在该等情况下，申请人应当和政府签订协议以向政府偿还贷款。

（五）斯里兰卡

斯里兰卡的主权担保规定见于《外国贷款法》（Foreign Loans Act）[①]。依据《外国贷款法》，斯里兰卡主权担保适用于：外国政府或外国政府机关提供的贷款；国际组织提供的贷款；经斯里兰卡政府或财政部部长批准的非斯里兰卡个人或实体提供的贷款。该法规定，斯里兰卡总统或总统授权的任何人均可签署主权担保。此外，根据该法第4条，财政部部长将在公报上发布必

① 参见 https：//www. srilankalaw. lk/revised - statutes/alphabetical - list - of - statutes/401 - foreign - loans - act. html，最后访问日期：2024年9月14日。

要条款，以使向斯里兰卡政府提供的外国贷款相关的协议生效。该协议可包括斯里兰卡政府为公众公司获得的外国贷款而提供的主权担保。

而且，斯里兰卡政府就为公共公司提供的外国贷款（以及贷款协议或担保所要求的任何合同、债券、本票或其他文件）所作担保需要支付的所有款项将从统一基金（Consolidated Fund）中扣除。斯里兰卡《宪法》第十七章规定，除财政部部长指令授权外，不得从统一基金中提取任何款项。且除非相关金额已经依据议会决议或任何法律，在统一基金支取或合法支出的财务年度被授权用于特定公共服务，否则财政部部长不得签发该指令。为使就外国贷款人发放贷款提供的主权担保可以执行，该等贷款需要依据前述规定经财政部部长批准。

（六）越南

越南总理有权决定是否提供主权担保。财政部基于总理的批准可出具政府保证，国家银行亦有权依照总理的决定为越南信贷机构举借外国贷款提供保证。

越南提供主权担保应遵循如下主要程序：

（1）视项目而定，申请主权担保的借款人在与贷款人谈判及签署贷款协议之前，必须从政府或总理处获得原则性批准；

（2）自收到借款人为取得原则性批准而依法提交的完整、有效申请文件后30个工作日内，财政部会对融资方案和保证申请材料进行评估；

（3）财政部将评估结果向政府或总理汇报，以便就提供主权担保作出原则性批准；

（4）得到原则性批准后三年内，借款人就贷款协议进行谈判并依法备妥主权担保申请材料；

（5）财政部与相关部委协商，评估借款人的主权担保申请并向总理报告，以便总理作出是否批准主权担保的决定；

（6）借款人必须与财政部订立资产抵押协议，并向财政部提供经签署的贷款协议以及在服务银行开立的项目账户的账号，方能收到财政部出具的经总理批准的主权担保函；

（7）借款人必须依法向国家银行登记该外国贷款。

尽管越南法律没有禁止或限制政府担保的规定，不过，每年政府担保都设有额度，财政部应在批准的政府担保年度限额内，按照总理对每笔贷款或每笔债券发行的决定，提供政府担保。如果在任何一年内政府担保的额度已经用尽，但仍有为紧急项目或对国家社会经济发展特别重要的工程提供政府担保的提案，或国会或政府已作出投资政策决定，并且有必要在计划年度内提供政府担保，那么财政部应向总理报告修改当年的政府担保额度，但前提是要确保公共债务的安全性。

第十章　独立保函

第一节　独立保函的概念

独立保函（Independent Guarantee）又称为见索即付保函（Demand Guarantee）。独立保函是“二战”后为适应当代国际贸易发展的需要，由银行和商业实践的发展而逐步确立起来的，并成为国际担保的主流和趋势。独立保函的产生以及在国际贸易中得以广泛应用，得益于独立担保的诸多优势。首先，对银行而言，银行没有专门的人员和技术能力去调查基础交易的真实履行情况，当基础交易发生纠纷时，争议双方往往各执己见，银行很难作出判断，卷入这一复杂的基础交易纠纷对银行会很不利，并且会影响银行的利益和信誉。其次，对受益人而言，独立保函可以确保其权益不因合同纠纷而受到损害，更有利于保障受益人的权益，因为保函独立性可以防止保函申请人提出各种理由如不可抗力、合同履行不能等来对抗其索赔请求，也避免了对违约人提起诉讼而花费大量金钱。

独立保函为国际经济交往提供了极大便利。根据客户的要求出具独立保函成了国际银行的一项日常业务。银行出具的独立保函主要采用保函（Bank Guarantee，Bond）或者备用信用证（Standby Letters of Credit，简称备用证或SBLC）两种形式。

一、保函

保函是银行基于其客户的申请而向受益人出具的保证书，保证当客户在其与受益人之间的合同项下没有履行约定的义务时，银行向受益人作出补偿。国际商会2010年版的《见索即付保函统一规则》（URDG758）将保函定义为“一份约定只要作出相符索赔的提示就立即付款的书面的承诺，无论其如何命名或如何描述”①。《联合国独立担保和备用信用证公约》将独立保函称为担

① URDG758第2条定义中规定：“Demand guarantee or guarantee means any signed undertaking, however named or described, providing for payment on presentation of a complying demand.”

保人作出的一项独立承诺，当担保人收到索赔请求或者附带单据的索赔请求时，只要其符合保函规定的条款和单据要求，并表明或示意任何付款因为义务履行中的违约或因另一偶发事件而到期，或者借款到期，或者任何债务到期，担保人即应立即向受益人支付一笔确定的款项①。

实践中，常见的保函包括以下五类。

1. 投标保函

投标保函（Bid Bond Guarantee）出现在招投标项目中，银行根据投标方的申请向招标方开立。投标保函的金额一般为投标报价的1% ~5%。投标保函的主要作用是防止投标人在投标有效期内撤销投标，或者中标后不签订合同且不提供履约保函。如果投标人投标后修改原报价、中途撤标，或者中标后不能与招标人签订合同，将导致招标人出现损失，银行按保函规定向招标方作出赔款。如果投标方没有中标，则投标保函将立即失效并应当返还银行。如果投标方中标，则投标保函将被履约保函替代。

2. 履约保函

履约保函（Performance Guarantee）是银行向买方或业主出具的保证，担保卖方或承包商提供货物或服务。履约保函在建设项目中最为常见，金额一般为合同金额的10% ~15%，用以担保承包商按合同条款履约。如果承包商违约，银行需要根据保函向发包方赔偿损失。

3. 预付款保函

预付款保函（Advance Payment Guarantee）又称退款保函或定金保函。预付款保函在买方或业主同意预付一定比例款项的情况下使用。买方或业主为了确保供货方或承包商按照约定履行义务，要求供货方或承包商的银行向其提供预付款保函，由银行承诺，一旦供货方或承包商未能履约或者无法全部履约，银行按照保函的约定向其返还与预付金额等值的款项。

---

① 《联合国独立担保和备用信用证公约》第2条第1款规定："For the purposes of this Convention, an undertaking is an independent commitment, known in international practice as an independent guarantee or as a stand – by letter of credit, given by a bank or other institution or person ('guarantor/issuer') to pay to the beneficiary a certain or determinable amount upon simple demand or upon demand accompanied by other documents, in conformity with the terms and any documentary conditions of the undertaking, indicating, or from which it is to be inferred, that payment is due because of a default in the performance of an obligation, or because of another contingency, or for money borrowed or advanced, or on account of any mature indebtedness undertaken by the principal/applicant or another person."

4. 质量保函

质量保函（Quality Guarantee）也称为保留金保函（Retention Money Guarantee）。工程完工后，业主往往会扣留一部分工程款，通常是合同金额的5%～10%，作为工程质量的担保。承包商为了取得这部分工程款，申请银行向业主开立质量保函，保证如果工程质量不符合合同约定，银行按保函约定向业主作出赔偿。质量保函在货物贸易中也会使用。

5. 提货担保

提货担保（Shipping Guarantee）在货物先于单据到达港口的情况下使用。船方在没有提单的情况下基于银行出具的提货担保向买方放货。银行担保，如果买方没有在规定的时间内向船方提供提单，将补偿船方由此遭受的损失。

二、备用证简介

备用信用证，是银行签发的书面文件，承诺在申请人（基础交易中的债务人）未能向受益人（基础交易中的债权人）进行支付或者未能履行其他义务时，代表申请人向受益人支付一定金额的款项。备用证开立后即独立于其开立所依据的基础交易，开证行的付款义务不受基础交易的有效性、合法性的影响。

备用证经常用于担保债务人的履约能力或者增强债务人的信用等级。例如，在货物买卖中，如果买方能够出具银行开立的备用证，就可以要求卖方以赊账的方式提供货物。当买方按照货物买卖合同支付货款后，就不会发生备用证项下的付款。因此，债务人和受益人双方并不希望发生备用证项下的支付。只有在债务人发生违约时，才会出现备用证项下的支付。当受益人根据备用证的约定向开证行提供相关文件，开证行就有义务向受益人支付款项。

备用证起源于美国。由于美国法律不允许银行开立保函，为了避开这一法律限制，美国的银行发明了备用信用证。后来，备用证逐渐发展成为国际性合同提供履约担保的信用工具，被广泛应用于国际承包工程的投标、国际租赁、预付货款、赊销业务以及国际融资等领域。

从功能来看，备用证和保函并没有什么区别。二者都是银行出具的担保基础交易履行的文件，都是独立担保，与其开立所依据的基础交易相分离，担保行不得以基础交易的合法性或其他抗辩对抗受益人的索赔。备用证与保函一样可以运用于各种不同的场合，包括招投标、预付款、履约担保、保留金担保等。《联合国独立担保和备用信用证公约》就没有区分备用证和保函，而统一称为一项承诺（Undertaking），其中的所有规则都适用于保函和备用证。

实践中，保函通常适用《见索即付保函统一规则》，而备用证则适用《国际备用信用证惯例》或《跟单信用证统一规则》。由于这些规则的不同，保函和备用证在实践中有一定区别，备用证比保函更灵活，担保功能更强。这主要体现在两个方面：（1）备用证项下担保行的付款义务不以申请人违约为前提，只要申请人到期没有付款，无论是否因为违约，担保行就按照备用证的规定根据受益人的提示向受益人付款；但是，保函项下担保行的付款责任以申请人在基础交易中违约为前提，受益人在索赔请求中应当注明申请人的违约情况。（2）备用证可以由第三方银行保兑，保兑行犹如一个单独的开证行，对备用证承担与开证行相同的责任。经保兑的备用证，可以避免开证行的信用风险和开证行所在地的国家风险，对受益人更有利。保函则没有这一功能，受益人必须直接向担保行书面主张索赔。

三、独立保函的基本特征

《国际备用信用证惯例》第1.06条规定，备用证在开立后即是一项不可撤销的、独立的、单据性的及具有约束力的承诺，并且无须如此写明。《见索即付保函统一规则》（URDG758）和《联合国独立担保和备用信用证公约》中也有类似的表述。由此可见，独立保函具有不可撤销性、独立性、单据性三大特征。其中单据性和独立性是独立保函制度运行的两大“基石”。

（一）独立性

独立性是指保函与其基础关系相分离，虽然保函文件中提及基础关系，但开立人并不受该等基础关系的任何约束。只要受益人提交符合担保条款规定的附有其他单据文件的索赔请求，开立人即向受益人支付一定数额的金钱。

URDG758第5条对独立性的解释是：“保函在本质上是独立于基础关系和保函的申请的，担保行在任何情况下都不会涉及基础关系并受基础关系的约束。保函中为了定位基础关系而提及基础关系，并不影响保函的独立性特征。担保行在保函项下的付款承诺不受因任何关系（担保行和受益人之间的关系除外）而产生的主张或抗辩的影响。（A guarantee is by its nature independent of the underlying relationship and the application, and the guarantor is in no way concerned with or bound by such relationship. A reference in the guarantee to the underlying relationship for the purpose of identifying it does not change the independent nature of the guarantee. The undertaking of a guarantor to pay under the guarantee is not subject to claims or defences arising from any relationship other than a relationship between the guarantor and the beneficiary.)”

ISP98 在第 1. 06（c）条中解释备用证的独立性时规定：“备用证下开证人义务的履行并不取决于：（1）开证人从申请人那里获得偿付的权利和能力；（2）受益人从申请人那里获得付款的权利；（3）在备用证中对任何偿付协议或基础交易的援引；（4）开证人对任何偿付协议或基础交易的履约或违约的了解与否。（Because a standby is independent，the enforceability of an issuer's obligations under a standby does not depend on：i. the issuer's right or ability to obtain reimbursement from the applicant；ii. the beneficiary's right or ability to obtain payment from the applicant；iii. a reference in the standby to any reimbursement agreement or underlying transaction；or iv. the issuer's knowledge of performance or breach of any reimbursement agreement or underlying transaction.)”

1. 独立性的表现形式

独立保函的独立性表现为以下三个方面：

（1）保函法律关系和基础交易关系以及保函指示方和担保人之间的保函申请契约关系是独立的，保函的效力不受基础交易关系的影响。

（2）开立人在保函项下的付款义务，不受除开立人与受益人之外的任何关系项下产生的请求或抗辩的影响，开立人无法行使基础合同债务人的抗辩权。

（3）开立人无须对基础交易关系当事人因事实或法律问题而引起的争议进行裁决，开立人仅需审核单据是否在表面上与保函相符，或通过自身交易记录，或在其正常经营范围内判断保函中规定的条件是否已经满足。

2. 独立性与从属性的区别

独立保函一经开出后即独立存在，不隶属于其他任何法律关系或事实。《独立保函司法解释》第六条第二款规定：“开立人以基础交易关系或独立保函申请关系对付款义务提出抗辩的，人民法院不予支持，但有本规定第十二条情形的除外。”也就是说，法院在认定开立人的付款义务时，并不需要确认是否存在基础合同违约等情况。担保人不得以委托人违反基础合同为由拒付独立保函项下的索赔。所以，独立保函下保证人的付款责任是第一顺位的。

根据《民法典》的规定，除非法律另有规定，担保合同是主合同的从合同，主合同无效，担保合同无效。基于这一原则，一般而言，普通保证具有从属性，从属于基础交易。也就是说，保证人的责任随着基础合同的存在、变化、灭失而变化，保证人可以以债务人在基础合同项下享有的抗辩权对抗债权人。如果基础合同因当事人无行为能力、意思表示有瑕疵或内容不合法等情况而无效、被撤销，保证担保将因基础合同实质要件瑕疵和欠缺而无效，保证人将无须履行保证合同项下的责任。所以，普通保证中保证人的付款义务是第二顺位的。

与从属性担保相比，独立担保与基础交易在债权的发生、变更和消灭上没有从属关系，担保人不享有先诉抗辩权，也不能主张债务人针对债权人的抗辩，担保人只有对索赔文件及所附单据进行形式审查的权利，当受益人的索赔要求符合保函规定的条件时，担保人必须承担替代给付的责任。

（二）单据性

独立保函具有单据性，即开立人在履行独立保函项下的付款义务时，仅需审核独立保函的形式是否符合规定。《独立保函司法解释》第六条第一款说明了独立保函的单据性原则：“受益人提交的单据与独立保函条款之间、单据与单据之间表面相符，受益人请求开立人依据独立保函承担付款责任的，人民法院应予支持。”此外，《独立保函司法解释》还在第七条进一步规定了“表面相符”认定依据，即应以独立保函载明的审单标准进行审查，如未载明，则可参照国际商会确定的审单标准。

URDG758 对独立保函单据化提出了很高的要求。URDG758 第 6 条明确规定保证人只处理单据，不处理单据所涉及的交易（Guarantors deal with documents and not with goods, services or performance to which the documents may relate）。第 7 条则进一步明确独立保函约定的条件必须可以用单据来确定其是否满足，如果不能以单据来表示，则开立人可以忽视该条件（A guarantee should not contain a condition other than a date or the lapse of a period without specifying a document to indicate compliance with that condition. If the guarantee does not specify any such document and the fulfilment of the condition cannot be determined from the guarantor’s own record or from an index specified in the guarantee, then the guarantor will deem such condition as not stated and will disregard it except for the purpose of determining whether data that may appear in a document specified in and presented under the guarantee do not conflict with date in the guarantee)。担保人自身记录（“guarantor's own records”）的范围，URDG758 在定义中进行了明确，是指担保人关于在其开立账户发生的借记或贷记记录，且该借记或贷记记录能够使担保人识别与之相关联的保函（Guarantor's own records means records of the guarantor showing amounts credited to or debited from accounts held with the guarantor，provided the record of those credits or debits enables the guarantor to identify the guarantee to which they relate)。

根据单据性要求，担保人对受益人所提示的单据进行审查时，只要单据与保函的规定完全相符以及单据之间在表面上完全一致，担保人就必须承担第一性的付款义务，无须审查单据的真实性、有效性、基础合同的履行情况等，独立保函的这种单据化特征为受益人进行欺诈性索赔提供了机会。为避免保函欺诈行为，根据诚实信用原则，国际惯例以及国际公约在承认独立保函独立性的同时将欺诈性的索赔作为担保人拒绝付款的重要抗辩理由，即欺诈例外抗辩。有关保函欺诈，详见下文介绍。

（三）不可撤销性

独立保函还具有不可撤销性，除非在独立保函中另有规定，或经对方当事人同意，开立人不得修改或撤销其在独立保函项下的义务。

如果保函可随意撤销，则受益人的权益并未得到保障，独立保函形同虚设，因此，只有不可撤销，才能保证开立人的付款义务是确定的。URDG758 第 4 条明确规定，独立保函是不可撤销的，即使保函中没有如此约定（A guarantee is irrevocable on issue even if it does not state this)。

第二节　独立保函的法律规则

一、国际惯例和公约

（一）《见索即付保函统一规则》

《见索即付保函统一规则》（Uniform Rules for Demand Guarantees，简称“URDG”）最早由国际商会于 1991 年通过，为国际商会第 458 号出版物

（简称“URDG458”）。2007 年国际商会开始 URDG 的首次修订工作。修订后的 URDG 于 2009 年 12 月通过，成为国际商会第 758 号出版物（简称“URDG758”），并于 2010 年 7 月 1 日生效。URDG758 总结了 URDG458 实施十多年的实践，讨论了来自全球 50 多个国家的意见。修订后的 URDG758 将是见索即付保函业务的权威业务指南，它不仅是对原有规则的完善，更是适应新形势下保函业务发展趋势和需求的一套更清晰简洁、更系统科学的业务规则。

《见索即付保函统一规则》作为国际惯例，只有保函当事人在保函中明确规定适用的情况下方可适用。

（二）《国际备用信用证惯例》

国际商会认识到备用证在国际经济贸易中的日益重要性，于是专门制定《国际备用信用证惯例》（简称《备用证惯例》或“ISP98”），于 1999 年 1 月 1 日正式生效实施。《备用证惯例》反映了已被广泛接受的有关备用信用证的惯例、习惯和用法，其规定符合《联合国独立担保和备用信用证公约》，也和当地法律，无论是成文法或是判例法相一致，并具体体现了该法律下的备用证惯例①。

《备用证惯例》使备用证的开立得以简单化、标准化和流程化，为共同性问题提供了被广泛接受的清楚回答。然而，在实践中，《备用证惯例》并没有像 URDG 和 UCP 一样得到广泛关注和应用。

在《备用证惯例》之前，许多备用证都适用《跟单信用证统一惯例》（简称“UCP”），但是 UCP 很明显并不完全适用于备用证。这一点 UCP 也明确承认②。在 2007 年版的《跟单信用证统一惯例》（简称“UCP600”）修订过程中，曾经有讨论 UCP600 是否仍有必要涉及备用信用证，最终多数意见是备用信用证仍然可以继续适用 UCP600。UCP600 在很多条文上借鉴了《备用证惯例》的规定，如“银行工作日”“交单”“交单人”的定义。

由于 UCP 的广泛认可和应用程度，实践中很多银行都会选择适用 UCP 开立备用证。

---

① 参见国际商会中国国家委员会组织翻译：《国际备用证惯例（ISP98）》，引言第 4 页，中国民主法制出版社 2004 年版。

② UCP600 第一条规定，UCP600 适用于所有在其文本中明确表明受 UCP600 约束的跟单信用证，在其可以适用的范围内，包括备用信用证。

（三）《联合国独立担保和备用信用证公约》

1995 年 12 月，联合国大会通过了由联合国国际贸易法委员会起草的《联合国独立担保和备用信用证公约》。该公约于 2000 年 1 月 1 日生效。根据联合国国际贸易法委员会网站，目前加入该公约的国家有：白俄罗斯、厄瓜多尔、萨尔瓦多、加蓬、科威特、利比里亚、巴拿马、突尼斯，美国在公约上签了字，但尚未批准加入公约①。中国尚未批准加入该公约。

联合国的公约旨在促进独立担保和备用信用证的使用，加强了对独立担保和备用信用证共同基本原则和特点的承认，并因此降低了在国际贸易中使用独立担保和备用信用证的不确定性。该公约反映了国际贸易实践中独立保函和备用信用证运作的基本法律原则，是解释国际担保和备用信用证的重要工具。

根据《联合国独立担保和备用信用证公约》第一条，公约只适用于营业所在地位于一缔约国的独立担保人的承保行为以及由冲突法规则导致适用某一缔约国的法律的情况，并且允许独立保函和备用证中明确排除使用本公约。尽管公约的法律效力要高于国际商会制定的有关规则，但由于公约的适用是任意性的，因此，当事人可以排除或改变公约规则的适用，而选用其他的惯例规则。由于世界上的主要经济体国家均未加入《联合国独立担保和备用信用证公约》，实践中该公约很少适用。

二、我国法律关于独立保函的规定

《民法典》出台之前，《担保法》规定当事人可以约定保证合同的独立性。但是《担保法》的这一规定在很长时间内在我国司法实践中没有得到认可。随着实施“一带一路”倡议与中国企业“走出去”战略，中国与各国之间的经贸往来日益增多，独立保函已成为中国企业参与境外交易和签署合同的必要条件，同时国内独立保函业务量也迅速增长。由于我国既无专门立法，也未加入任何相关国际条约，司法实践对独立保函的性质、责任划分和适用法律等方面未形成统一标准。为解决上述问题，促进我国保函业务全球化发展，最高人民法院于 2016 年 11 月 22 日发布了《独立保函司法解释》，自

---

① 参见 https：//uncitral. un. org/en/texts/payments/conventions/independent_ guarantees/status，最后访问日期：2024 年 9 月 14 日。

2016 年 12 月 1 日起施行，2020 年进行了修正。

《独立保函司法解释》定义独立保函为“银行或非银行金融机构作为开立人，以书面形式向受益人出具的，同意在受益人请求付款并提交符合保函要求的单据时，向其支付特定款项或在保函最高金额内付款的承诺”。这一定义借鉴了国际商会的《见索即付保函统一规则》（URDG758）和《联合国独立担保和备用信用证公约》，强调独立保函的见索即付性质，即独立性。

《独立保函司法解释》第三条通过列举的方式对独立保函的定义和特征进行了补充：“保函具有下列情形之一，当事人主张保函性质为独立保函的，人民法院应予支持，但保函未载明据以付款的单据和最高金额的除外：（一）保函载明见索即付；（二）保函载明适用国际商会《见索即付保函统一规则》等独立保函交易示范规则；（三）根据保函文本内容，开立人的付款义务独立于基础交易关系及保函申请法律关系，其仅承担相符交单的付款责任。”

在《独立保函司法解释》出台之前，我国司法实践尚未对独立保函的合法性作出统一标准。从此前最高人民法院的判决来看，最高人民法院承认独立担保在国际商事交易中具有法律效力，但对于国内交易中使用的独立担保采取保守态度。最高人民法院在“湖南洞庭水殖股份有限公司与中国光大银行长沙华顺支行等借款担保纠纷案”［（2007）民二终字第117 号］二审中指出：“本院的审判实务已明确表明：考虑到独立担保责任的异常严厉性，以及使用该制度可能产生欺诈和滥用权利的弊端，尤其是为了避免严重影响或动摇我国担保法律制度体系的基础，独立担保只能在国际商事交易中使用，不能在国内市场交易中运用。”独立保函在国内商事交易中使用，仍然具有从属性，即独立担保的约定不能变更担保的从属性。

《独立保函司法解释》统一了独立保函的裁判标准，借鉴 URDG758 的规则对独立保函进行界定，并认可独立保函在国内交易的适用。但是，最高人民法院将独立保函的开立人范围限定于银行或非银行金融机构，并不认可非金融机构出具的独立保函。最高人民法院法官认为，非金融企业、其他组织以及个人在出具独立保函时，可能是以营利为目的，也可能是无偿的，类型较为复杂，其能否作为独立保函的开立人有待在实践中进一步完善[1]。最高人

---

① 张勇健、沈红雨：《〈关于审理独立保函纠纷案件若干问题的规定〉的理解和适用》，载《人民司法（应用）》2017 年第 1 期。

民法院2019年发布的《九民纪要》进一步明确，“银行或者非银行金融机构之外的当事人开立的独立保函以及当事人有关排除担保从属性的约定，应当认定无效”。

三、独立保函不适用民法典的规定

《独立保函司法解释》第三条规定：“当事人以独立保函记载了对应的基础交易为由，主张该保函性质为一般保证或连带保证的，人民法院不予支持。当事人主张独立保函适用民法典关于一般保证或连带保证规定的，人民法院不予支持。”从这一规定可见，独立保函不属于此前的《担保法》和现行《民法典》规定的一般保证和连带责任保证，而是一种特殊的担保方式。

原《担保法》和《民法典》规定的保证担保和独立保函相比，二者具有一定的相似性，都有相同的当事人，即债权人、债务人和担保人，并且都具有担保作用。但两者法律关系并不相同，在独立性、单据性方面存在很大的差别。

《独立保函司法解释》第三条通过列举的方式对独立保函的定义和特征进行了补充。根据《独立保函司法解释》规定，法院在判定银行担保是否构成独立保函时重点关注保函中是否约定了独立性和单据性的内容。如果保函内容中未包括独立性和单据性的内容，该保函很难被法院认定为独立保函。在大连高金投资有限公司、中国工商银行股份有限公司大连星海支行企业借贷纠纷、金融借款合同纠纷［(2017）最高法民终647号］一案中，应债务人德享公司的要求，工行星海支行为债权人高金公司出具了两份银行保函，其中有“不可撤销”“无条件支付”等内容，但也写明了保证系“连带责任保证”。最高人民法院在判决中认定，该银行保函为连带责任保证方式。由于主合同无效，银行保函也被判定无效。此后债权人提起再审申请，亦被最高人民法院裁定驳回［参见（2018）最高法民申5040号］。

第三节　常见问题

一、非金融机构是否可以出具独立保函

独立保函由于具有很好的债权保障而在实践中被广泛应用，在国际经济活动中，不仅金融机构使用，非金融机构也经常出具独立保函。《见索即付保

函统一规则》、《备用证惯例》以及《联合国独立担保和备用信用证公约》对独立保函出具主体均无限制，可以是银行、任何机构或者任何人。但是，在我国司法实践中，《独立保函司法解释》限定独立保函只能由金融机构出具，非金融机构出具的独立保函将被法院视为普通的保证担保。参见以下案例。

泰安和新精工科技有限公司、宁波金泰国际贸易有限公司买卖合同纠纷案［（2017）浙02民终2796号］

2015年9月15日，金泰公司与和新公司签订了一份《买卖合同》，约定由金泰公司为和新公司提供LG24精车一台。2015年9月23日，金泰公司与和新公司、启亿公司签订《设备付款协议》一份，约定上述精车实际销售价为610 000元/台，和新公司在合同签订后7个工作日内支付190 000元，余款本金420 000元加上利息27 600元共计447 600元，按照等额本息的方式分12个月支付；启亿公司自愿作为标的物付款的担保方，承担相应连带还款义务。同日，启亿公司、毛某祥向金泰公司出具担保书一份，自愿为上述买卖合同项下的全部义务向金泰公司提供连带责任保证，保证范围为保证债务人完全履行主合同项下全部义务，以及因不履行或不完全履行主合同而应向金泰公司支付的货款本金、利息、费用、违约金、损害赔偿金及金泰公司为实现债权的费用等；保证期限为从债务人连续两期未付款或累计三期未付款或合同履行期届满之日起两年。各方声明该保证为连带的、无条件的、不可撤销的、独立的，保证效力不受主合同效力的影响，不因主合同无效而无效，保证人对债务人因主合同无效而应承担的责任承担连带责任。

本案的争议焦点之一是：启亿公司和毛某祥共同出具的担保书是否系独立保函。宁波中院审理认为，该担保书所指的保证意为连带保证而非独立保函，理由如下：

首先，就主体而言，《独立保函司法解释》第一条第一款对独立保函的出具主体作出了明确规定，即银行或非银行金融机构，而本案出具担保书的主体为企业（启亿公司）和自然人（毛某祥）。

其次，就性质而言，独立保函是一种独立的承诺，一旦开立便独立于基础交易关系，亦即，独立保函和基础合同均为独立的合同，各自独立具有法律效力，表现为平行的法律关系；而保证担保作为对基础合同的补充，在性质上属于从合同，即使独立于主合同文本，其从属性的本质也未变。本案中的担保书，系在金泰公司与和新公司签订了《买卖合同》及《设备付款协议》之后，基于前者的买卖基础法律关系才形成的从义务，要在基础合同发生履行瑕疵或缺陷后才产生相应的保证责任。虽然金泰公司依据涉案担保书第二条“本保证为连带的、无条件的、不可撤销的、独立的，本保证的效力不受主合同效力的影响，不因主合同无效而无效。保证人对债务人因主合同无效而应承担的责任承担连带责任”的约定主张该担保书具有独立保函性质，但其忽视了独立保函应具备的单据性，亦忽略了该条中最后关于承担连带责任的约定。尽管和新公司诉称该担保书系出具人启亿公司和毛某祥意思自治的产物，但意思自治在法律适用过程中同样应受限制。况且涉案担保书第二条、第四条均已明确启亿公司和毛某祥承担连带保证责任。

最后，就法律依据而言，独立保函适用《独立保函司法解释》，而保证担保则适用《担保法》。本案中，金泰公司主张启亿公司和毛某祥的担保行为具有独立性，符合独立保函性质，但据《独立保函司法解释》第三条之规定，当事人主张保函性质为独立保函的，人民法院应予支持，但保函未载明据以付款的单据和最高金额的除外。显然，本案的担保书不具备上述要件。

二、独立保函是否可以附条件生效

独立保函何时生效在实践中也会发生争议。现行的 URDG758 对此没有专门条款规定，只是在第 4. a 条规定：保函一旦脱离担保人的控制即为开立（A guarantee is issued when it leaves the control of the guarantor）。在 URDG758 之前，URDG458 第 6 条专门对保函的生效时间作了规定：保函从签发之日起生效，除非保函条款明确约定保函在签发后的某个日期生效，或者保函约定了生效条件且出具人根据约定的单据确定该等条件已经满足后生效（A Guarantee enters into effect as from the date of its issue unless its terms expressly provide that such entry into effect is to be at a later date or is to be subject to conditions specified in the Guarantee and determinable by the Guarantor on the basis of any documents therein specified）。然而这一条款在后续的修改版本中没有保留，URDG758 删除了这一条款。因此，有人认为独立保函应当开立生效，不能附生效条件。

《独立保函司法解释》第四条规定：“独立保函的开立时间为开立人发出独立保函的时间。独立保函一经开立即生效，但独立保函载明生效日期或事件的除外。独立保函未载明可撤销，当事人主张独立保函开立后不可撤销的，人民法院应予支持。”简言之，通常情况下，独立保函一经开立即生效，但独立保函载明生效条件和日期的除外。

和信用证中的软条款一样，独立保函中如果含有附生效条件条款，会给受益人造成不利影响，在实践中可能发生争议，从而使得受益人的权益无法得到有效保护。以下案例对独立保函中的附生效条件条款进行了充分诠释。

荷兰合作银行有限公司上海分行与北京皕格林进出口有限公司、美利华股份有限公司独立保函纠纷案［（2017）沪民终222号］

该案的基本事实如下：

2014年12月15日，根据美利华公司的申请，荷银上海分行开具了以皕格林公司为受益人的预付款保函。保函中载明：当荷银上海分行收到巴西圣保罗Banco Rabobank International Brasil S. A. 的SWIFT报文，其中指明摩根大通银行纽约分行（SWIFT码：CHASUS33，ABA：021000021，账号400－758911）的账户中已收到3 416 400美元，并以Banco Rabobank International Brasil S. A.（SWIFT码：RABOBRASP）为收款银行，进一步计入美利华公司为贷方时，保函生效。在后文中，保函又规定保函于开立日生效，并保持有效至2015年5月31日。

2015年1月16日，皕格林公司通过中国建设银行向美利华公司支付了销售合同项下的预付货款3 416 400美元，该款汇至美利华公司开户银行Banco Itau BBAS. A. 银行Nassau分行的代理行渣打银行纽约分行。美利华公司于2015年1月20日通过邮件回复，确认收到了该笔保证金款项。2015年5月21日，皕格林公司向荷银上海分行提交索赔请求。荷银上海分行于2015年5月27日回函称，由于从巴西圣保罗Banco Rabobank International Brasil S. A. 处获悉，其从未收到3 416 400美元款项供进一步计入美利华公司贷方项下，按照保函的条款和条件，保函的生效条件未得到满足，故驳回皕格林公司的索赔请求。皕格林公司因向荷银上海分行申请付款未果，向法院提起诉讼。

该案的争议焦点是独立保函是否可以附生效条件以及所附生效条件是否已经实现。

法院审理认为涉案保函为附条件生效的保函，理由如下：（1）若保函开立即生效，则受益人有权在保函开立后立即提出索赔请求。但URDG758规则第4. c条规定，独立保函受益人有权在保函开立之日或保函约定的开立后其他日期或事件提起索赔。当事人据此有权在开立外约定其他的保函生效条件。URDG758 规则附录的“可加入见索即付保函格式中的选择性条款”中载明，保函的生效要件包括保函申请人在担保人处所开立账户收到指定预付款项。显然，涉案保函中关于皕格林公司向指定路径支付预付款的约定符合 URDG758 规则第 4. c 条及其附录中规定的情形。（2）URDG758 规则相比于 URDG458 规则并没有更加认可保函的开立生效。URDG458 规则第 6 条规定，保函开立生效，除非其条款中明确规定其后某一日期生效，或其生效依据保函中规定的条件。该条款与 URDG758 规则第 4. a 和第 4. c 条的规定内容相一致。（3）保函开立生效的设定与预付款保函的开立目的和销售合同的约定并不相符。销售合同第 5（a）条约定，皕格林公司必须在收到预付款保函后及时支付合同价款的 18% 作为保证金，双方设立预付款保函以便违约时受损方能够按时收到款项以减少实际损失，因而预付款保函同时具有退款和罚款双重性质，对于合同双方而言都是一种保证。有鉴于此，如果涉案保函是开立生效，只有利于皕格林公司而不利于美利华公司，不符合销售合同的约定。

二审法院支持保函为附生效条件，但认为保函所附生效条件并未实现。保函本质上是一份合约，故保函法律关系项下各方当事人的权利、义务均应依据保函记载内容确定。涉案预付款的实际付款路径并非涉案独立保函项下的指定付款路径，且该实际付款路径未经保函修改程序确认，亦未被记载于涉案独立保函之上。荷银上海分行曾通过 SWIFT 报文向巴西荷兰合作银行查询涉案预付款的付款情况，巴西荷兰合作银行也曾通过 SWIFT 报文回复称涉案独立保函项下指定付款路径未收款、保函未生效。皕格林公司通过未经保函修改程序的预付款实际支付路径付款，在荷银上海分行与皕格林公司之间不构成交易习惯，亦不影响法院对于涉案独立保函生效条件未成就的认定。

三、保函欺诈——构成要件与救济方式

（一）保函欺诈的法律规定

商人逐利，某些商事主体甚至为追求利益不惜实施欺诈行为，因此独立保函欺诈时有发生。对于这一问题，URDG758 未作明确规定，美国和英国的司法实践一般参照适用信用证欺诈的有关规定。《独立保函司法解释》则将其作为单独问题研究，并详细规定了独立保函欺诈认定依据以及救济方式。《独

立保函司法解释》第十二条对欺诈的情形进行了列举，规定："具有下列情形之一的，人民法院应当认定构成独立保函欺诈：（一）受益人与保函申请人或其他人串通，虚构基础交易的；（二）受益人提交的第三方单据系伪造或内容虚假的；（三）法院判决或仲裁裁决认定基础交易债务人没有付款或赔偿责任的；（四）受益人确认基础交易债务已得到完全履行或者确认独立保函载明的付款到期事件并未发生的；（五）受益人明知其没有付款请求权仍滥用该权利的其他情形。"简言之，《独立保函司法解释》将独立保函欺诈分为无真实交易、单据欺诈和明显滥用付款请求权三种情形。

对于独立保函欺诈的救济方式，《独立保函司法解释》第十三条规定："独立保函的申请人、开立人或指示人发现有本规定第十二条情形的，可以在提起诉讼或申请仲裁前，向开立人住所地或其他对独立保函欺诈纠纷案件具有管辖权的人民法院申请中止支付独立保函项下的款项，也可以在诉讼或仲裁过程中提出申请。"这一规定明确申请人、开立人或指示人申请救济的方式是申请法院中止支付①，且提出申请的时间为提起诉讼或申请仲裁前至诉讼或仲裁过程中。将申请止付令的时间提前至诉前，将会更有利于保障当事人的合法权益。

如上文所述，独立保函的不可撤销性使受益人的权益处于确定的被保障的状态中。但如果法院有权随意发布止付令，将会无形中突破这种不可撤销性，破坏独立保函稳定运行。对此，《独立保函司法解释》第十四条第一款确定了法院裁定中止支付的条件，即："人民法院裁定中止支付独立保函项下的款项，必须同时具备下列条件：（一）止付申请人提交的证据材料证明本规定第十二条情形的存在具有高度可能性；（二）情况紧急，不立即采取止付措施，将给止付申请人的合法权益造成难以弥补的损害；（三）止付申请人提供了足以弥补被申请人因止付可能遭受损失的担保。"根据这一规定，只有在满足情况紧急且止付申请人提供证据与担保的三重要求下，法院才能裁定中止支付。此外，为防止程序被滥用，《独立保函司法解释》还规定了止付程序的错误申请、赔偿责任及复议方式，上述规定有利于维护止付程序的程序正义与实体正义的统一。

---

① 这一规定在一定程度上参照了《联合国独立担保和备用信用证公约》。《联合国独立担保和备用信用证公约》第 20 条规定法院有权采取临时措施，即发布临时命令使受益人不能收到独立保函项下的付款（如命令开立人停止付款），或发布临时命令冻结应向受益人支付之收益。

中铁十五局集团有限公司、中国建设银行股份有限公司河南省分行等信用证欺诈纠纷案［（2023）最高法民申1393号］

该案中，喜马拉雅银行、加德满都银行开具的独立保函分别载明“喜马拉雅银行在此不可撤销地承担以下支付，在收到马兰奇委员会的书面要求及书面陈述，反映承包商违反了其合同义务，不需要马兰奇委员会证明情况及要求的数额，喜马拉雅银行将会支付……”“加德满都银行现不可撤销地承诺在收到马兰奇委员会的书面要求及书面陈述，反映承包商因非项目动员为目的而动用预付款，违反了其合同义务，加德满都银行将会支付……”。最高人民法院在再审中认为，在双方因基础合同的履行发生争议，且尚未有仲裁裁决或生效裁判对双方在合同履行中应当承担的权利义务予以厘清和认定的前提下，马兰奇委员会主张中铁十五局违约，并依据预付款保函、履约保函向喜马拉雅银行、加德满都银行发出书面付款要求，索赔保函项下款项，符合保函条款的规定，不能认定马兰奇委员会“明知没有付款请求权”仍滥用该权利。因此，由于中铁十五局未能提交充分的证据证明马兰奇委员会的付款请求存在《独立保函司法解释》第十二条规定的欺诈性索赔情形，最高人民法院认为原审判决未予支持中铁十五局关于马兰奇委员会构成保函欺诈的主张，认定事实和适用法律正确，因此裁定驳回中铁十五局的再审申请。

（二）欺诈的举证责任

保函开立人或者开立申请人向法院申请中止支付保函的，必须证明保函受益人存在欺诈的情形。止付申请人具有举证责任。如保函开立申请人能够证明其已经全面、适当地履行了基础合同项下的义务，或者其违约行为系因保函受益人故意不当行为所引起，则可认定保函受益人的付款请求构成欺诈。保函开立申请人仅提出受益人在基础合同履行过程中存在违约行为而没有证明自己已经全面、适当履行了合同义务的，则受益人的付款请求不构成欺诈。

安徽省外经建设（集团）有限公司诉东方置业房地产有限公司保函欺诈纠纷案［（2017）最高法民再134号］

2010年1月16日，东方置业公司作为开发方，与作为承包方的安徽省外经集团公司、作为施工方的安徽外经建设中美洲公司在哥斯达黎加共和国圣何塞市签订了哥斯达黎加湖畔华府项目施工合同，约定承包方为三栋各十四层综合商住楼施工。外经集团公司于2010年5月26日向建行安徽省分行提出申请，并以哥斯达黎加银行作为转开行，向作为受益人的东方置业公司开立履约保函，保证事项为哥斯达黎加湖畔华府项目。2010 年 5 月 28 日，哥斯达黎加银行开立编号为 G051225 的履约保函，担保人为建行安徽省分行，委托人为外经集团公司，受益人为东方置业公司，担保金额为 2 008 000 美元，有效期至 2011 年 10 月 12 日，后延期至 2012 年 2 月 12 日。建行安徽省分行同时向哥斯达黎加银行开具编号为 34147020000289 的反担保函，承诺自收到哥斯达黎加银行通知后二十日内支付保函项下的款项。

施工合同履行过程中，2012 年 1 月 23 日，建筑师 Jose Brenes 和 Mauricio Mora 出具项目工程检验报告，认定施工项目存在“施工不良”“品质低劣”且需要修改或修理的情形。2012 年 2 月 7 日，外经中美洲公司以东方置业公司为被申请人向哥斯达黎加建筑师和工程师联合协会争议解决中心提交仲裁请求，认为东方置业公司拖欠应支付之已完成施工量的工程款及相应利息，请求解除合同并裁决东方置业公司赔偿损失。2 月 8 日，东方置业公司向哥斯达黎加银行提交索赔声明、违约通知书、违约声明、项目工程检验报告等保函兑付文件，要求执行保函。2 月 10 日，哥斯达黎加银行向建行安徽省分行发出电文，称东方置业公司提出索赔，要求支付 G051225 号银行保函项下 2 008 000美元的款项，哥斯达黎加银行进而要求建行安徽省分行须于 2012 年 2 月 16 日前支付上述款项。

2013 年 7 月 9 日，哥斯达黎加建筑师和工程师联合协会作出仲裁裁决，该仲裁裁决认定东方置业公司在履行合同过程中严重违约，并裁决终止施工合同，东方置业公司向外经中美洲公司支付 1 号至 18 号工程进度款共计 800 058.45美元及利息；第 19 号工程因未获得开发商验收，相关工程款请求未予支持；因 G051225 号保函项下款项已经支付，不支持外经中美洲公司退还保函的请求。

本案的一个争议焦点是：东方置业公司作为受益人在基础合同履行中存在违约情形又要求实现保函权利，是否可以认为构成欺诈。最高人民法院再审判决东方置业公司不构成保函欺诈，主要理由如下：

（1）鉴于独立保函仅保障受益人向担保人索赔的权利，保函开立申请人向法院提起保函欺诈纠纷诉讼时必须就受益人存在欺诈承担举证责任，如保函开立申请人能够证明其已经全面、适当地履行了基础合同项下的义务，或者其违约行为系因保函受益人故意不当行为所引起，则可认定保函受益人的付款请求构成欺诈。保函开立申请人仅提出受益人在基础合同履行过程中存在违约行为而没有证明自己已经全面、适当履行了合同义务的，则受益人的付款请求不构成欺诈。

（2）保函担保的事项是施工质量和其他违约行为，而受益人未支付工程款项的违约事实与工程质量出现问题不存在逻辑上的因果关系，东方置业公司作为受益人，其自身在基础合同履行中存在的违约情形，并不必然构成独立保函项下的欺诈索款。虽然哥斯达黎加建筑师和工程师联合协会作出仲裁裁决，认定东方置业公司在履行合同过程中违约，但上述仲裁程序于 2012 年 2 月 7 日由外经集团公司发动，东方置业公司并未提出反请求，2013 年 7 月 9 日作出的仲裁裁决仅针对外经集团公司的请求事项认定东方置业公司违约，但并未认定外经集团公司因对方违约行为的存在而免除付款或者赔偿责任。因此，不能依据上述仲裁裁决的内容认定东方置业公司构成《独立保函司法解释》第十二条第三项项下的保函欺诈。

（3）基于独立保函的特点，担保人于债务人之外构成对受益人的直接支付责任，独立保函与主债务之间没有抗辩权上的从属性，即使债务人在某一争议解决程序中行使抗辩权，并不当然使独立担保人获得该抗辩利益。另外，即使存在受益人在独立保函项下的欺诈性索款情形，亦不能推定担保行在独立反担保函项下构成欺诈性索款。只有担保行明知受益人系欺诈性索款且违反诚实信用原则付款，并向反担保行主张独立反担保函项下款项时，才能认定担保行构成独立反担保函项下的欺诈性索款。外经集团公司以保函欺诈为由提起本案诉讼，其应当举证证明哥斯达黎加银行明知东方置业公司存在独立保函欺诈情形，仍然违反诚信原则予以付款，进而以受益人身份在见索即付独立反担保函项下提出索款请求并构成反担保函项下的欺诈性索款。现外经集团公司不仅不能证明哥斯达黎加银行向东方置业公司支付独立保函项下款项存在欺诈，亦没有举证证明哥斯达黎加银行在独立反担保函项下存在欺诈性索款情形，其主张止付独立反担保函项下款项没有事实依据。

四、法院审理保函纠纷时对基础交易的审查

根据《独立保函司法解释》第十八条的规定，在认定保函项下是否存在欺诈时，某些情况下法院需要审查基础交易。由于保函的独立性，除非保函另有约定，对基础合同的审查应当限定在保函担保范围内的履约事项，在将受益人自身在基础合同中是否存在违约行为纳入保函欺诈的审查范围时应当

十分审慎。在判断是否构成独立保函欺诈涉及对基础交易的审查时，应坚持有限及必要原则，审查范围应限于受益人是否明知基础合同的相对人并不存在基础合同项下的违约事实或者不存在其他导致独立保函付款的事实。否则，对基础合同的过度审查将会动摇独立保函“见索即付”的制度价值。

中机新能源开发有限公司、华西能源工业股份有限公司保证合同纠纷再审案［（2017）最高法民申4879号］

该案中，中机公司作为总承包商承建了业主JEG的危地马拉电站项目。2008年11月27日，华西能源公司与中机公司签订锅炉供货和服务合同，约定由华西能源公司向中机公司提供危地马拉JAGUAR2×150MW电站项目所需的480t/h循环流化床锅炉设备、技术资料和技术服务等，合同总价1.8亿元。2010年2月8日，业主JEG、承包商中机公司、分包商华西能源公司签订分包商承诺协议，其中约定，按照EPC合同如承包商违约造成业主终止EPC合同，包括但不限于在分包合同下，承包商重大违约造成分包商终止合同，则业主有权介入分包合同代替承包商和转让分包合同；一旦发出介入通知，分包商应全力执行，应对业主或其指定人负责以替代对承包商负责。2010年6月9日应被担保人华西能源公司的申请，建行自贡分行开立以中机公司为受益人、金额为2565万元人民币的履约保函。

2013年11月29日，业主JEG向华西能源公司发出业主行使介入权通知，称承包商中机公司做了违约行为导致业主可以根据EPC合同行使解除权、业主介入成为承包商并且承担分包合同转让的权利现在已经生效，业主特此选择行使解除权，介入成为承包商并且承担分包合同转让，分包合同继续有效，华西能源公司应当向业主承担责任以代替向承包商的责任。2013年12月27日，建行自贡分行收到中机公司发出的索赔通知，称因华西能源公司未能完全履行锅炉供货和服务合同约定，要求建行自贡分行支付人民币2565万元。华西能源公司按照锅炉供货和服务合同约定，根据业主JEG向其发出的业主行使介入权通知，已向业主JEG交付全部货物并提供了技术资料和技术服务，合同项下业主JEG应支付给华西能源公司的货款已全部付清。

一审和二审法院均判决建行自贡分行终止向中机公司支付履约保函项下款项。最高人民法院驳回中机公司的再审申请，认为，原审法院通过审查基础交易的相关事实，认定中机公司明知其没有付款请求权仍行使该权利，符合《独立保函司法解释》第十二条第五项规定的情形，构成独立保函欺诈，该认定并无不当。原审业已查明，业主 JEG、承包商中机公司、分包商华西能源公司签订的分包商承诺协议中约定，按照 EPC 合同如承包商违约造成业主终止 EPC 合同，包括但不限于在分包合同下，承包商重大违约造成分包商终止合同，则业主有权介入分包合同代替承包商和转让分包合同；一旦发出介入通知，分包商应全力执行，应对业主或其指定人负责以替代对承包商负责。故中机公司要求华西能源公司应审查并排除业主的介入，与合同约定“分包商应全力执行”明显不符。中机公司系分包商承诺协议的缔约主体，也明知业主方已经发出了介入通知，华西能源公司依约直接向业主履行义务，其保函项下对应的基础权利已不存在，但仍然向银行请求付款，属滥用付款请求权，原审法院适用《独立保函司法解释》第十二条第五项之规定认定其构成独立保函欺诈，适用法律正确。

五、非延即付

URDG758 第 23 条规定，“如果相符索赔包含作为替代选择的展期请求，担保人可以中止付款，但中止时间不得超过收到索赔翌日起 30 个日历日”。这就是保函的“非延即付”（EXTEND OR PAY）。“非延即付”索赔常见于工程类预付款、履约和质量保函。“非延即付”有其合理性。例如，假如总包方开出的保函期限本足以覆盖工程的竣工时间和质保期，但因总包方的原因导致工期严重延误，如果此时业主因为保函到期而无法索赔，对业主而言是不公平的。但是，“非延即付”也会给总包方带来巨大风险。如果因业主的原因造成工期延误（比如业主要求暂停施工或业主违约），或者工期延误的原因比较复杂，无法分清是谁的过错，业主可能滥用非延即付条款。实践中，受益人往往会选择临近到期日提出“非延即付”的要求，催促申请人履约，或迫使申请人接受基础交易中的某些变更。

从 URDG758 的规定来看，“非延即付”是一种相符索赔，而不是修改保函或者其他普通的银行间往来函电。如果没有提出相符索赔，仅要求延期、不延期即付款，则开证行并没有义务付款。

北京某工程公司诉新疆某银行等独立保函纠纷案［（2020）最高法民终 73 号］

2013 年 3 月，申请人北京某工程公司与开立人新疆某银行签署了两份《开立担保协议》。依据协议，新疆某银行向受益人 G 银行分别出具了履约反担保函和预付款反担保函。两份反担保函约定适用《见索即付保函统一规则》（URDG758 规则），有效期至 2015 年 1 月 28 日，并约定了非延即付条款，即新疆某银行不延期就承诺付款，“无须后者提出新的索赔要求”。G 银行在两份反担保函有效期内提出了展期申请，但是未提出相符索赔。新疆某银行在两份反担保函有效期内未作出同意反担保函展期的意思表示。两份反担保函有效期过后，新疆某银行扣划了北京某工程公司预存的保证金赔付了 G 银行。北京某工程公司起诉请求新疆某银行赔偿因其擅自扣划而遭受的损失。

一审和二审法院均判决新疆某银行向北京某工程公司进行赔偿。最高人民法院在二审中认为，URDG758 规则秉持单证相符规则，反担保函选择适用 URDG758 规则意味着对单证相符规则的认同，应在条款的解释中充分体现单证相符规则以及独立保函的单据性特征，不应无视当事人的意思表示，轻易地将某一条款视作冗余或无效条款。如果独立保函约定，担保行不延期就承诺付款，“无须后者提出新的索赔要求”。关于无须新的索赔要求的约定，意味着延期或付款条款中担保行兑付的前提仍需要受益人作出第一次索赔要求。如果独立保函“延期或付款”条款对第一次索赔要求没有更加明确的约定，应依据 URDG758 规则第二十三条的规定对相关内容进行补充。依据 URDG758 规则第二十三条的规定，“担保人在反担保函项下提出一项相符索赔，其中包含作为替代选择的展期请求”。可见，URDG758 规则要求即便保函约定了延期或付款条款，担保银行兑付的前提也需以存在一项相符索赔为前提，也即该索赔应满足“相符交单”的要求。

六、善意付款

善意付款是独立保函欺诈支付的例外，虽然受益人存在欺诈，但保函开立银行基于善意进行了付款，不得止付。《独立保函司法解释》第十四条第三款规定：“开立人在依指示开立的独立保函项下已经善意付款的，对保障该开立人追偿权的独立保函，人民法院不得裁定止付。”

“善意付款”主要见于转开保函。转开保函包括两份独立保函，涉及四个主体、四个法律关系：（1）转开银行和受益人之间的保函合同关系，例如项目业主与境外商业银行之间的保函合同关系；（2）开立银行与转开银行之间的保函关系（反担保保函）；（3）保函申请人和开立银行之间的委托合同关系；（4）保函申请人和受益人之间的基础合同关系，即项目业主与国内承包方的建设工程法律合同关系。

适用善意支付时，重点应判断是否存在“双重欺诈”。如开立人对受益人欺诈不知情而善意付款的，不构成“双重欺诈”，则应保护开立人利益，不予止付。对于不存在独立保函受益人欺诈索赔情形的，应适用《独立保函司法解释》第十二条的一般规则判断其是否构成欺诈索赔，不适用善意支付。

某银行（香港）有限公司诉某银行省分行独立保函付款纠纷案［（2018）最高法民终880号］

为履行基础交易合同，某银行省分行应基础交易方的请求，于2010年12月31日以某银行（香港）有限公司为受益人开具了反担保履约保函、反担保预付款保函。同日，根据某银行省分行的指示，某银行（香港）有限公司向韩国某公司出具了履约保函、预付款保函。涉案保函、反担保保函均受URDG758约束。反担保保函约定的索赔条件之一为某银行（香港）有限公司的索赔函需注明“我行收到了保函项下的见索即付书面请求，符合保函的条款”。

2011年12月6日，韩国某公司依据预付款保函向某银行（香港）有限公司提出索赔。2011年12月15日，某银行（香港）有限公司依据反担保预付款保函向某银行省分行发出索赔，称“我行收到了《预付款保函》项下的见索即付书面请求，符合保函的条款”，而事实上，直到2011年12月19日，某银行（香港）有限公司才收到韩国某公司依据《预付款保函》提出的保函项下的相符索赔。

因某银行（香港）有限公司未向韩国某公司付款。韩国某公司起诉到香港高等法院，香港高等法院经审查，判令某银行（香港）有限公司向韩国某公司付款。某银行（香港）有限公司遂向河南省高级人民法院起诉，请求某银行省分行支付反担保保函项下款项。

最高人民法院二审认为，某银行（香港）有限公司最终根据香港高等法院的判决支付了《预付款保函》项下的款项不属于《独立保函司法解释》第十四条规定的“善意付款”，理由如下：

首先，《独立保函司法解释》第十四条第三款所指“善意付款”是指转开保函情形下，存在保函和反担保保函两份保函，即使保函受益人存在欺诈行为，只要保函开立人没有参与欺诈，不知晓欺诈事实而善意付款的，其即有权依据反担保保函向反担保人请求付款，人民法院不得以保函受益人存在欺诈为由止付。如果保函开立人实际付款前自身即实施了欺诈或者对欺诈知情而仍付款，则不构成善意付款。而本案的情形是，某银行（香港）有限公司2011年12月15日向某银行省分行索赔时，自身即存在欺诈。

其次，某银行（香港）有限公司向韩国某公司履行预付款保函项下的付款义务，是因为香港高等法院认为韩国某公司2011年12月19日的索赔是相符索赔，且没有证据表明韩国某公司存在欺诈。而本案中，某银行（香港）有限公司于2011年12月19日收到韩国某公司的相符索赔后，并未再次向某银行省分行提出索赔，其主张某银行省分行应承担付款义务仍是基于2011年12月15日的索赔。某银行（香港）有限公司依据香港高等法院的判决向韩国某公司实际付款的事实，无法将某银行（香港）有限公司向某银行省分行索赔时自身的欺诈行为予以修正。某银行（香港）有限公司的付款不属于《独立保函司法解释》第十四条第三款规定的“善意付款”。

山东某公司诉印度某公司独立保函欺诈纠纷案［（2019）最高法民终513号］

2008年8月27日，山东某公司与印度某公司签订合同约定，山东某公司作为承包商，在印度承建一座燃煤火电厂。2010年5月31日，双方签署协议，约定山东某公司提供以印度某公司为受益人的履约保函。双方还对印度某公司索赔保函项下款项的条件作出了约定。根据山东某公司的申请，银行开立了9份金额共计202 322 359美元的保函，并开立了相应的反担保保函。2014年10月16日，印度某公司向山东某公司发函，称山东某公司迟延完成可靠性性能测试，并主张迟延损害赔偿金。2014年11月3日，印度某公司要求印度某银行支付保函项下的全部款项。11月12日，印度某银行向印度某公司支付了4份保函项下的款项共计94 361 218. 24美元。印度某银行上海分行按照印度某银行向其提出的索赔，支付了反担保保函项下的相应款项。山东某公司遂提起诉讼，请求终止支付案涉保函、反担保保函项下的款项。

最高人民法院二审认为，印度某公司的索赔符合保函条款，印度某银行应承担“见索即付”的付款责任。山东某公司未能提交充分的证据证明印度某银行的付款是非善意的，反担保保函为转开独立保函情形下用以保障追偿权的独立保函，在相符交单的条件成就时，就产生开立人的付款义务。因此，印度某银行上海分行在收到印度某银行的相符索赔时，即应承担付款义务，其也有权向某银行济南分行和某银行山东省分行索赔。

第十一章　跨境保证

第一节　跨境保证中的主要问题

在国际投资和融资业务中，跨境担保非常普遍。随着我国对外开放水平不断提高，中国企业的跨境融资交易越来越多，跨境担保也越来越常见。和国内交易不同，跨境担保涉及多个司法区域，受到不同法律和政府监管的影响，因此更为复杂。以下简要介绍跨境保证中常见的几个主要问题。

一、外汇监管问题

跨境保证中一个最重要的问题是外汇监管。除个别完全自由的经济体外，大部分国家（特别是发展中国家）对进出一国的资金都有一定程度的管理，尤其是在资本项目项下。跨境保证一般都属于资本项目，因此往往受到监管。

我国的国家外汇管理局（以下简称外管局）对跨境担保实施监管。目前监管的直接规定是于2014年发布的《跨境担保外汇管理规定》。该规定对“跨境担保”作出明确定义，并在此基础上进一步将跨境担保分为内保外贷、外保内贷和其他形式的跨境担保，同时对各类跨境担保是否需要在外管局登记以及如何登记作出明确规定。

除中国外，很多其他法域也有限制跨境保证的法律规定。例如：

（1）根据越南法律规定，在银行保证层面，越南境内银行通常只能提供两种跨境保证：①为境内债务人向境外债权人提供保证；②为由越南公司投资设立的境外债务人向境内债权人提供跨境保证，前提是境外债务人向境内银行提供了反担保。在公司保证层面，非信贷机构的越南境内主体可为境内债务人向境外债权人提供保证担保，但是如其拟为境外债务人向境外债权人提供保证担保，需要事先获得越南总理的批准。

（2）根据马来西亚法律规定，持牌银行之外的马来西亚境内居民可以向非马来西亚居民提供财务保证（Financial Guarantee），但是以下保证除外：①该等境内居民为不是其集团企业的非居民债务人提供总金额超过5000万林吉特的保证；②该等境内居民为以下非居民债务人提供总金额超过5000万林吉特的保证：该等非居民债务人从非居民银行金融机构借取贷款，或者从该境内居民的集团企业或直接股东之外的人士借取贷款；③将以林吉特向非居民收付的任何金额的外币贷款的保证。此外，如果境内居民为境外非居民提供的保证金额超过相当于5000万林吉特的金额，该等保证必须在出具之日起7日内在马来西亚央行在线登记。

基于外汇监管，提供跨境担保可能会受到限制，例如保证主体的限制，保证的批准或登记程序，保证额度的限制，等等。考虑到这些基于外汇监管而对跨境担保作出的限制，债权人在接受境外保证人提供的跨境担保时应当聘任当地律师对担保合同进行审阅，并向当地律师了解当地法律是否对担保合同的适用法有强制性规定、当地主体提供对外担保是否有审批或登记要求、担保履约程序等常见问题。

二、适用法律选择

跨境担保合同是涉外合同，一些当事人会选择适用外国法。适用法律的选择有很多因素需要考虑，包括当事人的住所地，保证人的主要财产所在地，适用法律对债权人的保护力度，等等。

在跨境担保合同类纠纷中，担保合同能否适用外国法也可能产生争议。我国《涉外法律适用法》第四条规定："中华人民共和国法律对涉外民事关系有强制性规定的，直接适用该强制性规定。"最高人民法院《涉外法律适用司法解释（一）》第八条则进一步规定："有下列情形之一，涉及中华人民共和国社会公共利益、当事人不能通过约定排除适用、无需通过冲突规范指引而直接适用于涉外民事关系的法律、行政法规的规定，人民法院应当认定为涉外民事关系法律适用法第四条规定的强制性规定：（一）涉及劳动者权益保护的；（二）涉及食品或公共卫生安全的；（三）涉及环境安全的；（四）涉及外汇管制等金融安全的；（五）涉及反垄断、反倾销的；（六）应当认定为强制性规定的其他情形。"

有的法院会引用前述规定，认为案涉担保涉及外汇管制，需要适用强制性规定[①]。但是在交通银行股份有限公司香港分行、奥宏玛航运（香港）有

① 参见（2016）赣04民初123号民事判决书、（2014）佛中法民二初字第22号民事判决书。

限公司、陈某傲等船舶营运借款合同纠纷案［（2017）浙民终716号］中，一审和二审法院均认为案涉担保合同可以适用香港法。从这些法院判决来看，法院对跨境担保合同能否适用外国法的判断关键是在对与跨境担保合同登记相关的规定的性质认定上。如果认为关于跨境担保登记备案要求的规定并非涉及公共利益的强制性规定，则跨境担保合同自然可以适用外国法。

三、外汇兑换和货币补偿

在跨境担保履约的情况下，通常会发生外汇兑换问题，这是和外汇监管密切相关的问题。在外汇监管地区，境内外担保人担保履约时涉及结售汇问题，担保履约后债务人向担保人偿还债务时也涉及结售汇问题。跨境担保履约时涉及的外汇兑换通常以已经办理相关的对外债权债务手续为前提。

我国的《跨境担保外汇管理规定》对于跨境担保履约过程中涉及的外汇兑换问题和对外债权债务问题有详细的规定。

一般而言，保证人进行担保履约时的付款货币应与主债权货币一致。但考虑到前述外汇兑换的限制，有时候保证人可能没有足够的外币进行履约，债权人接受保证人以其他币种的货币履约，或者债权人通过执行保证人的财产偿还贷款，但是保证人财产变现后的货币与主债权货币不一致。此时，为避免汇率波动带来的损失，通常跨境担保合同内会约定货币补偿条款，即在相关款项兑换为主债权币种后，如果少于被担保债务，则应由保证人补足。

四、诉讼文书代理（Process Agent）

有些跨境担保合同中会约定境外法院或仲裁机构作为争议解决方式。如果保证人为中国境内主体，债权人向其送达法律文书多有不便。为此，跨境担保合同中通常会事先约定保证人在境外的诉讼文书代理人（通常会选择保证人在境外的关联机构）作为保证人诉讼文书的接收人。

第二节　我国的外汇监管政策

我国的外汇监管政策经历了从严格管制到逐步放松的过程。就对外担保所涉及的外汇政策而言，2014年外管局发布《跨境担保外汇管理规定》体现了对外担保外汇监管政策的重大转变。以下以此为分界线分别简要介绍外汇监管政策的变化以及其对跨境保证担保效力的影响。

一、早期监管

（一）早期监管特点

从1987年开始，中国人民银行和外管局作为外汇管理机构先后发布了一系列关于对外担保的监管规定，包括1987年的《境内机构提供外汇担保的暂行管理办法》（现已失效）、1991年的《境内机构对外提供外汇担保管理办法》（现已失效）、1996年的《境内机构对外担保管理办法》（现已失效）以及1997年的《境内机构对外担保管理办法实施细则》（现已失效）等。在《跨境担保外汇管理规定》出台之前，我国的跨境担保监管政策具有以下特点。

1. 对担保各方的主体有限制

这一时期对于能够提供对外担保的主体资格有限制，例如在1987年和1991年的规定中，可以提供对外担保的主体仅限于经批准有权经营外汇担保业务的金融机构，或者有外汇收入来源的非金融性质的企业法人。1996年《境内机构对外担保管理办法》则对能够提供对外担保的主体范围有所扩充和明确，包括经批准有权经营对外担保业务的金融机构（外资金融机构除外）或者具有代位清偿债务能力的非金融企业法人，也包括内资企业和外商投资企业。

2. 对外担保原则上均需审批、登记或备案

1991年的办法规定该办法下的外汇担保均需外管局审批和登记，同时根据担保人是金融机构还是非金融机构，规定了不同的事后登记要求。1996年的规定要求担保人只有在经外汇局批准后才能提供对外担保，同时明确要求所有对外担保需要向外管局事后登记。1997年外管局颁发的实施细则却规定了需要审批的例外情况，其中豁免了外商独资企业对外担保的审批手续，规定外商独资企业可以自行提供对外担保，豁免了抵押人/出质人为自身债务对外抵押/质押的事前批准程序，规定只需办理对外担保登记手续。

3. 对担保范围存在限制

1991年办法规定担保人不得为外商投资企业中的外方注册资本担保。1996年则规定内资企业只能为其直属子公司或者其参股企业中中方投资比例部分对外债务提供对外担保；担保人不得为外商投资企业注册资本提供担保；除外商投资企业外，担保人不得为外商投资企业中的外方投资部分的对外债

务提供担保。

此外，早年的规定均对对外担保有额度限制。例如，1996 年的规定要求“金融机构的对外担保余额、境内外汇担保余额及外汇债务余额之和不得超过其自有外汇资金的 20 倍。非金融企业法人对外提供的对外担保余额不得超过其净资产的 50%，并不得超过其上年外汇收入”。

从以上特点可以看出，早期监管机关对于对外担保的监管较为严格。而且规定担保人未经审批擅自对外担保，对外出具的担保合同无效。但是，这些规定属于部门规章或部门规范性文件的范畴，实践中，法院无法仅凭部门规章的规定而认定合同无效①，因此，2000 年最高人民法院颁发的《担保法司法解释》第六条吸收了前述办法和实施细则的规定②。

（二）监管审批和登记要求

如前文所述，跨境担保需要获得监管部门的审批或者进行登记。这一要求体现在一些行政法规和监管规定中，其中比较重要的法规和规定如下。

1.《外汇管理条例》

国务院于 2008 年修订通过的《外汇管理条例》第十九条第一款规定，“提供对外担保，应当向外汇管理机关提出申请，由外汇管理机关根据申请人的资产负债等情况作出批准或者不批准的决定……申请人签订对外担保合同后，应当到外汇管理机关办理对外担保登记”。依据这一规定，对外担保必须经外管局批准，对外担保合同必须在外管局登记。但是，《外汇管理条例》并未明确相关合同未经批准或未经登记，是否会影响合同效力。

由于《外汇管理条例》属于行政法规，而违反行政法规的强制性规定是合同无效的理由之一，实践中以《外汇管理条例》第十九条的规定主张对外担保合同无效的案例较为常见（当然，《外汇管理条例》第十九条是否为强制性规定值得探讨，详见本章第二节）。在（2011）民四终字第 17 号案、（2014）佛中法民二初字第 22 号案中，佛山中院以《外汇管理条例》第十九条第一款作为支持合同无效的依据。此外，在（2016）粤 01 民终 14763 号案中，当事人引用了《外汇管理条例》第十九条主张合同无效，不过法院未支

---

① 特别是 1999 年 10 月 1 日实施《合同法》后，根据该法第五十二条的规定，除非合同存在该条前四款的情形，否则违反法律、行政法规的强制性规定才会导致合同无效。

② 参见曹士兵：《中国担保制度与担保方法》（第 4 版），中国法制出版社 2017 年版，第 68—69 页。

持。在（2015）菏商初字第93号案中，法院虽然引用了《外汇管理条例》第十九条的规定，但指出自2014年6月1日起实施的《跨境担保外汇管理规定》明确规定外汇管理部门对涉外担保是否核准、登记、备案并不影响保证合同的效力，因此认定合同有效。

2.《外债管理暂行办法》

2003年由国家计划委员会、财政部以及外管局联合发布的《外债管理暂行办法》第二十二条规定："境内机构对外签订借款合同或担保合同后，应当依据有关规定到外汇管理部门办理登记手续。国际商业贷款借款合同或担保合同须经登记后方能生效。"第四十条规定："境内机构举借外债或对外担保时，未履行规定的审批手续或未按规定进行登记的，其对外签订的借款合同或担保合同不具有法律约束力。"根据以上规定，任何对外担保未按规定进行登记，对外担保合同无效，这与《担保法司法解释》第六条的规定一致，却比1996年对外担保办法及其实施细则规定得严格。由于《外债管理暂行办法》和1996年对外担保办法同属部门规章，效力级别一致，按照新法优于旧法原则，似乎应以《外债管理暂行办法》的规定为准。实践中，法院在认定对外担保合同效力时直接引用《外债管理暂行办法》第二十二条规定的案例并不常见，根据检索，只找到一个案例引用了此条规定作为对认定对外担保合同无效的支持①。

3.《个人外汇管理办法》

中国人民银行于2006年发布并于2007年2月1日生效的《个人外汇管理办法》第二十一条规定："境内个人向境外提供贷款、借用外债、提供对外担保和直接参与境外商品期货和金融衍生产品交易，应当符合有关规定并到外汇局办理相应登记手续。"

（三）融资性对外担保和非融资性对外担保

在2014年《跨境担保外汇管理规定》颁布之前，外管局于2010年下发《国家外汇管理局关于境内机构对外担保管理问题的通知》（现已失效）。这一规定将对外担保分为融资性对外担保和非融资性对外担保，并按照对外担保的分类不同以及担保不同，规定了不同的审批要求，如表11－1所示。

---

① 参见某制造公司等与某建设公司确认合同无效纠纷上诉案，上海第一中级人民法院（2012）沪一中民一（民）终字第892号民事判决书。

表 11 –1　融资性对外担保和非融资性对外担保的不同审批要求

担保主体	担保类型	审批要求
境内银行	融资性对外担保	具有担保业务资格的境内银行提供融资性对外担保时，在获得外管局的对外担保指标后，可在指标内自行提供融资性对外担保
	非融资性对外担保	具有担保业务经营资格的境内银行提供非融资性对外担保，不受指标控制，无须逐笔向外汇局申请核准，但应符合行业监管部门的相关风险管理规定
非银行金融机构和企业	—	逐笔核准为主，具备一定条件的可以实行余额管理

2010 年的对外担保规定对于不同担保人可以提供的对外担保作出限制，如表 11 –2 所示。

表 11 –2　不同担保人提供对外担保的限制

担保人类型	限制
银行	银行提供非融资性对外担保，其被担保人或受益人至少有一方应为在境内依法注册成立的法人，或至少有一方应为由境内机构按照规定在境外设立、持股或间接持股的机构
非银行金融机构	被担保人须为在境内依法注册成立的法人或者境内机构按照规定在境外设立、持股或间接持股的机构
企业	被担保人须为担保人按照规定程序在境内外设立、持股或间接持股的企业

从表 11 –2 可以看出，在企业提供对外担保时，外管局在当时只允许境内企业为其境内外子公司提供对外担保，反过来，由境内企业为其境内外母公司提供对外担保在当时是不被允许的。

二、《跨境担保外汇管理规定》

2014 年 5 月 12 日，作为简政放权的重大举措，外管局下发《跨境担保外汇管理规定》（“29 号文”）以及后附的《跨境担保外汇管理操作指引》。29 号文发布后，外管局此前发布的对外担保规定同时废止。29 号文对此前的跨境担保相关规定有重大改动，其中的重要规定包括：

1. 对跨境担保进行分类并统一管理

29 号文按照担保当事各方的注册地，将跨境担保分为内保外贷①、外保

① 担保人注册地在境内、债务人和债权人注册地均在境外的跨境担保，见 29 号文第三条第二款。

内贷[①]和其他形式跨境担保[②]，对所有跨境担保类型进行统一管理。此前的对外担保办法均未对外保内贷作出监管规定，而是由外管局另行发布规定进行监管。

2. 大幅取消审批事项

29 号文发布后，与跨境担保相关的需要审批的事项仅留下：

（1）内保外贷项下的资金如需调回境内使用需要经过外管局审批。但是 2017 年 1 月 26 日外管局下发的《国家外汇管理局关于进一步推进外汇管理改革完善真实合规性审核的通知》（汇发〔2017〕3 号）已经取消该项审批。

（2）如内保外贷项下发生担保履约，担保人如为银行之外的主体，在境外债务人偿清担保人履约而对境内担保人承担的债务前，担保人如需签订新的内保外贷合同需要外管局审批。

（3）如外保内贷业务项下发生担保履约，在境内债务人偿清其对境外担保人的债务之前，如需签订新的外保内贷合同，须外管局批准；已经签订外保内贷合同但尚未提款或全部提款，如需提款须外管局批准。

3. 仅要求内保外贷和外保内贷需要事后登记

根据 29 号文的规定，需要事后登记的跨境担保包括内保外贷和外保内贷，对于其他类型跨境担保，原则上不需要办理登记或备案。关于内保外贷和外保内贷的登记手续如表 11 －3 所示。

表 11 －3　内保外贷和外保内贷的登记手续

担保类型		担保登记手续
内保外贷	银行	1. 签订内保外贷合同后，由担保人通过数据接口程序或其他方式向外汇局报送内保外贷业务相关数据 2. 对外债权登记：内保外贷业务发生担保履约的，成为对外债权人的境内担保人或反担保人应当按规定办理对外债权登记手续
	非银行金融机构或企业（非银行机构）	1. 签订内保外贷合同后，应在签订担保合同后 15 个工作日内到所在地外汇局办理内保外贷签约登记手续 2. 变更登记：担保合同主要条款发生变更的，应当办理内保外贷签约变更登记手续

① 担保人注册地在境外、债务人和债权人注册地均在境内的跨境担保，见 29 号文第三条第三款。根据 29 号文第十七条的规定，外保内贷项下，债务人须为非金融机构，债权人须为金融机构。

② 除前述内保外贷和外保内贷以外的其他跨境担保情形，见 29 号文第三条第四款。

续表

担保类型		担保登记手续
内保外贷	非银行金融机构或企业（非银行机构）	3. 注销登记：债务人还清担保项下债务、担保人付款责任到期或发生担保履约后，应在 15 个工作日内到外汇局申请注销相关登记 4. 对外债权登记：内保外贷业务发生担保履约的，成为对外债权人的境内担保人或反担保人应当按规定办理对外债权登记手续
	个人	参照非银行机构办理内保外贷业务
外保内贷		1. 境内债务人从事外保内贷业务，由发放贷款或提供授信额度的境内金融机构向外汇局集中报送外保内贷业务相关数据 2. 外保内贷业务发生境外担保履约的，境内债务人应到所在地外汇局办理短期外债签约登记及相关信息备案手续

4. 对被担保人主体资格的限制大量减少

此前的外管规定对于被担保人的限制较多，例如，2010 年对外担保通知即要求非银行金融机构提供对外担保的被担保人须为境内注册法人或境内机构境外投资设立的机构，还要求企业对外担保时被担保人应为其子公司。29 号文发布后，对被担保人主体资格的限制只剩下以下两点：

（1）内保外贷项下担保责任为境外债务人债券发行项下还款义务时，境外债务人应由境内机构直接或间接持股；

（2）外保内贷项下的被担保人应为境内注册非金融机构。

5. 外管手续不作为跨境合同生效要件

29 号文的一大亮点是在第二十九条专门规定，“外汇局对跨境担保合同的核准、登记或备案情况以及本规定明确的其他管理事项与管理要求，不构成跨境担保合同的生效要件”。实践中已经出现较多的法院案例引用 29 号文的第二十九条规定，认定未经外管登记不影响跨境担保合同的效力。

第三节　常见的法律纠纷

实践中，因为跨境担保而发生的争议在国内并不少见。通过检索法院公开的案例可知，实践中常见的纠纷主要集中在对外担保未经登记是否有效，如果无效保证人是否承担责任。其中，外管局的登记是否影响担保合同的效力在实践中争议最大。有认为未经登记违反法律规定（包括司法解释和行政法规）无效或者违反公共政策无效，也有认为外管局登记不影响担保合同效力。以下分别介绍。

一、对外担保未经登记而无效

（一）无效的法律依据

在被法院判决对外担保合同未经登记而无效的案件中，法院最常引用的依据主要是原《担保法司法解释》第六条。该条规定：“有下列情形之一的，对外担保合同无效：（一）未经国家有关主管部门批准或者登记对外担保的；（二）未经国家有关主管部门批准或者登记，为境外机构向境内债权人提供担保的；（三）为外商投资企业注册资本、外商投资企业中的外方投资部分的对外债务提供担保的；（四）无权经营外汇担保业务的金融机构、无外汇收入的非金融性质的企业法人提供外汇担保的；（五）主合同变更或者债权人将对外担保合同项下的权利转让，未经担保人同意和国家有关主管部门批准的，担保人不再承担担保责任。但法律、法规另有规定的除外。”

参考2014年之前的外汇监管规定，不难发现原《担保法司法解释》第六条的规定主要反映了当时适用的外汇监管规定。例如，其中第（五）项在1987年外汇担保办法、1991年对外担保办法和1996年对外担保办法中均有类似规定。2014年《跨境担保外汇管理规定》发布后，需要审批的跨境担保合同只剩下内保外贷发生担保履约，非银行担保人偿清债务前需要签订新的内保外贷合同，或者外保内贷发生担保履约，境内债务人偿清债务前需要签订新的外保内贷合同（或已经签订外保内贷合同但未提款或全部提款的，如需提款也须外管局批准）。需要事后登记的跨境担保合同也只剩下内保外贷和外保内贷合同。但是，实践中，对于已经不属于29号文规定的需要审批或登记的跨境担保合同，仍然有法院引用原《担保法司法解释》第六条以其未登记或未获得审批而认定其无效。

无论是《跨境担保外汇管理规定》发布之前还是之后，均有部分法院认为外管局的审批和登记不影响跨境担保合同效力。其主要理由是原《担保法司法解释》第六条基于以下原因而不适用：（1）无论是1996年对外担保办法还是其实施细则，均只规定未经外汇局审批擅自对外担保的，担保合同无效。但是原《担保法司法解释》第六条规定的第（一）项和第（二）项却规定未经相关登记，对外担保合同也无效。（2）1996年对外担保办法的实施细则已经明确规定外商独资企业可以自行提供对外担保，无须得到外汇局逐笔审批。但是，原《担保法司法解释》第六条规定的第（一）项和第（二）项却未作区分，只要未经批准或者登记而提供对外担保，该等合同即无效。（3）1996年对外担保办法规定，除外商投资企业外，担保人不得为外商投资企业中的外方投资部分的对外债务提供担保。而原《担保法司法解释》第六条规定的第（三）项却未将“外商投资企业”排除在不能为“外商投资企业中的外方投资部分的对外债务提供担保的”范围之外。（4）1996 年对外担保办法已经明确“具有代位清偿债务能力的非金融企业法人，包括内资企业和外商投资企业”属于可以提供对外担保的主体，但是原《担保法司法解释》第六条规定的第（四）项反映的还是 1991 年对外担保办法的规定，该办法规定的可以提供对外担保的主体为“经批准有权经营外汇担保业务的金融机构和有外汇收入来源的非金融性质的企业法人”。

（二）相关案例

被法院判定对外担保未经外管局登记未无效的案件，主要发生在 29 号文生效之前。但在有些案件中，担保行为发生在 29 号文之后，按 29 号文的规定已经无须审批或登记，仍然有法院认定案涉担保无效。以下挑选几个案例进行分析。

中银香港公司诉宏业公司等担保合同纠纷案［（2002）民四终字第 6 号］

1998 年 4 月 17 日，宏业公司致国华银行不可撤销担保契约，约定就国华银行对香港达利公司的贷款提供无条件和不可撤销的担保契约。后国华银行与宏业公司就相关还款问题发生纠纷，国华银行以宏业公司为被告提起诉讼，要求宏业公司对达利公司拖欠的贷款承担连带赔偿责任。由于国华银行发生合并变更，前述债权后由中国银行（香港）有限公司享有和承担。

本案中，最高法认为宏业公司是为香港公司向香港银行的外币借款提供担保，该担保属于对外担保，需要经过外汇管理部门批准登记。最高法最后引用《担保法司法解释》第六条第（一）项，认为该等担保未经批准和登记，因此应为无效。

汕头海洋（集团）公司、李某俊与中国银行（香港）有限公司担保合同纠纷案［（2011）民四终字第 17 号］

2000 年 9 月 20 日和 2001 年 2 月 6 日，中银香港分别向香港 SOE 集团出具两份银行授信函，约定向 SOE 集团提供贷款。2000 年 10 月 20 日，汕头海洋集团和李某俊分别向中银香港出具保证函，约定为前述贷款提供担保。2001 年 2 月 8 日，海洋集团再次向中银香港出具保证函，约定为前述贷款提供担保。后因 SOE 集团未能按时还款，中银香港起诉要求海洋集团和李某俊承担保证责任。但因上述保证函均未经外汇管理机关批准，一审法院未支持其主张。最高人民法院根据当时的外汇管理规定，因为案涉三份担保合同均未履行报批手续，未获得外汇管理部门的批准，因此均为无效。

二、外管局登记不影响合同效力

（一）违反部门规章不属于合同无效的理由

原《合同法》第五十二条第（五）项规定违反法律和行政法规的强制性规定的合同无效。《民法典》对该条款进行了修改，第一百五十三条第一款规定："违反法律、行政法规的强制性规定的民事法律行为无效。但是，该强制性规定不导致该民事法律行为无效的除外。"也就是说，合同违反法律"强制性规定"并不必然导致无效。强制性规定又分为规范强制性和效力强制性，只有违反效力性强制性规定才无效。

一方面，现行法律和行政法规中对跨境担保合同作出审批和登记要求的大多是部门规章，如《外债管理暂行办法》、《个人外汇管理办法》和 29 号文；另一方面，虽然作为行政法规的《外汇管理条例》在第十九条第一款对跨境担保作出审批和登记的要求，但该规定是否可以构成强制性规定存在疑问。另外，实务界曾就如何判断"效力性强制性规定"提出正反两个标准。"在肯定性识别上，首先，判断标准是该强制性规定是否明确规定了违反的后果是合同无效，如是，则该规定属于效力性强制性规定。其次，法律、行政法规虽然没有规定违反将导致合同无效的，但违反该规定如使合同继续有效将损害国家利益和社会利益的，也应当认定该规定是效力性强制性规定。在否定性识别上，应当明确法律、行政法规的强制性规定仅关系当事人利益的，法律、行政法规的强制性规定仅是为了行政管理或纪律管理需要的，一般都不属于效力性强制性规定。"①

《九民纪要》第三十条也对强制性规定的识别作出规定。根据该条规定，

---

① 韩世远：《合同法学》，高等教育出版社 2010 年版，第 92 页。

在判断某项条款是否是强制性规定时，需要考量强制性规定所保护的法益类型、违法行为的法律后果以及交易安全保护等因素。《九民纪要》第三十条还专门列举典型的“效力性强制性规定”，其中包括涉及金融安全、市场秩序、国家宏观政策等公序良俗的。

泰邦某公司、黎某等保证合同纠纷案［（2023）最高法民终207号］

2011年3月9日，资阳雁江农村合作银行作为贷款代理行与甲公司签订借款合同。同日，资阳雁江农村合作银行作为代理行与黎某某、梁某某签订个人保证合同，约定黎某某、梁某某对甲公司在签署借款合同项下的债务提供连带责任保证。

黎某某、梁某某上诉主张其系香港特别行政区居民，案涉金融借款保证属于“外保内贷”，根据《国家外汇管理局关于完善外债管理有关问题的通知》（汇发〔2005〕74号，以下简称74号通知）第四条第（四）款的规定，黎某某、梁某某与资阳某行签订的个人保证合同因未经国家外汇管理局批准，系尚未成立的合同，不能作为认定黎某某、梁某某承担保证责任的依据。

法院审理认为，黎某某、梁某某援引的74号通知，并非法律、行政法规，不构成对个人保证合同效力的影响。因此，资阳某行与黎某某、梁某某签订的个人保证合同系缔约各方当事人的真实意思表示，其内容亦未违反法律、行政法规的强制性规定，合法有效，某公司、黎某某、梁某某依约应对案涉金融借款承担连带保证责任。

广东省天河羊毛衫织造厂、株洲粤港针织品有限公司借款合同纠纷案［（2016）粤01民终14763号］

该案中，香港汇丰银行作为贷款人与借款人香港天河公司于2012年11月28日签订进口贸易银行授信函，汇丰银行向天河公司提供港币300万元的进口贸易融资额度。保证人天河织造厂、粤港针织品公司、段某辉分别于2012年3月12日、2015年5月28日及2012年11月28日向汇丰银行出具担保函，为天河公司所获贷款提供连带保证担保。汇丰银行与天河公司于2014年5月20日续签进口贸易银行授信函，进口贸易授信额度维持港币300万元不变。之后，汇丰银行根据天河公司提供的贸易单据及申请逐笔发放融资款项。自2015年2月10日起，四笔贸易融资贷款陆续到期，然而天河公司至今未能向汇丰银行偿还融资款及利息。鉴于该违约行为，汇丰银行向天河公司发出催收函通知终止提供贸易融资、取消授信额度并要求天河公司偿还融资款及利息。2015年

4 月 21 日，汇丰银行向提供连带责任保证的天河织造厂、段某辉发函催收。

保证人主张，涉案对外担保未办理审批和登记，违反《外汇管理条例》这一强制性规定，应属无效。一审法院认为，根据 2014 年 6 月 1 日实施的《跨境担保外汇管理规定》第二十九条的规定，外汇局对跨境担保合同的核准、登记或备案情况以及本规定明确的其他管理事项与管理要求，不构成跨境担保合同的生效要件。故保证书中分别约定天河织造厂、粤港针织品公司、段某辉对广东天河（香港）公司在授信函中的义务承担连带保证责任，担保书是一份持续有效之担保。故天河织造厂、粤港针织品公司、段某辉应就上述借款本金和逾期利息承担连带清偿责任。

二审法院支持了一审法院的理由，并进一步认为：《合同法司法解释（一）》第四条规定，合同法实施以后，人民法院确认合同无效，应当以全国人大及其常委会制定的法律和国务院制定的行政法规为依据，不得以地方性法规、行政规章为依据。《外汇管理条例》第十九条虽然规定了提供对外担保应经过外汇管理部门的批准，但并未直接规定未经批准的对外担保无效。而国家外汇管理局作为上述行政法规规定的对外担保审批部门，出台《跨境担保外汇管理规定》并在第二十九条规定，外汇局对跨境担保合同的核准、登记或备案情况以及本规定明确的其他管理事项与管理要求，不构成跨境担保合同的生效要件。

（二）因法规变更而不适用

2016 年以来，越来越多法院在判决中引用 29 号文第二十九条来否认《担保法司法解释》第六条的适用。例如，在杨某宗与卢某、扬州市富扬新型建材有限公司股权转让纠纷案［（2015）扬商外初字第 00011 号］中，法院指出：国家外汇主管部门已经将跨境担保的核准、登记等管理要求与担保合同有效性判断脱钩，《担保法司法解释》第六条第（一）项已经不具备适用的基础，故涉案担保合同有效。①

香港新建业有限公司等诉上海新建业有限公司等欠款担保纠纷案［（2001）民四终字第 13 号］

1995 年 1 月 25 日，香港新建业公司与香港伟成公司、沈某邦等签署一份

① 引用 29 号文第二十九条规定以否认跨境担保合同未登记会导致其无效的法院案例有（2015）菏商初字第 93 号、（2016）粤 01 民终 14763 号、（2016）粤 01 民终 7938 号、（2017）粤 03 民终 20711 号、（2018）粤 01 民终 17470 号等。

转让合约，约定香港新建业公司将其持有的新发公司已发行的股份转让给伟成公司并向其配股，伟成公司需要支付相应的报酬。同时，伟成公司还应向股份转让方承担新发公司投资的上海新建业公司的债款，香港新建业公司还向伟成公司出售贷款。据此，伟成公司总计应支付 277 679 948.95 港元。1997 年 1 月 17 日，各方就前述合约签署了补充协议，明确伟成公司已付给香港新建业公司约 1.6 亿港元，欠 1.1 亿港元。同年 2 月 25 日，上海新建业公司、香港新建业公司等签订保证合同，明确上海新建业公司愿意为伟成公司承担保证还款责任。

由于伟成公司未能还款，香港新建业公司向法院起诉要求上海新建业公司承担保证责任。一审法院认定保证合同为上海新建业公司的真实意思表示，该合同应属有效。上海新建业公司不服上诉，称案涉担保属于对外担保，未经批准、登记应为无效。

最高法在认定案涉保证合同效力时引用了案涉担保行为发生时生效的《境内机构对外担保管理办法实施细则》。该细则第八条第二款规定："外商独资企业可以自行提供对外担保，无需得到外汇局逐笔批准。"根据上述规定，最高法认为作为外商独资企业的上海新建业公司为伟成公司提供保证担保无须经过外汇局的批准。因此，案涉保证合同不违反现行法律法规的禁止性规定，应认定有效。

如意电子集团公司、抚州弦和投资咨询有限公司股权转让纠纷案［（2018）最高法民申 2739 号］

1995 年 12 月 19 日，咸阳如意商社与中国银行咸阳电子开发区支行签订流动资金借款合同，借款 400 万元。同日，如意集团向中国银行签订不可撤销担保书，为如意商社的 400 万元借款担保。该等债权后由中国银行咸阳分行于 2000 年 3 月 28 日转让给东方资产公司。2005 年 12 月 1 日，东方资产公司又与境外美伦公司签订资产转让合同，将其对如意商社和如意集团的前述债权转让给美伦公司。2011 年 9 月 17 日，美伦公司又将其对借款人如意商社及担保人如意集团的债权（本金 390 万元及利息）转让给抚州瑞澈公司。

2012 年 8 月 23 日，抚州弦和公司和瑞澈公司签订了股权转让协议，弦和公司将其拥有的江西省天川科技有限公司 29% 的股权以 2800 万元人民币的价格转让给瑞澈公司，双方还约定瑞澈公司以自己应收的 11 笔债权作为质押。该等债权中包括前述如意商社的本金 390 万元及相应利息。

因瑞澈公司未按时支付股权转让款，弦和公司向如意商社、如意集团主张以本金 390 万元及相应的利息在债务额度内担保瑞澈公司的股权转让款支付义务，获得了一审法院支持。如意集团不服一审法院判决上诉。如意集团的上诉理由之一是，根据 1996 年《境内机构对外担保管理办法实施细则》第四十四条[①]的规定，美伦公司作为境外机构向瑞澈公司转让对外担保权时，需要按照法律规定经国家外汇局批准。二审和再审法院均认为前述实施细则已经废止。现行实施的 29 号文对内保外贷和外保内贷实行登记管理，对于其他形式的跨境担保未实行登记管理。因此，案涉担保不属于《担保法司法解释》第六条调整的范围。

星香云（上海）投资管理有限公司与中港疏浚有限公司质押合同纠纷案［（2017）沪民终 201 号］

该案中，上海市高级人民法院认为，星香云公司上诉称，根据最高人民法院《担保法司法解释》第六条第（二）项，涉案保证合同应认定为无效合同。本院认为，上述条款虽规定，未经国家主管部门批准或者登记，为境外机构向境内债权人提供担保的，担保合同无效。但该司法解释所对应的部门规章已失效，即办理该司法解释规定所需要的行政审批已不具有可操作性。因此，本案不适用上述司法解释。星香云公司该项上诉理由无事实及法律依据，本院不予采纳。

交通银行股份有限公司香港分行、奥宏玛航运（香港）有限公司、陈某傲等船舶营运借款合同纠纷案［（2017）浙民终 716 号］

2011 年 7 月 28 日，交行香港分行与香港企业奥宏玛公司签订一份授信函，其中载明交行香港分行依据银行授信总协议向奥宏玛公司提供最高额为 2550 万美元的授信。同日，作为奥宏玛公司的股东，陈某傲、陈某才、陈某军、陈某清、陈某兵分别与交行香港分行签订担保协议，协议约定该等自然人需应交行香港分行通知承担奥宏玛公司在任何时间产生或拖欠的债务和责任，且所有担保人对担保协议承担连带责任。

因奥宏玛公司未能按时还款，交行香港分行向担保人主张担保责任。担保人辩称，根据《担保法司法解释》第六条第（一）项，因案涉担保作为对

---

① 该条规定："受益人将担保项下的权利转让须事先经担保人同意并经外汇局批准，未经担保人同意和外汇局批准的，担保人的担保义务自行解除。担保合同另有约定的，按照约定。但根据本细则的规定，不需外汇局事前批准的对外担保，受益人将担保项下的权利转让，不需获得外汇局批准。"

外担保均未经外管局批准或登记，因此应为无效。

一审和二审法院均判决保证合同合法有效，保证人应当承担保证责任。二审法院认为，《担保法司法解释》第六条的目的，即其立法本意是“为了维护社会经济秩序和保护社会公共利益”。“改革开放以来我国外汇管理制度是沿着人民币走向自由兑换这一路径而开始演变历程的，实行人民币资本项目自由兑换是外汇体制改革的目标。随着我国经济体量和国际资本流动规模的增大，2014 年国家外汇管理局发布施行的《跨境担保外汇管理规定》及《国家外汇管理局关于〈跨境担保外汇管理规定〉的通知》，明确外汇管理部门对跨境担保合同的核准、登记或备案等外汇管理要求，不构成跨境担保合同生效要件。在此背景下，未经批准的跨境担保行为实质上不会涉及国家外汇管理秩序，并不构成对我国社会公共利益和社会经济秩序的违反，涉案担保合同不宜再被认定为无效。”二审法院还讨论《个人外汇管理办法》中对个人为境外提供担保的要求[①]，并认为该办法只是行政规章，不能作为合同无效的依据。

三、对外担保是否因违反公共利益而无效

经过前文对相关法院案例的分析，不难发现原《担保法司法解释》第六条的规定有其特定的历史背景。该条规定既是对当时适用的外汇管理规定的吸收，也可以认为是为了维护社会经济秩序和保护社会公共利益而作出的。[②]

在原《担保法司法解释》第六条吸收的外汇管理规定已经失效的情况下，再以该条规定认定未经审批或登记的跨境担保合同无效，则只能从“维护社会经济秩序和保护社会公共利益”的角度出发进行探讨。《民法典》第一百五十三条第二款规定“违背公序良俗的民事法律行为无效”。[原《合同法》第五十二条第（四）项规定损害社会公共利益的合同无效]

最高人民法院于 2019 年发布的《九民纪要》第 31 条规定：“违反规章一般情况下不影响合同效力，但该规章的内容涉及金融安全、市场秩序、国家宏观政策等公序良俗的，应当认定合同无效。人民法院在认定规章是否涉及公序良俗时，要在考察规范对象基础上，兼顾监管强度、交易安全保护以及

---

① 该法第二十一条规定：“境内个人向境外提供贷款、借用外债、提供对外担保和直接参与境外商品期货和金融衍生产品交易，应当符合有关规定并到外汇局办理相应登记手续。”

② 参见曹士兵：《中国担保制度与担保方法》（第 4 版），中国法制出版社 2017 年版，第 69 页。

社会影响等方面进行慎重考量，并在裁判文书中进行充分说理。”规定跨境担保审批和登记事宜的29号文属于部门规章，根据《九民纪要》第31条的规定，违反29号文原则上不应认定为合同无效，但是，如果违反29号文的同时违反公序良俗，则应认定合同无效。违反29号文中关于跨境担保审批和登记的规定是否就是违反公序良俗，目前没有明确规定，《九民纪要》也只是提及需要“在考察规范对象基础上，兼顾监管强度、交易安全保护以及社会影响等方面进行慎重考量”。法院实践中，鉴于29号文已经不再将跨境担保的核准、登记等管理要求与担保合同有效性挂钩，很多法院据此认为未经登记的跨境担保不再违反社会公共利益（公序良俗）。

四、保证合同无效的责任承担

在未经审批或登记的跨境担保合同被认定无效时，法院大部分会认为债权人和担保人均有过错。在认定债权人和担保人均有过错后，法院会依据《担保法司法解释》第七条的规定判决担保人承担债务人不能清偿部分的二分之一[①]。例如，在张某某等与旺达纸品集团有限公司等股权转让合同纠纷案［（2014）粤高法民四终字第12号］中，二审法院认为“作为债权人的张某某和担保人的旺达实业公司均应知道或者应当知道涉外担保应经有关部门批准方为有效的法律规定，而不能以个人认知有限为由对国家颁布的法律、法规置若罔闻”，从而认定债权人和担保人均有过错，原审判决旺达实业公司在旺达集团公司不能清偿主债务范围内承担二分之一责任并无不当。再如下文案例。

广晟投资发展有限公司、北京北大青鸟有限责任公司与中国恒基伟业集团有限公司、香港青鸟科技发展有限公司借款及担保合同纠纷案［（2012）民四终字第27号］

2002年12月25日，恒基公司与广晟公司、香港青鸟公司、东英公司签订《可转换债发行协议》，约定在可转换债期限内，如果恒基公司未能成功上市，则恒基公司应在可转换债到期日一次性向广晟公司支付本利，广晟公司也可以选择继续对恒基公司拥有债权，具体方式双方另议。恒基公司不能及

---

① 除所列案例外，还可参见最高法（2004）民四终字第23号民事判决书、（2005）年民四终字第00019号民事判决书、（2014）丹民三终字第00276号民事判决书、（2013）浙杭商外初字第192号民事判决书等。

时支付广晟公司本利的，由香港青鸟公司作为担保方承担支付义务。同日，北大青鸟公司向广晟公司出具担保函，声明对香港青鸟公司根据前述可转换债发行协议承担的向广晟公司提供的担保义务自愿负有连带责任。

后因恒基公司未向广晟公司支付款项，广晟公司起诉北大青鸟公司承担保证责任。原审法院认为案涉担保函未经外管局批准和登记，应为无效。此外，原审法院同样认定《可转换债发行协议》无效，原因是该协议“实质是内地企业假借香港主体签订可转换债发行协议而发生借款行为，违反了国家金融管理法规的强制性规定”。因此，在认定责任承担时，原审法院依据《担保法司法解释》第八条[①]，以主合同无效导致担保合同无效，北大青鸟作为担保人有过错为由，判定北大青鸟承担恒基公司不能清偿部分债务的三分之一。

本案二审中，最高人民法院认定《可转换债发行协议》有效，但同样以案涉担保函未经批准和登记为由认定担保函无效。由于担保函的无效并非由主债权无效导致，担保人北大青鸟公司有过错，而债权人广晟公司未督促担保人予以补正，也有过错，因此认为北大青鸟应就恒基公司不能清偿部分债务的二分之一向广晟公司承担赔偿责任。

---

① 该条规定：“主合同无效而导致担保合同无效，担保人无过错的，担保人不承担民事责任；担保人有过错的，担保人承担民事责任的部分，不应超过债务人不能清偿部分的三分之一。”

第十二章　类保证文件

第一节　概述

一、类保证文件的概念

所谓“类保证文件”，在实务中也可称为“非典型人保”或“增信文件”。“非典型人保”和“非典型物保”相对，都是“非典型担保”的下属概念。而“非典型担保”是指法律规定的五种典型担保方式之外的各种担保形态[①]。“非典型人保”不涉及相应的动产、不动产或权利，实务中通常就其是否可以构成法律规定的保证担保而发生争议，因此，笔者在本章中统称为“类保证文件”。因类保证文件在商业安排上实质上是一种增信措施[②]，因此有时也被称作“增信文件”。例如，最高人民法院于2019年发布的《九民纪要》中第91条专门就增信文件的性质认定问题进行了论述。

简单来说，类保证文件是债权人要求债务人之外的其他方作出的一类承诺文件，文件的内容一般都比较简单，没有统一样式，但通常都含有承诺人对债务人的某种支持。从形式上看，类保证文件很多时候是单方出具的函件，但也有双方或多方签订的合同。实务中，类保证文件的名称多种多样。在以单方函件形式出具时，类保证文件的名称可能叫承诺函、差额补足函、回购函、流动性支持函和安慰函等；如是双方或多方签署的合同，则可能叫作回购协议、差额补足协议、维好协议等。

---

① 参见曹士兵：《中国担保制度与担保方法》（第4版），中国法制出版社2017年版，第22—27页。最高人民法院民事审判第二庭编著：《〈全国法院民商事审判工作会议纪要〉理解与适用》，人民法院出版社2019年版，第386—387页。

② 参见最高人民法院民事审判第二庭编著：《〈全国法院民商事审判工作会议纪要〉理解与适用》，人民法院出版社2019年版，第478页。

二、产生原因

类保证文件产生的原因有很多。其中最主要的原因是一方不能按照法律规定提供符合法律要求的法定担保。例如，债权人希望实力雄厚的债务人母公司为融资交易提供保证担保，但受限于《公司法》的规定，公司对外担保需要公司董事会乃至股东会作出决议。在一些大公司中，此类程序的内部流程比较复杂，可能需要较长时间，债务人却急于用款，不愿等待。此时，如果债务人谈判地位较强，可能会要求以类保证文件替代保证担保。除以上原因外，有时候提供类保证文件也是为了避免相关行政手续。

严格来说，既然类保证文件是无法提供保证时退而求其次的选择，那么当事方均已默认此类文件并非保证。但是实践中，债务人和债权人出于各自考虑有可能会选择在类保证文件中采取较为模糊的表述，导致类保证文件的性质无法明确。如债务人能按时履约，该等安排不会引发争议。但是，在债务人未能按时履约时，债权人往往主张类保证文件为保证担保，从而要求文件中的承诺人承担保证责任，而债务人和类保证文件中的承诺人则往往否认类保证文件是保证担保，争议也就由此产生。

三、相关法律规定

现行法律并未就类保证文件作出明确规定。但是，实务中类保证文件相关的争议通常与其是否构成保证担保有关。因此，需要根据《民法典》来判断其是否构成保证担保。

司法实务中有时候会将类保证文件界定为“债务加入”，或称“并存的债务承担”，即指“第三人加入到既存的债务关系中，与债务人就其债务对债权人负连带之债”①。因此，需要引用《民法典》第五百五十二条的规定来判断是否构成债务加入。

《九民纪要》中关于类保证文件的规定有两处。第一，在第四部分第（四）项提及了非典型担保，其中第66条规定，“当事人订立的具有担保功能的合同，不存在法定无效情形的，应当认定有效”。根据该条规定，类保证文件只要具有担保功能，原则上应为有效，除非有法定无效情形。

---

① 参见最高人民法院民事审判第二庭编著：《〈全国法院民商事审判工作会议纪要〉理解与适用》，人民法院出版社2019年版，第479页。

第二，《九民纪要》第91条直接规定了类保证文件（增信文件）性质认定的基本原则，即从文件内容出发分析是否可以构成法律规定的保证，如不构成，则依据文件具体内容确定相应权利义务关系，根据案件事实确定各方责任。虽然原《担保法》第六条规定了保证的定义，但实务中的类保证文件，不管文件名称为何，在内容上不一定直接体现该条规定。《九民纪要》发布后，此类文件是否构成保证担保，如无法构成保证担保该如何确定各方责任，需要法院从文件内容出发来分析认定。

第二节　常见类保证文件

实务中经常出现的类保证文件通常可以分为以下几类。有时候类保证文件可能也会被笼统地称为“承诺函”，特别是在以单方形式出具的时候。

一、差额补足文件

差额补足文件较多出现在资管业务中，通常可分为两类①。一类是在结构化分层设计的资管产品中，约定在相关款项不足以分配时由劣后级受益人就优先级受益人应取得的本金和利息提供差额补足；另一类差额补足文件是由第三方为债务人的还本付息提供差额补足承诺。

所谓结构化分级资管产品，是指存在优先级和劣后级（有些还有夹层）份额持有人的资管产品。“优先级”份额持有人，顾名思义是指在清偿顺序和收益分配上有优先地位的份额持有人，劣后级份额持有人除在清偿顺序和收益分配上劣后于优先级份额持有人外，可能还需要在收益不足以支付优先级份额持有人时予以补足。

2018年4月27日发布的《资管新规》规定，分级资产管理产品不得直接或者间接对优先级份额认购者提供保本保收益安排，金融机构开展资管业务时不得承诺保本保收益②。此外，《资管新规》还规定，资管产品的发行人或管理人违反真实公允确定净值原则，对产品进行保本保收益，或者资产管理产品不能如期兑付或者兑付困难时，发行或者管理该产品的金融机构自行筹

---

① 参见最高人民法院民事审判第二庭编著：《〈全国法院民商事审判工作会议纪要〉理解与适用》，人民法院出版社2019年版，第478页。

② 参见《资管新规》第二条、第二十一条。

集资金偿付或者委托其他机构代为偿付都会被视为刚性兑付，发生此类刚性兑付，相关金融机构将面临惩处[①]。基于以上规定，无论是资管产品本身，还是资管产品的发行人或管理人，均不得对产品承诺保本保收益。实务中，前文所述的涉及结构化分级资管产品的第一类差额补足函，即有可能违反《资管新规》关于“禁止刚兑”的规定。

《九民纪要》第92条明确规定，金融机构作为资管产品的受托人，与受益人订立的合同中含有保本保收益条款（保证本息固定回报、保证本金不受损失等保底或者刚兑条款）的，此类条款无效，无论具体合同的形式如何。因此，如果差额补足文件含有资管产品受托人（或管理人、发行人）向受益人承诺保本保收益条款的，将被法院认定为无效。

除处理资管业务外，其他业务中也可能涉及差额补足的问题。参见以下第二个案例。

江苏百安谊家集团股份有限公司与黄某珠等保证合同纠纷案［（2021）京民终912号］

农业银行与百安谊家公司签订差额补足兜底协议（机构版），其中第二条陈述与保证中，百安谊家公司作出以下陈述与保证：……（8）百安谊家公司在本协议项下的差额补足义务是独立且不可撤销的，其在本协议项下的差额补足义务不以农业银行行使……等合同中的权利为前提。（9）对于黄某荣与农业银行签订的差额补足兜底协议（个人版），百安谊家公司知悉且无异议，百安谊家公司和黄某荣对农业银行在本协议及差额补足兜底协议（个人版）下的各项债权的实现承担无条件不可撤销的连带支付保证义务，农业银行有权自主选择，向百安谊家公司和/或黄某荣主张债权，在农业银行向百安谊家公司或黄某荣任何一方行使权利时，不视为放弃对另外一方的权利。农业银行与黄某荣于前述合同同日签订差额补足兜底协议（个人版），合同内容与差额补足兜底协议（机构版）基本一致。

北京市高级人民法院二审认为：百安谊家公司在差额补足兜底协议（机构版）中承诺，百安谊家公司在该协议项下的差额补足义务是独立且不可撤销的，且不以农业银行行使……等合同中的权利为前提。百安谊家公司对农业银行在差额补足兜底协议（机构版）项下的各项债权的实现承担无条件不

① 参见《资管新规》第十九条。

可撤销的连带支付保证义务，即百安谊家公司对于其向农业银行提供的差额补足义务，作出了明确的提供连带责任保证的意思表示。此外，在本案一审庭审中，农业银行和百安谊家公司亦均认可案涉差额补足兜底协议（机构版）的性质为连带责任保证。综上，百安谊家公司向农业银行提供的差额补足义务的法律性质系连带责任保证。

河北某某电视剧制作中心、河北某某电视剧制作中心有限公司与廊坊某某股份有限公司石家庄分行保证合同纠纷再审案［（2023）冀民再100号］

案外人东方某某公司与影视剧中心、某甲公司签订了保底发行协议，该协议2.1条约定，申请人在发行期内（该协议签订后36个月之内），确保发行回款的总额不低于4080万元。如该协议签订后36个月届满，东方某某公司未能实现收回最低4080万元的发行回款，则影视剧中心、某甲公司有向东方某某公司补足保底发行款4080万元的义务。影视剧中心和某甲公司向廊坊某某出具差额补足函，其中第2条明确载明“我单位对东方某某公司承诺保证该剧发行回款总额最低为4080万元，发行期不超过36个月”。因东方某某公司和廊坊某某之间的借款纠纷，廊坊某某申请影视剧中心和某甲公司履行差额补足函承诺的义务，向其支付偿付借款本金2600万元及利息。

河北省高级人民法院再审认为：差额补足函的内容是影视剧中心、某甲公司对保底发行协议保底发行款项并补足差额之约定的描述，且明确写明是对东方某某公司的承诺保证，并非向廊坊某某保证，该函也没有约定当东方某某公司不履行到期债务时，申请人保证承担债务的内容，不符合保证合同的法律构成要件。影视剧中心和某甲公司在差额补足函第3条承诺的义务，仅是保证将案涉电视剧的发行回款打入东方某某公司在廊坊某某开具的账户内，也非承担连带保证责任。综上，二审认定申请人对东方某某公司的债务构成连带保证，并判决申请人承担连带清偿责任缺乏事实和法律依据。

二、第三方回购文件

回购最早出现在金融资管业务中。《关于规范金融机构同业业务的通知》规定：“买入返售（卖出回购）是指两家金融机构之间按照协议约定先买入（卖出）金融资产，再按约定价格于到期日将该项金融资产返售（回购）的资金融通行为。”回购实际上包含两个交易，卖出然后买入。根据回购方的不同，回购分为卖方回购和第三方回购。第三方回购实际上是一个独立买卖交易，称为回购并不合适，但是实务中这一术语已经广泛使用并约定俗成。本章主要讨论第三方回购。

在资管业务中，典型的第三方回购文件中各方通常会约定在符合特定条件时，由第三方回购义务人履行回购义务。例如，各方可能在信托业务文件中约定由第三方向信托公司承诺："若融资方不依约回购信托公司持有的特定资产收益权则由其承担按约定价格回购的义务。"① 回购的内容可以根据资管业务的不同而有所不同。例如，湖南省高速公路管理局等与招商银行深圳分行合同纠纷案②中回购的内容是宜连高速公路经营权。

在股权投资中回购也很常见，包括公司回购或者股东（第三方）回购。在典型的"明股实债"类项目中，回购文件通常约定，如果目标公司违反投资合同约定，投资人可以立即要求目标公司的股东回购投资人持有的目标公司股权。

临沂海雅特贸易有限公司、孟某聪融资租赁合同纠纷再审案［（2018）最高法民申5619号］

2010年1月1日，海翼公司与海雅特公司签订《融资租赁合作协议书》，约定海雅特公司向海翼公司推荐客户，海翼公司向海雅特公司购买厦门厦工机械股份有限公司工程机械产品并为海雅特公司推荐的客户提供融资租赁服务，由海雅特公司提供回购担保，海雅特公司法定代表人提供担保等。为履行该《融资租赁合作协议书》，海翼公司与海雅特公司于同日签订了回购担保合同。案涉租赁物在海翼公司与海雅特公司推荐的承租人履行融资租赁合同时交付承租人，故海翼公司与海雅特公司在回购担保合同中约定，在承租人出现特定的违约情形、海雅特公司回购条件成就时，海翼公司收到海雅特公司全部回购款后，向海雅特公司出具租赁物所有权转移证书，海翼公司对承租人的所有权益随之转移给海雅特公司，海翼公司不负有交付租赁物的义务。

最高人民法院认为：回购担保合同系双方当事人真实意思表示，不违反法律、行政法规的强制性规定。回购担保合同约定符合案涉融资租赁合作事项实际，也不存在违反公平原则的情形。回购担保合同合法有效。

---

① 最高人民法院民事审判第二庭编著：《〈全国法院民商事审判工作会议纪要〉理解与适用》，人民法院出版社2019年版，第478页。

② 参见最高人民法院（2017）最高法民终353号民事判决书。

三、流动性支持文件

流动性支持文件中，承诺人通常会承诺就债务人履行合同提供流动性支持。出具此类函件的一般是对借款人有控制力的借款人母公司或其他关联公司。一方面，流动性支持函的出具人通常会在函件中承诺督促借款人及时还本付息及履行其在贷款协议项下的其他各项义务，同时承诺当借款人预计不能按时还本付息或者出现经营困难时，向借款人提供必要的支持和协助，以使得借款人按照贷款协议的规定按时还本付息；另一方面，流动性支持函的出具人还可能承诺不采取任何导致借款人不能维持经营的行动。

此外，有些债权人还要求流动性支持函的出具人承诺其对借款人的资金支持形成的债务，应次级于债权人的债权。此类承诺也可能由单独的从属协议（Surbordination Agreement）约定。

大庆农村商业银行股份有限公司、渤海国际信托股份有限公司合同纠纷案［（2023）最高法民申147号］

2016年4月1日，渤海信托向大庆农商行出具《流动性支持函》，渤海信托就某信托贷款作出如下不可撤销的承诺：一、我公司保证无论该笔信托贷款债权情况如何，贵行将于《信托合同》项下发生的所有债权到期日当日收回全部信托资金本金及收益，在上述《信托合同》约定的任一信托计划本金及（或）收益偿付日，如贵行未收到对应信托计划本金及对应收益，我公司保证无条件支付对应信托计划本金及对应收益，并将对应信托计划本金及对应收益支付至贵行指定的收款账户。二、本函内容已取得我公司所需的各项授权和批准。三、本函不可撤销，自中信信托与贵行签订《信托合同》生效之日起生效，发生下列情形之一时本承诺函即失效：（一）上述《信托合同》项下贵行信托计划本金及对应收益已全部偿付；（二）我公司已按本《流动性支持函》全部偿付了贵行信托计划本金及对应收益。四、请贵行妥善保管，并于本《流动性支持函》效力终止后三个工作日内将正本退还我公司。本函复印无效，且在我公司及债务人没有违约的前提下贵行不得向任何第三方提供本函或泄露本函任何内容。《流动性支持函》尾部加盖渤海信托公章和李某荣个人名章。

最高人民法院再审认为：案涉《流动性支持函》为渤海信托向大庆农商行作出的不可撤销的单方承诺。从载明的内容看，渤海信托承诺的责任承担存在明显的从属性、顺位性，即大庆农商行基于《信托合同》项下的信托贷款债权到期未获清偿，则渤海信托无条件履行支付义务；责任承担上仍为《信托合同》项下大庆农商行所应享有的信托计划本金以及对应收益，亦具有同一性；《流动性支持函》中明确载明“保证”“保证无条件支付”等内容，具有明确的保证担保的意思表示。故该《流动性支持函》更符合保证担保的法律特征。

某某公司1与某某公司2等其他合同纠纷案［（2023）沪74民初150号］

某某公司15向原告出具《流动性支持函》载明，某某公司15承诺在《债务重组协议》项下的重组期限内，对债务人某某公司2提供流动性支持，对债务人未能支付的重组债务、重组宽限补偿金、应付工程款及其他项目支出进行补足。落款处有“某某公司15”的长条章和许某签字。某某公司15向原告出具落款日期为2022年6月20日的《知晓函》载明，为确保原告与某某公司2签署的三份《债务重组协议》的履行，我司自愿提供流动性支持，对债务人未能支付的重组债务、重组宽限补偿金进行补足，具体事项已由某某公司15向原告出具的《流动性支持函》所确定。后续原告与某某公司2就《债务重组协议》签署了《债务重组协议之补充协议》，前述所有《债务重组协议》及补充协议统称为“主协议”。某某公司15对前述事项表示知晓并认可，同意继续为主协议项下主债权继续提供流动性支持。《知晓函》落款处加盖“某某公司15”的长条章和许某签字。

上海金融法院审理认为：（1）某某公司15出具的《流动性支持函》和《知晓函》性质上属于担保合同，依法应准用保证担保规则。（2）某某公司15在《流动性支持函》项下负担的债务相对于《债务重组协议》及历次补充协议约定的某某公司2、某某公司3的债务具有从属性，其应依据《流动性支持函》对原告就被告某某公司2、某某公司3不能偿还的重组债务本金、重组宽限补偿金及相应律师费等支出，承担一般保证责任。

四、兜底还款文件

兜底还款函也是实务中比较常见的文件。此类文件通常在名称上不会直接称呼为“兜底还款函”，内容也比较简短，但通常都含有代为还款的意思表示，例如如下表述：“为配合贵分行为A公司提供流动资金贷款支持，我公司特作出以下承诺：在A公司不能按期偿还贵行贷款本息时，我公司同意代其履行还款义务。”这样的表述很可能被法院认定为保证担保。

中国工商银行股份有限公司邵阳红旗路支行、泰邦基建发展有限公司金融借款合同纠纷案［（2020）最高法民终244号］

2012年6月13日，泰邦集团公司向工行邵阳市分行出具《关于湖南邵新公路有限公司还贷问题的函》，主要内容为：“我公司下属全资子公司邵新公路公司于2006年10月在贵行贷款3亿元，现贷款余额为2.68亿元。对于邵新公路公司还贷问题，我公司将本着尊重贵行债权、切实履约偿债的原则尽到应尽的义务，以确保贵行贷款安全。1. 我公司全资子公司潭衡高速公司在与工行长沙汇通支行签订还贷补充协议时，已将贵行的该笔贷款纳入到工行长沙汇通支行的还贷补充协议中，其还贷时间、还贷金额和邵新公路公司与贵行所签的原借款合同完全一致，用潭衡高速公路收入直接还贷。2. 在贷款未还清之前，泰邦基建公司严格履行担保责任。3. 我公司承诺，邵新公路公司所获得的剩余省补资金和未来新增加的任何补偿性质的资金全部用于归还本项目贷款。4. 我公司将督促各方严格履行合同，按时还本付息，对还款计划未到位部分由我公司负责‘兜底’。”

法院认为：上述函中承诺“对还款计划未到位部分由我公司负责‘兜底’”，该表述可推定泰邦集团公司承诺的本意是在邵新公路公司到期未偿还贷款本息时即由其负责兜底偿还，而非在邵新公路公司确无能力偿还的情形下才由其负责偿还。结合上述规定以及邵新公路公司贷款逾期后，泰邦集团公司已实际承担担保责任的事实，应认定泰邦集团公司提供的保证方式为连带责任保证。

五、安慰函

安慰函的概念起源于境外，即英美金融界所称的“confort letter”或“console letter”，实务中，安慰函在跨境融资中比较常见[①]。最高法曾经将“安慰函”定义为“第三人向贷方出具安慰函的确是一种常见的做法，它是第三人发给债权人的一种书面陈述，表明该第三人对债务人清偿债务承担道义上的责任，或者是作为关联企业对债务人的经营状况和资产状况等作出保证，

① 关于安慰函的介绍，可参见曹士兵：《中国担保制度与担保方法》（第4版），中国法制出版社2017年版，第137—139页。

或督促债务人清偿债务等”[1]。

最高法对“安慰函”的定义表明“安慰函”通常只产生道义上的责任，而没有法律上的责任。但是，如果安慰函有“代债务人清偿债务或承担担保义务、保证债务人还款等内容的”[2]，出具人需要承担保证责任。

光大资本投资有限公司与招商银行股份有限公司其他合同纠纷案［（2020）沪民终567号］

光大资本公司向招商银行出具《差额补足函》，内容为“我司特此同意：1. 在基金成立满36个月之内，……如果最终该等股权转让价格少于目标价格时，我司同意将对目标价格与股权实际转让价格之间的差额无条件承担全额补足义务……3. 我司同意并确认我司承担本补足函项下全部补足义务的期间为资管计划存续期间（含起始日，且含终止日）。4. 我司同意出具并履行本补足函符合法律法规规定以及本公司章程及管理规定，且履行了相关必要的内外部审批手续。5. 无论因任何原因（包括但不限于我司就出具和履行本补足函未履行相关内外部审批手续或者违反内外部可能适用的法律法规规定等），导致我司未按照本补足函履行差额补足义务的或者我司违反本补足函项下的任何约定，我司将无条件对贵行承担赔偿责任，赔偿责任为我司根据本补足函第1条的约定应支付的差额补足款，且我司不得以前述任何理由对贵行进行抗辩”。

光大资本唯一股东光大证券公司另向招商银行出具《暴风光大跨境并购基金安慰函》，该安慰函载明“已知悉光大资本公司与北京暴风科技股份有限公司合作设立并购基金，并由光大资本全资子公司光大浸辉公司担任基金的执行事务合伙人。本公司将做出如下安排：1. 保持对光大资本公司的唯一股东地位；2. 为确保光大资本公司及光大浸辉公司能够正常经营，在法律法规及监管政策允许的范围内，对光大资本公司及光大浸辉公司提供必要的支持。本安慰函不构成对任何主体关于任何方面的担保义务”。

本案中的安慰函表述非常清楚，各方没有争议。但对《差额补足函》的法律性质有争议。法院认为，《差额补足函》系招商银行和光大资本公司的真实意思表示，且不违反法律、法规的强制性规定，应为合法有效；《差额补足函》中并无明确的连带责任保证担保意思表示，也没有担保对象，所以认定为独立合同。

---

① 参见最高人民法院（2004）民四终字第5号民事判决书。

② 参见曹士兵：《中国担保制度与担保方法》（第4版），中国法制出版社2017年版，第138页。

佛山市人民政府与交通银行香港分行担保纠纷案［（2004）民四终字第5号］

本案中，佛山市政府先后向香港交行出具了三份《承诺函》，函中均有相同的表述："本政府愿意督促该驻港公司切实履行还款责任，按时归还贵行贷款本息。如该公司出现逾期或拖欠贵行的贷款本息情况，本政府将负责解决，不让贵行在经济上蒙受损失。"

最高人民法院审理认为：首先，从名称来看，《承诺函》并非担保函，对于其是否能构成担保应根据其内容来认定。其次，从《承诺函》的内容来看，"负责解决""不让贵行在经济上蒙受损失"并无明确的承担保证责任或代为还款的意思表示。再次，在香港交行向中亚公司和景山公司出具的授信函中，在"抵押品及法律文件"项下，除了佛山市政府的《承诺函》外，还有不动产的抵押、保证及存单的质押等，且《承诺函》均在这些授信函中被列入区别于"保证"的"其他"文件项下，这说明香港交行明知《承诺函》并非保证函。最后，为解决包括中亚公司、景山公司在内的佛山市直属企业拖欠香港交行贷款事宜，佛山市政府与香港交行之间有三次座谈会并形成会议纪要。从这三份纪要的记载来看，香港交行从未要求佛山市政府承担保证责任或代中亚公司、景山公司还款，佛山市政府也未作出过承担保证责任或代企业还款的意思表示，而双方谈到的解决途径均是政府在适当时机对企业进行资产重组，以解决原有债务。综上，佛山市政府从出具的书面文件到实际行动，从未有过承担保证责任或代所属企业还款的意思表示，其向香港交行出具的《承诺函》并不构成我国担保法意义上的保证。

六、维好协议

维好协议的概念也源于境外，即"keepwell agreement"或"keepwell deed"。从内容上看，维好协议与前述流动性支持函、安慰函有相似之处。当事各方通常在维好协议中约定义务人应"确保借款人处在良好财务状况以履行义务，包括采取某些措施（如提供现金以维持最低资本净值），以维持借款人的良好的财务状况、使其能够履行其财务承诺或偿付其债务"①。

实务中，维好协议在跨境融资中使用得比较多。由于维好协议中义务人

① 参见任谷龙：《国际融资法律实务指南》，法律出版社2018年版，第331页。

不会直接向债权人偿付债务，很多时候成为避免国家外汇管理局下发的汇发〔2014〕29 号文中规定的内保外贷登记的替代方案①。

某基金 SPC－某基金 SP 申请认可和执行香港特别行政区法院民事判决案［（2019）沪 74 认港 1 号］

上海某国际集团有限公司于 2017 年 10 月 23 日出具《维好协议》，其中首部载明："受益人：目前及随后被登记为债券持有人的主体。鉴于：（ⅰ）某国际有限公司（发行人）已批准按照债券条款和条件发行债券。……（ⅳ）发行人是一家在英属维京群岛设立的有限责任公司，是上海某国际集团有限公司的间接全资子公司；（ⅴ）上海某国际集团有限公司希望通过签署本协议协助发行人履行债券中的义务；（ⅵ）本协议是一项单方契约，以债券持有人为受益人。"第 2 条载明："并非担保。本协议及本协议所含规定及公司依据本协议采取的行动，不得视为依据任何辖区法律偿还或履行发行人任何种类债务或责任的证明，或者公司担保或公司具有法律约束力的义务。"第 4 条载明："维持合并净值及流动性。上海某国际集团有限公司向债券持有人承诺，其将促使：（a）发行人随时保持至少 1 美元的合并净值；（b）发行人获取足够的流动性，以确保发行人及时按照债券中载明的条件及契约书中所列规定支付相关费用；（c）发行人保持偿债能力，按照注册地法律或相关会计准则持续经营。如果（A）上海某国际集团有限公司在任何时候认定发行人的流动性不足以履行债券中载明的到期付款义务，或者（B）上海某国际集团有限公司被告知或意识到（或者，与上海某国际集团有限公司处于同等地位的有理性人员应当知道的）发行人将要（或者合理判断下很可能）无法履行债券中载明的付款义务，上海某国际集团有限公司将在相关付款义务到期之前通过下列方式提供充足的资金，使得发行人在债券到期时能够全面履行付款义务：（a）对发行人已发行股本进行注资；（b）通过向发行人发放贷款或其他方式安排资金；（c）利用中国境内现金或处分中国境外其他资产或在中国境外作出合理安排，将现金、资产、资产对价或收益转让给发行人；（d）其他可行的办法。"

2018 年 8 月 24 日，香港特别行政区高等法院原讼法庭就原告某基金

---

① 《跨境担保外汇管理操作指引》第四部分第五条规定，"具备以下条件之一的跨境承诺，不按跨境担保纳入外汇管理范围：……（三）履行承诺义务不会同时产生与此直接对应的对被承诺人的债权；……"。

SPC－某基金 SP 诉被告上海某国际集团有限公司一案，作出 HCA 1712/2018 号民事判决：“鉴于本案被告无意为自己辩护，本案原告放弃起诉状第（2）项的损害赔偿诉请，本院特此判决，被告向原告支付 29 910 000 欧元（或支付时等值港币金额），加上按年利率 8% 自传票签发之日（即 2018 年 7 月 24 日）起至实际支付日止的利息和 11 045 港币的特定费用。”

上海金融法院认为，涉案《维好协议》系平等主体之间民事法律关系，香港特别行政区高等法院就《维好协议》所涉纠纷作出的裁判效力限于双方当事人之间，对其效力的认可和执行并不会涉及内地全体社会成员或者社会不特定多数人的利益。因此，上海金融法院于 2020 年 10 月 30 日作出民事裁定：认可和执行香港特别行政区高等法院原讼法庭 HCA 1712/2018 号民事判决书。

七、其他承诺函

实践中增信文件的标题往往采用承诺函，内容根据具体项目情况表述五花八门。

中国建设银行股份有限公司湖南省分行、湖南省高速公路管理局合同纠纷案［（2019）最高法民终 1006 号］

湖南高速公路管理局（高管局）向建行湖南分行出具《承诺函》，内容为：“宜连公司投资建设宜连高速公路项目，……该公司自开工以来，尽管银行贷款没有及时到位，工程量完成了 40% 之多，支付的款项从未拖欠。经查实，到目前总共支付资本金 8.2 亿元之多，可见其投资诚信度。……为贯彻落实湖南省委、省政府的招商引资政策，保护投资者利益，体现我局对该公司的信任和支持，我局承诺：贵行对宜连公司提供的项目贷款，若该公司出现没有按时履行其到期债务等违反借款合同约定的行为，或者存在危及银行贷款本息偿付的情形，出于保护投资商利益，保障贵行信贷资金安全的目的，我局承诺按《特许合同》第 15.6 条之规定全额回购宜连高速公路经营权，以确保化解银行贷款风险，我局所支付款项均先归还贵行贷款本息。”

法院审理认为，综合案涉《承诺函》出具的背景、目的及其内容来看，该函虽然名为“承诺函”，但高管局在该函中明确表示当宜连公司不能按时履行贷款合同项下还款义务时，高管局承诺回购宜连高速公路经营权并以所支付的款项优先归还建行湖南分行贷款本息。建行湖南分行对宜连高速公路经营权享有质权，高管局的承诺提高了建行湖南分行贷款质押物的变现偿债能力，系高管局为宜连公司向建行湖南分行贷款提供的增信措施。高管局在《承诺函》中不仅明确表示“确保化解银行贷款风险”，还承诺了具体措施和责任。由此可见，高管局并非仅承诺对宜连公司清偿债务承担道义上的义务或督促履行之责，其通过出具《承诺函》的方式为宜连公司向建行湖南分行的贷款提供担保，担保建行湖南分行实现案涉债权的意思表示明显，其内容符合《担保法》第十七条的规定，故《承诺函》具有保证担保性质。高管局作为履行湖南基础设施高速公路的建设、管理职责的以公益为目的的事业单位，依法不得作为保证人。故《承诺函》因违反法律的强制性规定而应认定为无效。

第三节　类保证文件的性质认定

《九民纪要》规定了类保证文件性质认定的基本原则，但未阐述具体的认定标准。在类保证文件性质认定纠纷中，法院将根据案件的具体情况进行认定，有可能会将类保证文件认定为保证，也可能认为类保证文件不构成保证。在不构成保证的情况下，类保证文件下的承诺人可能无须承担任何责任，但如类保证文件也可以构成债务加入或独立合同关系，类保证文件下的承诺人也需要承担相应的法律责任。

一、构成保证担保

法院在认定《承诺函》的性质时会综合考虑文件名称、出具背景和约定内容。值得注意的是，在考虑《承诺函》内容方面，法院认为其是否构成保证的理由是文件是否为了保证债权的实现，是否和法律关于担保的目的规定相一致。以下案例中，案涉协议里明确约定了代偿义务，法院认为具有担保的意思表示。

郭某凤、河北汇源炼焦制气集团有限公司与鹤岗市东山区人民政府、鸡西龙嘉投资集团有限公司合同纠纷案［（2016）最高法民终623号］

宝源公司与东山区政府签订《项目转让委托协议》，主要内容为：一、宝源公司授权东山区政府全权负责100万吨焦化项目转让事宜，进行项目的总体转让，即权利义务及法律责任一并转让；东山区政府以自身名义独立完成项目转让事宜，宝源公司承担东山区政府所实施的转让行为的法律后果。二、项目转让价格为7800万元人民币，其中，土地费及工程款5200万元，欠天津二十冶工程尾款2600万元。三、项目承接人将100万元定金汇入宝源公司账户，剩余5100万元转让款东山区政府保障项目承接人分别于2013年12月31日前付2550万元，2014年6月30日前付2550万元，如承接人不能按约支付，东山区政府以财政收入代偿；欠天津二十冶2600万元工程尾款由东山区政府从该项目2015—2018年实现的税收收入中分三年给付。四、宝源公司应协助项目承接人办理相关证件的过户和合同主体的变更手续。五、该项目前期在中国银行的1000万元贷款及一年的利息由承接方负责偿还。

法院认为，协议约定东山区政府负有保障项目转让款如期给付的义务，如鸡西龙嘉公司未按约定时间给付，东山区政府以财政收入代其偿还。据此，该5100万元转让款的偿还主体应认定为鸡西龙嘉公司，但东山区政府具有担保鸡西龙嘉公司给付的意思表示，东山区政府亦认可其具有保障该款及时给付的义务。最后，一审法院认为东山区政府作为该款的保证人，因其违反我国《担保法》第八条的规定，因此该等保证约定无效，根据《担保法司法解释》的规定，东山区政府应对鸡西龙嘉公司不能清偿的5100万元及相应利息部分，承担二分之一的清偿责任。

二、构成债务加入

《民法典》中首次明确了债务加入制度。这是一个和保证担保密切相关的制度。《民法典》第五百五十二条规定："第三人与债务人约定加入债务并通知债权人，或者第三人向债权人表示愿意加入债务，债权人未在合理期限内明确拒绝的，债权人可以请求第三人在其愿意承担的债务范围内和债务人承担连带债务。"

在《民法典》之前，虽然法律没有明确的债务加入规定，但实践中代偿等安排已经比较普遍，法院也将类保证文件界定为"债务加入"，或称"并存的债务承担"，即"第三人加入到既存的债务关系中，与债务人就其债务对债权人负连带之债"①。

---

① 参见最高人民法院民事审判第二庭编著：《〈全国法院民商事审判工作会议纪要〉理解与适用》，人民法院出版社2019年版，第479页。

实际上，普通法中也有非常类似的制度，即补偿（Indemnity）制度。在绝大多数情况下，普通法的保证文件中既包括保证又包括补偿。和保证一样，补偿也是一项对第三人损失进行赔偿的承诺。但是，保证不同于补偿，二者最大的区别是：保证义务是从属的义务，补偿义务不是从属义务，而是独立的、直接的义务。如果基础交易由于任何原因无效或者有瑕疵，并不影响补偿义务的履行，提供补偿的债务人仍应当对债权人承担责任。

《民法典》新增的债务加入制度有助于解决实践中债务加入的纠纷。同时，债务加入制度也有助于弥补保证从属性的不足。债务加入义务不是从属义务，因此，债权人可以基于债务加入而直接向加入义务人请求履行债务，为债权人提供了更充分的保障。《民法典》规定保证人的保证责任不受第三人加入债务的影响。但是，是否可以借鉴普通法中的保证与补偿责任，在由保证人提供保证的同时也提供债务加入义务，仍将有待日后的司法实践进一步明确。

最高人民法院认为，实践中遇到的类保证文件（增信文件）总体上均可归入保证或债务加入两种类型，但也不代表类保证文件不构成保证即构成债务加入。按照《九民纪要》第 91 条的规定，法院需要依据“承诺文件的具体内容确定相应的权利义务”。[①] 一项行为究竟该认定为保证还是债务加入，最高法民事审判第二庭在《〈全国法院民商事审判工作会议纪要〉理解与适用》中提及需要注意三方面问题：首先，必须坚持文义优先原则，在判断相关文件性质时应从文件内容的文字词句出发；其次，须判断第三人愿意承担的债务内容与原债务是否具有同一性；最后，须判断当事人关于义务履行顺位的真实意思。[②]

大理兰林阁置业有限责任公司昆明分公司、大理兰林阁置业有限责任公司民间借贷纠纷再审案［（2019）最高法民再 236 号］

本案中，苏某荣在 2013 年 6 月 7 日兰林阁昆明分公司成立之日起至 2015 年 6 月 15 日期间一直担任兰林阁昆明分公司的负责人。苏某荣于 2015 年 1 月

---

① 参见最高人民法院民事审判第二庭编著：《〈全国法院民商事审判工作会议纪要〉理解与适用》，人民法院出版社 2019 年版，第 481 页。

② 参见最高人民法院民事审判第二庭编著：《〈全国法院民商事审判工作会议纪要〉理解与适用》，人民法院出版社 2019 年版，第 479—481 页。

23 日、2015 年 12 月 31 日以兰林阁昆明分公司负责人的身份向杨某杰出具借条，并加盖了兰林阁昆明分公司的印章。

最高人民法院认为，多份借条主体及内容并不完全一致的情况下，应综合考察当事人之间约定的形式、内容、相应的履行情况等事实，据此认定相关当事人的相应法律地位。本案中，从 2015 年 1 月 23 日、2015 年 12 月 31 日借条的形式与内容以及相关当事人之间的转款情况看，兰林阁昆明分公司的行为符合债务加入的特征。所谓债务加入，亦称并存的债务承担，是指原债务人并不脱离债的关系，而由第三人加入债的关系中来与原债务人一起承担债务。第三人加入后，与债务人之间成立连带关系，对同一债务负连带责任。债权人可以请求债务人履行义务，也可以径直向第三人请求履行义务。从出具借条的行为以及借条的内容看，则表明了兰林阁昆明分公司愿意向杨某杰承担与借款人杨某文相同的还款义务，这种意思表示符合债务加入的特征。而且，从当事人之间的转款情况看，杨某文在收到涉案借款后，共计向苏某荣转款 4000 余万元，其中 3300 万元发生于兰林阁昆明分公司成立后。苏某荣在收到款项后，共计向兰林阁公司法定代表人杨某明转款 1080 万元。而且在已还款项中，有 1400 余万元系苏某荣向杨某杰偿还。因此，综合以上情况，在兰林阁昆明分公司没有提供证据证明杨某文与苏某荣之间、苏某荣与杨某明之间的款项往来系基于其他法律关系产生的情况下，兰林阁昆明分公司的案涉行为构成债务加入。

最高人民法院进一步认为，在法律就债务加入未作明确规定的情况下，因相当于在债务人之外为债权人增加了一个新债务人，债务加入和保证一样具有担保债权实现的功能，故与债务加入在法律性质上最为接近并且有明确法律规定的应为连带责任保证法律关系，因此，对于苏某荣以兰林阁昆明分公司的名义而为债务加入行为是否构成有权代表及相应效力，可参照适用《担保法》的相关规定加以评判。企业法人分支机构对外提供责任较轻的保证尚须企业法人授权，否则无效，根据举轻以明重的逻辑，则其对外加入债务更须得到企业法人授权，否则更应认定为无效。本案中，无论从是否存在明确的授权委托，还是从相关当事人的有关行为看，均无法得出兰林阁公司授权苏某荣以兰林阁昆明分公司的名义为债务加入的结论，故该债务加入应为无效。

基于前述债务加入可准用担保规则的处理原则，本案可根据各方当事人对于债权加入行为无效的过错情况，对兰林阁昆明分公司是否应承担相应的民事责任予以认定。本案各方当事人均存在一定过错，基于上述，本院认为，兰林阁昆明分公司应当对未偿还借款本金及利息的三分之一承担民事责任。《民法总则》第七十四条第二款规定："分支机构以自己的名义从事民事活动，产生的民事责任由法人承担；也可以先以该分支机构管理的财产承担，不足以承担的，由法人承担。"因此，兰林阁昆明分公司在本案中所应承担责任，由兰林阁昆明分公司先以其管理财产承担，不足以承担的，由兰林阁公司承担。

中国城市建设控股集团有限公司、安信信托股份有限公司营业信托纠纷案［（2018）最高法民终867号］

中城建公司向安信公司发出《承诺函》，承诺如下：一、若《转让及回购合同》项下的甲方（河南中城建公司）依据《转让及回购合同》的约定，在向乙方（安信公司）回购股权收益权并支付回购总价款（含回购价款及回购溢价款）过程中的任一约定支付日/核算日/付款日（含提前回购日）之后3个工作日内仍未付款的；二、贵司按照《转让及回购合同》的约定未从河南中城建公司获得股权收益权回购价款和回购溢价款的。发生上述任一情形时，本公司将在贵行发出《股权收益权受让通知书》（附件一）后5个工作日内无条件收购贵司所持有的上述股权收益权，收购的价格为：（1）贵司受让股权收益权而支付的信托资金；及（2）该信托资金自信托计划运作起始日（若信托计划曾按约定支付收益，则自最近一次支付收益的收益核算日起。如未曾支付收益，则为该运作起始日，含当日）起按年化7.5%标准计算所得的收益。以上为无条件、不可撤销的承诺，本《承诺函》的内容是本公司的真实意思表示，出具程序符合我《公司章程》规定，且本《承诺函》一经作出，中城建公司任何情况下均无权撤回。本《承诺函》于中城建公司签章之日起生效，有效期至贵司实现上述《转让及回购合同》项下全部股权收益权回购价款及回购溢价款止，本《承诺函》自生效之日起即对中城建公司具有约束力。《承诺函》履行期内，有任何争议，应协商解决，协商不了的，可向贵司所在地有管辖权的人民法院提起诉讼。

中城建公司称，《承诺函》系一般保证法律关系，即使构成单方允诺的民事法律行为，其亦仅应在《承诺函》约定的基础上承担责任。安信公司辩称，《承诺函》系中城建公司向安信公司出具的设定义务的法律文书，双方之间据此形成收益权收购法律关系。最高人民法院审理认为该《承诺函》构成债务加入，理由如下：

（1）安信信托与河南中城建公司签订的《转让及回购合同》，合法有效。依据该合同的约定，河南中城建公司负有向安信信托支付股权收益权回购价款及回购溢价款的义务。

（2）从《承诺函》约定中可知，中城建公司在河南中城建公司未付款或者安信信托按照约定未获得回购总价款时，即负有回购义务，并不以强制执行河南中城建公司无效果为前提。中城建公司不享有先诉抗辩权，其在责任承担上不具有顺位性。

（3）《承诺函》在当事人意思表示不明时，究竟应认定为“保证担保”还是“债务加入”，应斟酌具体情事综合判断，如主要为原债务人的利益而为承担行为的，可以认定为保证，承担人有直接和实际的利益时，可以认定为债务加入。本案中，鉴于中城建公司基于何种目的负担回购义务、是否具有实际利益，其是否向河南中城建公司享有求偿权及求偿范围如何，均不甚清晰，难以径直认定成立连带责任保证。

三、独立的合同关系

李某、刘某玲合同纠纷案［（2018）最高法民终127号］

2014年11月16日，赵某权向李某一方出具《承诺函》，承诺：“1. 如博杰广告实际经营业绩未能完成《购买资产协议书》5.2.1条约定的业绩承诺，导致李某及其他转让方未能获得4亿元奖励，本人承诺将差额补足并支付给李某及其他转让方，确保李某及其他转让方获得第5.2.1条项下的所有利益，包括李某及其他转让方根据《购买资产协议书》得到的所有股份及4亿元奖励。法律法规规定蓝色光标有代扣代缴义务的，蓝色光标予以代扣代缴。2. 如果李某及其他转让方因未能达到《购买资产协议书》约定的业绩承诺标准而导致李某及其他转让方持有的蓝色光标股份被注销或者承担现金补偿义务，本人将对李某及其他转让方的前述损失承担赔偿责任。所有承诺的补偿应当在2016年6月30日之前履行。”

最高人民法院审理认为：《承诺函》是赵某权真实的意思表示，不违反法律、行政法规的强制性规定，依法具有效力。虽然《承诺函》构成对李某一方利益的有力保障，但《承诺函》本身是独立的单方意思表示，其与《购买资产协议书》项下蓝色光标公司对李某一方负有的义务属于并列的、选择行使的关系，而非主合同与担保合同的关系。

长春农村商业银行股份有限公司与衡水银行股份有限公司站前支行、衡水银行股份有限公司合同纠纷案［（2016）最高法民终801号］

衡水银行站前支行与长春农商银行签订《受益权转让协议》，长春农商银行基于该转让协议发放贷款22 000万元整。案件争议焦点之一是关于《受益权转让协议》的性质及法律后果。

最高人民法院审理认为，对于《受益权转让协议》的性质及法律后果，应根据转让协议本身内容约定进行分析。从协议条款的内容来看，该协议所体现的双方当事人真实意思表示为：衡水银行站前支行在特定日期或者满足特定条件时，受让长春农商银行与联讯证券所签订的《定向资产管理合同》项下的受益权并支付受让价款，其合同条款之中并无衡水银行站前支行对长春农商银行提供履约担保的条款内容，并非法律意义上的担保合同，而根据双方转让受益权、支付价款的交易方式，该转让协议具有权利转让的性质，属于《合同法》上的无名合同，该合同内容不违反法律强制性规定，双方均应按合同内容履行义务。因此，《受益权转让协议》系合法有效的债权转让合同，不存在违规发放贷款以及以合法形式掩盖非法目的的问题。

四、属于安慰性质不承担责任

在以下几个案件中，增信文件表述得不是很清楚，没有明确的担保意思表示，也不能构成其他独立的担保合同，法院认为其不构成担保，文件出具人不承担责任。此种情况下，增信文件将仅构成安慰函，出具人表明其对项目的支持，但并不承担责任。

中国银行（香港）有限公司与广州市保科力贸易公司、广州市对外贸易经济合作局保证合同纠纷再审案［（2011）民申字第1412号］

该案中，广州市对外贸易经济合作局（外经局）向银行出具一份承诺函，内容表示为越秀医保是外经局的下属企业，因借款人业务需要，特申请港币3400万元的贸易信用额度，并表示上述信用额度经其研究批准同意，要求贷款人根据借款人业务的实际需要，给予继续支持。其愿意督促借款人切实履行还款责任，按时归还贵行贷款本息。如借款人出现逾期或拖欠贵行贷款本息的情况，外经局将负责解决，不让贷款人在经济上蒙受损失。

最高人民法院认为：该承诺函从名称上看，并非担保函，故对于其是否可以构成法律意义上的保证应当根据其内容来决定。从该承诺函的内容看，外经局只是承诺督促借款人切实履行还款责任，按时归还贷款本息。如借款人出现逾期或拖欠贷款本息的情况，外经局将负责解决，不让贷款人在经济上蒙受损失。其中并未明确承担保证责任或者代为还款，并未明确保证当债务人不履行债务时由承诺人（外经局）履行债务或承担责任的担保意愿。因此，该承诺函不构成保证担保。

上海国金租赁有限公司、黑龙江农垦北大荒商贸集团有限责任公司保证合同纠纷案［（2017）最高法民终182号］

案件涉及北大荒商贸公司出具的《关于同意为天津北大荒玉米加工产业有限公司下属子公司银行借款提供担保的函》（以下简称《担保函》），其主要内容为：2014年3月北大荒商贸公司与孙某、王某某签署了拟收购其旗下控股的十家公司（以下简称子公司）的协议，双方经过深入洽谈后，决定共同成立新公司（天津北大荒公司），从而达到北大荒商贸公司对孙凯集团下十家公司的股权占有60%的局面。"……，合作为各家公司提供了发展的机会，现阶段各家子公司正在有条不紊地组织采购、监督生产、积极销售，公司员工都以饱满的热情全身心地投入企业的新发展事业中来。在我公司与各子公司事业蓬勃发展的今天不会忘记贵行近些年来给予我子公司的鼎力支持，在此，我公司代各家子公司真诚地向贵行道一声感谢！现如今各家子公司的生产蒸蒸日上，这正是个拓新的契机，在合作的过程中，有诸多的方面需要贵行的参与，企业成长的每一步都离不开贵行支持与扶助，希望贵行能够开发新项目，拓展新业务，为企业在资金方面解决后顾之忧，为此企业会以丰厚的利润回报给贵行对我公司的支持。合作的时间是长久的，历程是艰辛的，成果是丰厚的，为此，我公司以及下属各家子公司希望与贵行建立长久的、稳定的、可持续的、互赢互利合作关系，在此过程中我公司愿意为下属各家子公司在与贵行的业务中提供无条件担保，并愿意积极配合贵行完成各项业务。"该函系向与被收购公司有合作业务的银行发出，主送单位部分为空白，内容为打印的格式文本，抬头部分手写"致上海国金租赁有限公司"，打印的落款时间为2014年11月25日。

最高人民法院认为，判断案涉《担保函》是否具备《担保法》意义上的担保书的法律效力，需审查该《担保函》是否明确作出为债务人高峰糖业公司的案涉债务向债权人国金公司承担保证责任或承诺代为还款的意思表示。本案中，案涉《担保函》名称虽为《关于同意为天津北大荒玉米加工产业有限公司下属子公司银行借款提供担保的函》，但主文中着重对收购子公司的背景情况进行了介绍。根据该《担保函》中关于“我公司愿意为下属各家子公司在与贵行的业务中提供无条件担保，并愿意积极配合贵行完成各项业务”的文义表述，北大荒商贸公司虽然表达了愿意为其下属各家子公司在银行的业务提供担保的真实意思，也明确愿意积极配合银行完成各项业务，但对上述“业务”的具体内容、“业务”范围是否即指向高峰糖业公司的案涉融资租赁债务，“并配合银行完成各项业务”是否表明双方需要另行签订担保合同等并非特别明确。而且，在该《担保函》出具的 8 个月前的 2014 年 3 月 20 日，国金公司与高峰糖业公司已经签订果糖生产线《转让合同》《融资租赁合同》，但是，《担保函》并未载明所担保的主债权为该《融资租赁合同》项下高峰糖业公司应承担的债务，且直至提起本案诉讼的 2016 年 8 月 8 日，没有证据证明国金公司向北大荒商贸公司主张过保证债权。在北大荒商贸公司否认该《担保函》系向国金公司出具的为高峰糖业公司案涉债务提供担保的保证书的情形下，国金公司依据该《担保函》主张双方之间保证合同关系成立，缺乏认定保证合同关系成立的基本要件。因此，法院驳回上海国金租赁有限公司的诉讼请求，北大荒商贸公司不承担责任。

北京银行股份有限公司天津分行、天津中医药大学等追偿权纠纷案［（2023）最高法民申 2178 号］

涉案争议的《天津中医药大学新校区项目三方协议》（以下简称《三方协议》），约定偿债主体为“滨海某公司”，还款来源为“天津中医药大学旧校区土地出让、滨海团泊新城（天津）控股有限公司综合经营收入”，担保措施为“滨海团泊新城（天津）控股有限公司向北京某公司出具承诺，保证天津中医药大学旧校区土地出让的收入优先偿还本债权投资计划的全额本息；天津某公司向滨海团泊新城（天津）控股有限公司提供本息全额无条件不可撤销连带责任保证担保”；天津中医药大学承诺“待资金入账后及时将乙方（滨海某公司）代建过程中产生的全部费用汇入乙方开立的天津中医药大学建设资金专用账户中”。法院认为，天津中医药大学并未作出提供保证担保的承诺，北京银行主张该约定属于流动性支持的意思表示、系其增信措施缺乏事实和法律依据。

五、认定标准总结

从上述案件可见，在审查类保证文件的内容以判断其是否构成保证担保时，法院通常需要从交易背景以及文件的内容综合判断。其中特别关注：类保证文件是否具有从属性和附随性，内容上是否具有其他担保特征，是否具有代为清偿的意思表示。

（一）类保证文件是否具有从属性和附随性

从属性和附随性是担保的基本特性。一方面，构成保证担保的类保证文件在内容上应与主债权存在关联，否则将难以认定其从属和附随于主债权。在前述上海国金租赁有限公司、黑龙江农垦北大荒商贸集团有限责任公司保证合同纠纷案中，法院认定案涉《担保函》不构成保证的原因之一是，北大荒商贸公司虽然在其签署的《担保函》中表达其愿意为下属各家子公司与债权人的业务提供担保，但该文件未载明所担保的主债权是债权人主张的《融资租赁合同》项下的债务。

另一方面，从属性和附随性也要求构成保证担保的类保证文件不能独立于主债权文件而存在，否则可能会被认定为独立的单方意思表示，而非保证。在前述李某、刘某玲合同纠纷案中，无论博杰公司是否完成业绩承诺，李某一方均能通过《购买资产协议书》或《承诺函》从赵某权处获得补偿。法院进而认为案涉《承诺函》是独立的意思表示，“与《购买资产协议书》项下蓝色光标公司对李某一方负有的义务属于并列的、选择行使的关系，而非主合同与担保合同的关系”。

是否具有从属性也是区分保证和债务加入的关键。如在前述中国城市建设控股集团有限公司、安信信托股份有限公司营业信托纠纷案中，法院指出保证与债务加入的区别，即“债务加入下承担人的债务，是与原债务并立的自己债务；而保证债务则为保证他人的债务，是附属于主债务的债务”，并进一步表明，在当事人意思表示不明时，应斟酌具体情事综合判断，如主要为原债务人的利益而为承担行为的，可以认定为保证，承担人有直接和实际的利益时，可以认定为债务加入。

（二）是否具有其他担保特征

判断增信文件是否构成保证担保，还可以从增信文件出具人所承担债务的金额和范围来判断其是否具有担保特征。

如果构成保证担保，保证人承担的债务范围是债务人不能履行的差额部分，这在债务人部分履行债务的情况下很好判断，即如果债务人部分履行了债务，保证人只需就差额部分承担责任。如果增信文件出具人并不是对差额承担责任，而是对整个债务承担责任，一般属于债务加入，而不是保证责任。当然，实务中大多数情况下是债务人完全没有履行债务，因此需要从文件的具体内容表述判断其所承担的责任范围。

保证担保需要约定保证范围，而保证文件中的担保范围往往包括本金、利息、违约金、损害赔偿金、实现债权的费用等。如果不是保证担保，则一般没有保证范围的概念。

（三）是否有代为清偿的意思表示

构成保证担保的核心是保证人在债务人不履行债务时代为履行债务。如类保证文件中的承诺人只是承诺给予债务人资金和业务上的支持，督促债务人清偿债务，承诺债务人具有良好资信记录等，一般无法将该类保证担保认定为保证担保。但是，具体哪些内容足以认定承诺人有代为清偿的意思表示，实务中也无明确定论。在佛山市人民政府与交通银行香港分行担保纠纷二审案中，法院认为“本政府将负责解决，不让贵行在经济上蒙受损失”这类表述无法认定为是承担保证责任的意思表示。在（2019）最高法民终1006号案中，法院认为“我局承诺按《特许合同》第15.6条之规定全额回购宜连高速公路经营权，以确保化解银行贷款风险，我局所支付款项均先归还贵行贷款本息”的表述并非只是对债务人“清偿债务承担道义上的义务或督促履行之责”，而是可以构成保证。

虽然根据《九民纪要》的规定，类保证文件能否认定为保证担保主要还是看文件内容，但此前的法院案例表明，在认定该类文件性质时，法院也会综合考虑交易背景。例如，在佛山市人民政府与交通银行香港分行担保纠纷二审案和上海国金租赁有限公司、黑龙江农垦北大荒商贸集团有限责任公司保证合同纠纷案中，法院否认案涉类保证文件构成保证担保的理由之一均为没有证据表明债权人曾向类保证文件中的承诺人要求承担保证责任。在佛山市人民政府与交通银行香港分行担保纠纷二审案中，法院更是指出，《承诺函》的出具人佛山市政府与债权人进行的多次座谈会的会议纪要均指出通过企业重组解决债务，而非由佛山市政府承担保证责任。

而（2019）最高法民终1006号案中，法院支持案涉《承诺函》构成保证担保的理由之一是，该文件出具的背景情况和双方陈述均表明，该文件是在项目开建后，贷款形成前签署的，目的是保障债权人的贷款安全，是针对债权人的特定贷款出具的。

如果文件中约定第三人履行债务并不以债务人届时未履行为前提，而是直接表明第三人代替债务人履行，则可以直接认定为债务加入①。

① 参见最高人民法院民事审判第二庭编著：《〈全国法院民商事审判工作会议纪要〉理解与适用》，人民法院出版社2019年版，第481页。

参考资料

图书

1. 黄薇主编：《中华人民共和国民法典释义》，法律出版社 2020 年版。

2. 贺小荣主编：《最高人民法院民事审判第二庭法官会议纪要》，人民法院出版社 2018 年版。

3. 曹士兵：《中国担保制度与担保方法》（第 4 版），中国法制出版社 2017 年版。

4. 梁慧星：《民法总论》（第 5 版），法律出版社 2017 年版。

5. 最高人民法院民法典贯彻实施工作领导小组主编：《中华人民共和国民法典合同编理解与适用》，人民法院出版社 2020 年版。

6. 渠涛编译：《最新日本民法》，法律出版社 2006 年版。

7. 费安玲等译：《意大利民法典》，中国政法大学出版社 2004 年版。

8. 陈卫佐译注：《德国民法典》（第 5 版），法律出版社 2020 年版。

9. 任谷龙：《国际融资法律实务指南》，法律出版社 2018 年版。

10. 国际商会中国国家委员会组织翻译：《国际备用证惯例（ISP98）》，中国民主法制出版社 2004 年版。

11. 韩世远：《合同法学》，高等教育出版社 2010 年版。

12. 最高人民法院民事审判第二庭编著：《〈全国法院民商事审判工作会议纪要〉理解与适用》，人民法院出版社 2019 年版。

论文

13. 李建华、徐中缘：《表见代表及其适用——兼评〈合同法〉第 50 条》，载《法律科学》2000 年第 6 期。

14. 张勇健、沈红雨：《〈关于审理独立保函纠纷案件若干问题的规定〉的理解和适用》，载《人民司法（应用）》2017 年第 1 期。

15. 索茂军：《论保证人的抗辩权》，郑州大学 2002 年硕士学位论文。

16. 班军明：《论保证人的抗辩权》，吉林大学 2007 年硕士学位论文。

17. 许明月：《企业法人目的范围外行为研究》，载梁慧星主编：《民商法论丛》第 6 卷，法律出版社 1997 年版。

18. 王凤：《论我国最高额保证制度——以风神公司与中信银行最高额保证纠纷案为例》，西南政法大学 2014 年硕士学位论文。

19. 颜茹玉：《最高额保证制度研究》，华东政法大学 2014 年硕士学位论文。

20. 陈永亮：《欧洲主权债务危机中的担保问题研究》，辽宁大学 2012 年硕士学位论文。

网站资料

21. 李明刚：《债务人承担实现债权的费用应作限缩解释》，载中国法院网，https：//www. chinacourt. org/article/detail/2017/03/id/2631723. shtml。

22. Insolvency Act 1986，Legislation. gov. UK，https：//www. legislation. gov. uk/ukpga/1986/45/contents.

23. Glossary：All monies，Thomson Reuters Practical Law，https：//uk. practicallaw. thomsonreuters. com/6 – 500 – 5886? transitionType = Default&context Data =（sc. Default） &firstPage = true&bhcp = 1.

24. Sovereign Guarantees in Project Finance，FindLaw，https：//corporate. findlaw. com/business – operations/sovereign – guarantees – in – project – finance. html.

25. 罗燕明：《香港特区“刚果（金）案”与全国人大常委会第四次解释〈香港基本法〉研究》，载中华人民共和国国史网，http：//www. hprc. org. cn/gsyj/yjjg/zggsyjxh_ 1/gsnhlw_ 1/d12jgsxslw/201310/t20131019_ 244914. html。

26. 田文静等：《揭开俄罗斯主权担保制度的面纱》，载中国贸易金融网，http：//m. sinotf. com/News/index/id/203778。

27. ［柬埔寨］ Law on Concessions，https：//cdc. gov. kh/wp – content/uploads/2022/04/Law – on – Concessions – Full – Text_ 071019. pdf.

28. ［马尔代夫］ Guideline for the Issuance of Sovereign Gua-rantees，https：//www. finance. gov. mv/public/attachments/IpEntQTB4enZNU-E3dmztewu2v

E6HPJINt6UwN1oZ. pdf.

29. ［斯里兰卡］Foreign Loans Act，https：//www. srilankalaw. lk/revised – statutes/alphabetical – list – of – statutes/401 – foreign – loans – act. html.

30. ［联合国］United Nations Convention on Independent Guarantees and Stand – by Letters of Credit（New York，1995），https：//uncitral. un. org/en/texts/payments/conventions/independent_ guarantees/status.

案例索引

第一章　保证概述

第二章　保证范围

第三章　保证期间

第四章　保证人的抗辩权

52. 中天建设集团有限公司、金某某等民间借贷纠纷案［（2023）浙0783民初4621号］/90

53. 珠海市斗门区恒业房产开发公司、中关村证券股份有限公司借款合同纠纷案［（2018）最高法民再267号］/91

54. 江苏某工程公司诉上海某风电公司、深圳某担保公司建设工程合同纠纷案［（2022）苏72民初1534号］/92

55. 北京庄明设备有限公司、中铁十八局集团有限公司借款合同纠纷、保证合同纠纷案［（2016）最高法民终717号］/93

56. 兰州银行股份有限公司武威分行、民勤县明大矿业选炼厂金融借款合同纠纷案［（2018）最高法民终361号］/93

57. 青海四维信用担保有限公司、中国长城资产管理股份有限公司甘肃省分公司借款合同纠纷案［（2018）最高法民终1220号］/94

58. 中国信达资产管理公司太原办事处与山阴县康立化工有限责任公司、山阴县腾宇化工有限责任公司、山阴县石星化工有限责任公司、山阴县鑫邦燕麦实业有限责任公司借款担保纠纷案［（2006）民二终字第240号］/95

59. 赵某坤、李某庭民间借贷纠纷案［（2016）闽民申1596号］/96

60. 潘某荣与徐某、南京光华城南机电有限公司民间借贷纠纷案［（2016）沪民申2781号］/96

61. 中国长城资产管理公司广州办事处与广州云山大酒店有限公司、兰某等合同纠纷案［（2016）最高法民终554号］/98

62. 某控股股份有限公司、烟台山高某投资中心执行监督案［（2023）最高法执监170号］/99

63. 中国农业发展银行乾安县支行与江苏索普（集团）有限公司、上海儒仕实业有限公司保证合同纠纷案［（2016）最高法民终40号］/99

64. 海南联华房地产开发有限公司、海南东泰嘉华房地产开发有限公司债权转让合同纠纷案［（2017）最高法民申847号］/101

65. 沈某忠、凯里市格兰房地产开发有限责任公司民间借贷纠纷案［（2017）黔民终312号］/102

66. 中国农业发展银行长葛市支行、河南普瑞蜂品股份有限公司金融借款合同纠纷案［（2017）豫10民终1042号］/102

67. 蔡某伟与开某营等民间借贷纠纷再审案［（2022）沪02民申159

第五章　保证人的内部授权

第六章　保证人的追偿

第七章　最高额保证

第八章　共同保证

第九章　政府保证

第十章　独立保函

第十一章　跨境保证

第十二章　类保证文件

【　　　】

（作为保证人）

与

【　　　】

（作为债权人）

的

保证合同（范本）

签约日期：【　】年【　】月【　】日

目　　录

保证合同（“**本合同**”）由以下双方于【】年【】月【】日在【地点】签订：

（1）【保证人名称】，一家根据中国法律依法设立并有效存续的公司，其注册地址为【】，统一社会信用代码为【】（下称“**保证人**”）；

（2）【债权人名称】（下称“**债权人**”）。

鉴于债权人和债务人签订了主合同，保证人愿意就债务人履行主债务向债权人提供担保（相关定义请见下文），经债权人和保证人协商一致，订立本合同如下。

1. 定义和解释

1.1 除非本合同另有约定，主合同中定义的术语在本合同中含义相同。本合同中以下术语的含义如下：

（1）“**有权机关**”指政府行政机关，行业主管机构，行业自律组织，立法机关，司法机关，或者其他承担行政、监督管理、司法管辖等职能的组织。

（2）“**营业日**”指中国、【填入其他地点】的商业银行对公业务营业的日期（星期六及星期日除外）。

（3）“**最终到期日**”指主合同中约定的主债务履行期限届满之日；如主债务分期履行，则以最后一期债务的履行期限届满之日为最终到期日；如果主合同展期的，以展期后的主债务履行期限届满之日为最终到期日；如主合同未约定明确的履行期限，则以债权人请求债务人履行债务的宽限期届满之日为最终到期日。

（4）“**被保证债务**”指本合同第2.2条约定范围内的所有债务。

（5）“**债务人**”指主合同项下的债务人，即【填入债务人的名称、统一社会信用号码】。

（6）“**主债务**”“**主债权**”指本合同第2.1条约定的主合同债权债务。

（7）“**主合同**”指债权人作为【贷款人】和【债务人名称】作为【借款人】于【】年【】月【】日签订的【币种/金额】贷款协议，债权人根据该协议向债务人提供总额为【币种/金额】的融资。

1.2 本合同中涉及的解释适用以下规则：

（1）“人”一词包括任何自然人，个体工商户，公司和其他营利法人，个人独资企业、合伙企业以及其他非法人组织；

（2）除非本合同另有规定，表示单数的词语亦表示其复数，反之亦然，表示某一性状的词语包括该词语的每一性状；

（3）提及一份文件应当包括该文件不时进行的修改或补充；

（4）提及一项法律法规和规范性文件，应当包括经不时修改、补充或重新颁布的该项法律法规和规范性文件；

（5）“保证人”、“债务人”和“债权人”应根据上下文要求，包括其各自的代理人、继任人、经许可的受让人以及获得其权利的任何人；

（6）本合同的标题仅供参考，在解释本合同时应不予考虑。

2. 主债权和保证范围

2.1 本合同所对应的主债权为【】年【】月【】日到【】年【】月【】日主合同项下发生的所有【贷款】债权，本金金额最高不超过人民币【填入金额】元。为避免歧义，就前述期间内发生的任何或有债务而言（包括但不限于信用证或银行保函的出具等），相关文件（如信用证或银行保函等）的出具之日即应被视为该等主债务的发生之日。

2.2 保证人在本合同项下承担保证责任的范围包括：债务人在主合同项下应向债权人偿还或支付的所有本金、利息（包括但不限于法定利息、约定利息、复利及罚息）、违约金、损害赔偿金、手续费、佣金和其他款项，以及为实现本合同项下之保证而发生的一切开支和费用，包括但不限于诉讼费用、律师费用、公证费用、执行费用等（统称为“**被保证债务**”）。

3. 连带责任保证

3.1 保证人无条件且不可撤销地向债权人保证，债务人将充分并及时地履行被保证债务。保证人在本合同项下承担的保证责任为连带责任保证。

3.2 本合同项下之保证期间从本合同签署之日起，至主合同下的最终到期日之后满三（3）年之日终止。

4. 保证责任的承担

4.1 当发生以下任一情形时，债权人有权直接要求保证人在被保证债务范围内承担担保责任：

（1）债务人未能按主合同约定支付任何到期应付款项；

（2）债务人未能履行主合同项下的任何义务和责任；

（3）债务人发生任何资不抵债、破产、解散、清算、停业、重组、重整、停止营业、吊销营业执照/许可证、接管、终止或其他类似事件；

（4）出现主合同项下约定的任一违约事件；

（5）保证人违反本合同项下陈述保证、承诺或其他义务；

（6）发生债权人认为可能对债务人的经营或财务状况或其履行本合同项下义务的能力产生重大不利影响的事件；

（7）债权人认为可能严重影响主债权实现的其他情形。

4.2 保证人履行保证责任时按以下顺序清偿被保证债务：

（1）债权人为实现被保证债权而发生的所有费用；

（2）债务人因违反主合同而产生的违约金、损害赔偿金及其他债务人应支付的费用；

（3）主合同项下的主债权。主债权涉及不同项目的，各项债权的清偿顺序按照主合同的约定。

5. 保证责任的保全

5.1 持续保证：本合同是一项持续性保证，债务人对全部被保证债务或其任何部分的任何临时付款或清偿不应被视为保证人在本合同项下的保证责任被解除，保证人应就被保证债务的最终余额的清偿承担保证责任。

5.2 补充性担保：本合同项下的保证是对债权人就任何被保证债务现在或将来持有的任何其他担保或保证的补充，并且不以任何方式受到该等担保或保证的影响，也不会以任何方式影响该等担保或保证。

5.3 无须先行使其他担保：无论债权人是否享有其他担保且无论该等其他担保何时成立、债权人是否已向其他担保人提出请求、该等其他担保是否由保证人或其他人士提供，均不影响本合同项下保证人的保证责任。债权人有权根据本合同直接要求保证人承担保证责任，保证人在此放弃任何其可能享有的要求债权人主张或执行其他担保或在执行本合同项下的担保前先向其他人士主张赔偿的任何权利，无论是债务人自己提供的还是其他人提供的物的担保或保证。保证人的保证责任不因债权人放弃其他物的担保或保证而予以任何减免。

5.4 抗辩权放弃：本合同项下的保证责任不因下列情况而受到任何影响。

如果没有本条款，任何情形可能会影响保证人的保证责任，则保证人放弃基于该等情形而享有的任何抗辩权。

（1）债权人提供给保证人、债务人或其他人的任何时间宽限、任何妥协、和解、付款延期、豁免等。

（2）取得、变更、和解、交换、更新或解除，拒绝或未能完善、采取或执行任何权利，或者任何人的资产上的担保。

（3）对于主合同及与之相关的其他文件或任何其他担保、保证或债务加入的任何修订、更替、补充、延展（无论是否到期）或重述（在前述各情形下，无论是否重大或属于何等性质，也无论是否使其更加繁复）或替代。

（4）任何一方在任何文件、协议、担保项下的义务不可执行、非法或无效。

（5）债务人、债权人或其他任何人的资不抵债、破产、清盘或解散，或其丧失公司行为能力或受到任何限制，或其组织结构或地位发生改变。

5.5 同意主合同修改：保证人在此同意债权人和债务人对主合同进行的任何修改和补充，无论该修改或补充是否增加被保证债务的金额或延长最终到期日，均无须保证人的任何进一步同意，保证人完全担保债务人在主合同及其任何修改或补充项下对债权人的所有债务。

5.6 同意主合同转让：债权人转让全部或部分主债权的（无论主债权是否已经确定），保证人在本合同项下的义务不受影响，保证人有义务继续向主债权的受让人承担本合同约定的责任。

5.7 有条件解除：如果基于对任何支付、担保或其他处置的信赖而解除或清偿全部或部分被保证债务，或者做出任何安排，但该等支付、担保或其他处置却因破产、清算或其他类似程序而被宣布无效或必须偿还，则保证人在本合同项下的责任应继续有效，如同上述解除或安排未曾发生一样。

5.8 不与债权人竞争：保证人在此不可撤销地及无条件地同意，在被保证债务不可撤销地全部清偿之前，保证人将不会行使其对债务人享有的任何权利或主张或取得债务人提供的任何担保，而与债权人形成竞争。如果保证人因违反本条规定而行使任何该等权利或主张，导致从债务人处收到任何款项，保证人应在收到时立即将该等款项支付给债权人。

6. 债务承担和补偿

6.1 如果债权人本可以通过本合同第3条主张的请求由于任何原因不能依

据连带责任保证得到清偿，保证人应作为主债务人和首要责任人加入主债务，向债权人清偿主债务，并赔偿债权人因债务人或者其他义务人（如有）未能清偿主债务而蒙受的任何费用、损失或责任。保证人根据本条承担的责任以被保证债务的范围为限，并且应扣除作为保证人已经实际履行的债务。

6.2 保证人在此进一步不可撤销地及无条件地同意，一经债权人要求，其将不时补偿债权人因任何被保证债务因任何原因成为无效、可撤销、不可执行而遭受的任何损失，而无论债权人或任何其他人是否知晓该等原因。此项补偿义务构成保证人的一项独立的保证责任。

7. 陈述和保证

7.1 保证人向债权人作出如下陈述与保证：

（1）保证人是一家依据中国法律合法成立并有效存续的具有独立法人资格的企业，并享有充分的权力、授权及法定权利拥有其资产及进行业务活动。

（2）保证人具有充分的权力、授权及法定权利签署本合同，其签署本合同，且行使其在本合同项下的权利和履行其在本合同项下的义务并不违反其章程以及适用于其的中国的任何法律、法规、判决、裁定、限制（财务或是其他方面）或协议或与之相冲突。

（3）保证人已取得及履行完毕签署及履行本合同所需的一切其内部的批准、授权或其他相关手续，并已取得及履行完毕签署及履行本合同所需的所有有权机关的批准、备案或其他手续；并且该等内部手续和外部手续一直保持有效。

（4）本合同构成保证人合法、有效并具有约束力的义务，并可根据其条款执行。

（5）除已向债权人披露的信息外，保证人目前没有发生，也不存在未结的，或就保证人所知，可能发生的针对其或其财产的任何诉讼、仲裁或行政程序，也未发生任何针对保证人的清算或歇业或其他类似程序，无论是保证人主动提起或是由第三方提起；保证人法定代表人、实际控制人或主要管理层未发生与其有牵连的重大违纪、违法或已发生或潜在被索赔事件；未涉入任何可能对其履行本合同的能力产生不利影响的诉讼、仲裁或其他法律程序，亦未发生任何可能导致涉入该等诉讼程序或仲裁程序的事件或情形。

（6）提供给债权人的有关保证人的所有财务资料和其他信息在各方面均

是真实的、完整的和准确的，所有财务资料均公正地反映了该报告编制之日的保证人的财务状况。

（7）保证人确认其对债务人的资产、债务、经营、信用、信誉等情况，是否具备签订主合同的主体资格和权限以及主合同的所有内容已经充分了解。

（8）除已书面向债权人披露的情况之外，不存在其他已发生或即将发生的可能导致其偿债能力明显下降或丧失的事件。

7.2 保证人在此向债权人陈述并保证，上述陈述和保证在本合同存续期间就当时存在的事实和情况而言始终是真实的和准确的。

8. 承诺

8.1 保证人向债权人承诺，并同意在本合同有效期间内，只要被保证债务或其任何部分尚未清偿，除非债权人事先书面同意，保证人必须履行本合同第8条中约定的各项承诺。

8.2 保证人应妥善保存与其经营有关的记录和会计账簿，允许债权人和/或由债权人指定的任何专业顾问在任何合理时间检查保证人的该等记录和会计账簿。积极配合债权人对保证人经营状况和财务状况的监督、检查，及时提供债权人要求的资料及信息，并保证所提供文件、资料和信息是真实、准确和完整的。

8.3 发生下列情形之一的，保证人应立即书面通知债权人：

（1）保证人变更名称、住所地、法定代表人等事项；

（2）保证人发生高级管理人员变动、公司章程修改，以及组织结构调整；

（3）保证人财务状况恶化、生产经营发生严重困难，或者发生重大资产减损、偿付危机；

（4）保证人发生可能有重大不利影响的诉讼、仲裁，受到有权机关调查；

（5）保证人停产、歇业、停业整顿或者被申请破产、重整等；

（6）保证人被撤销、吊销营业执照、责令关闭或者出现其他解散事由；

（7）发生其他可能影响保证人承担保证责任的情形。

8.4 保证人应维持其公司法人地位合法有效，应适当并有效地开展其业务，应遵守所有适用于其的法律、法规、授权、协议和义务，并应缴纳所有应缴税款。

8.5 未经债权人事先书面同意，保证人应确保保证人的股权或所有权或控制权（直接或间接）不发生变化。

8.6 未经债权人事先书面同意，保证人不得与任何其他实体合并或兼并或采取任何措施进行分立、歇业、整顿、清算、破产或解散。

8.7 未经债权人事先书面同意，保证人不得在其全部或任何资产和/或收益上设定或允许存在以任何人为受益人（债权人除外）的任何担保，不得再向第三方提供保证。

8.8 未经债权人事先书面同意，保证人不得出售、转移或以其他方式转让、处理或处置其业务、资产或收益的全部或任何部分（但正常业务过程中按公平原则转让、处理或处置的除外），无论通过单个的交易还是一系列的交易（无论是否为关联交易）。

8.9 未经债权人事先书面同意，保证人不得签署或承担可能对其财务或其他状况有重大不利影响的任何协议或义务。

9. 违约救济

9.1 在保证人违反本合同中的陈述或承诺的情况下，债权人可以单独或同时采取以下一项或多项措施：

（1）要求保证人限期改正；

（2）要求保证人提供令债权人满意的其他价值相当的担保；

（3）根据第4条要求保证人承担责任。

9.2 保证人违反本合同约定，未按债权人要求承担连带责任保证或支付相关款项的，每日应按当日应付未付金额的【万分之五】向债权人交付违约金，直至逾期支付款项全部清偿之日止。如违约金数额不足以弥补债权人所受的经济损失的，保证人还应当继续赔偿债权人的损失。

10. 支付

10.1 保证人在本合同项下的所有付款应全额支付，不得作任何抵销或反请求或附加任何限制或条件，并且免于任何性质的税项及其他扣减或预提（无论是否与税有关）。

10.2 如果保证人或任何其他人根据任何法律或规定要求从任何付款中作出任何扣减或预提，保证人应在付款的同时，支付额外款项，以确保债权人收到在不要求作出该等扣减或预提时其本应收到的全部款项。

10.3 只有在债权人以主债务计价货币全额得到清偿后，保证人的付款义务（无论是基于法院裁定或是其他）才能解除。如果付款需要兑换为主债务计价货币，兑换后的金额少于相关债务金额，债权人将有独立的诉因请求保证人支付不足部分。

11. 抵销

11.1 债权人可在无须事先通知保证人的情况下，合并保证人的账户，并以保证人在本合同项下所欠债权人的任何到期债务（包括但不限于本合同下的所有到期且应支付的金额）抵销债权人所欠该保证人的任何债务（无论是否到期），而无论支付地点、债务的币种是否相同。

11.2 如果上述第 11.1 条所述债务的币种不同，债权人可为合并或抵销之目的，按抵销时的汇率折算相关债务。

11.3 在适用法律允许的范围内，如果上述第 11.1 条所述的任何债务是不确定的，债权人可依诚信估计该等债务的金额，并按该金额进行抵销。

12. 转让

12.1 保证人不得转让其在本合同项下的任何权利或义务。债权人可转让其在本合同项下的权利和/或义务的全部或者任何部分且无须获得保证人的事先同意。

12.2 即使债权人通过与任何其他公司的吸收合并或新设合并而发生名称或组织上的任何变更，本合同应继续有效。保证人同意就所有被保证债务，包括任何上述吸收合并、新设合并或转让后发生的义务，接受本合同的约束。

13. 通知

13.1 任何发给保证人的通知、要求或其他通信应当在满足下列条件后视为已经由收件方收到：

（1）如通过专人送达，在实际交付时；

（2）如以传真/电子邮件方式传送，在传送完成并收到确认已成功发往该传真号/电子邮箱的传输报告时；

（3）如以信函方式邮寄，在按正确地址投递后第七（7）个营业日（国内信函）或第十四（14）个营业日（国际信函）。

13.2 向债权人发出的任何通知、指示或其他指定的通信应在债权人实际收到后方可视为送达。

13.3 本合同项下的通知应当发送到签字页中记载的地址，或者一方提前书面通知对方的其他地址。

14. 信息披露

14.1 保证人同意并授权债权人通过中国人民银行金融信用信息基础数据库查询、使用保证人的信用报告，向中国人民银行金融信用信息基础数据库提供保证人的信息。该等授权为不可撤销授权，自本合同签署之日起至被保证债权全部清偿完毕之日止。

14.2 保证人同意并确认，债权人有权不时向下列人士披露保证人向债权人提供的或以其他方式被债权人所知悉的有关保证人和保证人与债权人的业务方面的所有资料（包括个人资料）：

（1）债权人之任何会计人员、审计人员、内部和外聘法律顾问；

（2）为债权人提供与业务相关的行政、信息技术、离岸或其他服务的任何代理人、承包人或服务供应商；

（3）与本合同项下担保、主合同、债权人的任何或部分资产或业务相关的任何实际或潜在的承继人、受让人、风险参与人或次级风险参与人；

（4）根据任何司法管辖区内的任何适用法律、法院命令或任何有权机关要求债权人披露的任何资料。

15. 适用法律和争议解决

15.1 本合同受中国法律（不包括香港特别行政区、澳门特别行政区和台湾省的法律）管辖并依其解释。

15.2 凡因本合同起的或与本合同有关的任何争议，均应提交中国国际经济贸易仲裁委员会，按照申请仲裁时该会现行有效的仲裁规则，在北京进行仲裁。仲裁裁决是终局的，对双方均有约束力。

16. 其他约定

16.1 费用支出：一经债权人要求，保证人应立即补偿债权人因履行或强制执行本合同或行使本合同项下的权利或与之有关而发生的所有费用和支出（包括律师费用、诉讼费用等）。

16.2 修订：对本合同任何条款的任何修改须经双方以书面协议的形式作出。

16.3 计算和证明：在无明显错误的情况下，债权人出具的用以证明或确定在本合同项下应由保证人支付的某一金额或利率的证明应为有关事项的最终证据。

16.4 无弃权：债权人未有或延迟行使本合同项下任何权利或补救权不应视作放弃该等权利；而任何一次或部分行使任何权利或补救不妨碍进一步或在其他情况行使该等权利或行使任何其他权利或补救权。本合同项下规定的权利和补救权均为累积性质，不排除法律规定的任何权利或补救权。

16.5 部分无效：如果本合同的任何条款在任何司法管辖地由于任何原因成为非法、无效或不可执行，则本合同中的其他条款在该司法管辖地的合法性、有效性及可执行性以及该条款和本合同中的其他条款在其他司法管辖地法律项下的合法性、有效性及可执行性不受影响。

16.6 语言：本合同以【中文签署】/【中文和英文签署，每种文本具有同等法律效力】。

16.7 签署和生效：本合同可以由双方分别签署。本合同自双方授权代表签字并加盖各自的公司印章之日起生效。

签字页

本合同于页首所示日期签署，以昭信守。

保证人：【　　　　】
授权签字人姓名：【　　　　】

签字：　　　　　　　　　　　　公章：

________________　　　　________________

地址：
联系方式：
联系人：

签字页

本合同于页首所示日期签署，以昭信守。

债权人：【　　　】

授权签字人姓名：

签字：　　　　　　　　　　　　　　　　公章：

__________________　　　　　　　　__________________

地址：

联系方式：

联系人：